冤罪をほどく

“供述弱者”とは誰か

中日新聞編集局
滋賀・呼吸器事件取材班デスク　秦　融

風媒社

冤罪をほどく　〝供述弱者〟とは誰か　◉もくじ

Ⅰ「私は殺ろしていません」——無実を叫ぶ三五〇通余の手紙—— 7

Ⅱ 彼女は発達障害かもしれない 73

Ⅲ　獄中鑑定――供述弱者とは――　139

Ⅳ　冤罪をほどく　191

手紙には無実の訴えが繰り返されていた（アンダーラインは家族による）＝横田信哉撮影

I

「私は殺ろしていません」

—無実を叫ぶ三五〇通余の手紙—

冤罪を解《ほど》く――。それは、悪天候の山頂にいる遭難者を救出するミッションに似ている。

「真犯人が自ら警察署に通うだろうか」「手紙こそ真実では」

山頂に向かった取材班は猛烈な吹雪に立ち往生した。そこにガイドが現れた。「障害」というポイントの攻略法を熟知する医師だった。

「彼女には発達障害だけでなく、軽度だが知的障害がある」

二度目のアタックを試みる弁護団と合流し、獄中鑑定が実現した。裁判官たちも別ルートから山頂を目指していた。そこに絶妙のタイミングで「障害」の事実が届いた。

医師との出会いがなければ、弁護団の協力がなければ、獄中鑑定ができなければ、裁判官に再審開始決定を出す意思がなければ、私たちの報道は自己満足に終わり、忘れ去られていたはずだ。

そうならなかったのは、道中で不思議な偶然が次から次へと重なったから、というほかない。「救い出さなければ」。弁護人、裁判官、医師、そして記者たちの熱量がどんな化学反応になったのか。暗闇を手探りで進む先に、夜明けの景色が待っているとは、確信できないまま進んだ険しい登山だった。

それにしても、なぜ冤罪に苦しむ人を救い出すことが、これほどまでに難攻不落なのか。それは、警察、検察が象徴する組織の論理という悪天候のなせる業だ。この悪天候が、山頂に近づくほどに荒れ狂い、徹底的に救出を阻む。まるでそれが使命でもあるかのように。司法の闇の底にある病根を見る思いがする。

冤罪は「組織」がつくりだす。一方で、冤罪を解く鍵は「個人」にある。それは裁判官も記者も同じ――。

この取材を通じて、つくづく思うことだ。あらかじめ捜査側が作り上げたシナリオに沿って証拠が集められ、ジグソーパズルのピースを一つ一つ埋めていくように、供述調書が作られていく。事実ではないのに言葉巧みに誘導されたり、言ってもいないのに書き込まれたりする。そんなことが現実にある。

二〇〇三年五月、滋賀県東近江市の湖東記念病院で入院患者の男性（七二歳）が死亡し、翌年、この病院で看護助手をしていた西山美香さん（逮捕当時二四歳）が殺人容疑で逮捕され、懲役一二年の有罪判決が確定した。男性患者が装着していた人工呼吸器のチューブを「外した」と自白したためだ。

西山さんがまだ獄中にいる二〇一七年五月、中日新聞は「ニュースを問う」という大型記者コラムで、西山さんの冤罪を訴えるキャンペーン報道を始めた。きっかけは、西山さんが獄中から両親に無実を訴え続ける三五〇通余の手紙。それは、心の底から無実を叫び続ける、冤罪被害者の声だった。

西山さんは、なぜ無実の罪を「自白」させられたのか。

郵便不正事件（二〇〇九年）で冤罪の被害に遭った厚生労働省元次官の村木厚子さんは、事件についての取材を断り続けていたが、「障害のある方が被害者になったと聞かされたので」と特別にインタビューに応じ、自身の体験で見たまま、感じたままを語ってくれた。

郵便不正事件では、検察によって証拠のフロッピーディスクが不正に改ざんされたことがクローズアップされた。多くの人にはそのイメージが強烈だ。だが、むしろ問題は供述調書の作り方にあった。逮捕された同省係長の供述調書に村木さんは驚いたという。

「私と係長との会話がとてもリアルで、『ちょっと大変な案件だけどよろしくね』とか、『決裁なんかいいから早く作りなさい』とか、『ありがとう。あなたはこのことを忘れてください』とか、いっぱい書いてあるんです」

耳を疑ったのは、その後、村木さんが言ったことだ。「裁判が終わってから、私と彼（係長）は一度だけ会いました。会ってお互いが、こう言ったんです。『私たち口をきいたことありませんよね』『僕たち口をきいたことありませんよね』って。『おはよう』『こんにちは』すら言ったことがなかったことを、お互いが確認したかったんです」

言葉を交わしたことのない二人の会話が供述調書になる。そんなことがなぜ起きるのか。係長は、証明書の偽造は独断だったと何度訴えても検事が全く耳を貸さず、長期間の勾留で眠れなくなり、絶望的な心理状態で調書にサインしてしまった、と涙ながらに村木さんに語った、という。

係長だけではない。同僚たちも、村木さんが関与した、という調書に次々に署名させられていった。「社会経験のある人たちでさえ、そうなんです」と村木さん。供述弱者だけが冤罪の被害者になるのではなく、誰もが「供述弱者」にされてしまうシステムを、この事件は露見させた。

連載でこれらのことを記事にすると、多くの知人たちから「あれって本当なの？」と聞かれ、誰もが「恐ろしいね」と押し黙った。その災いが自分や家族の身に降りかかって来ないことを祈るのみ、とでもいうように。この国の人々は、本来は自分を守るべき司法がある日突然、空恐ろしい災いになるリスクの中で生きている。

無罪が確定し、厚労省に復帰した村木さんは、検察改革などに関係する法務省の委員を務め、その際に複数の元検事総長に会い、「ありがとう」と言われたという。

「事件直後に会った二人は最初のせりふが『ありがとう』でした。『ありがとう』『中からは変えられなかった』と。『ありがとう』は本当に印象的でしたね」

強固な上意下達の組織でありながら、違法な捜査手法をトップダウンで改めることができない実態を、その「ありがとう」が示していた。村木さんは「でも、検察のこと笑えないですよね」とマスコミにも批判の矛先を向けた。

「私の事件ではずっと検察に言われたままの情報を流し続けていました。ずっとです。保釈され、私への逆取材が始まった時期は各社バラバラ。ところが、報道の論調が一八〇度変わるのは、ある日突然、全社一斉です。それぞれの新聞社やテレビ局が単独で変える勇気なんかない、ということです」

そんな状況を村木さんは「検察への完璧な迎合」と評した。組織といえども、すべては現場にいる一人からしか始まらない。だが、組織に属しながら、一人で冤罪を解く道を進むことは容易ではない。それが検察もメディアも同じだという村木さんの指摘は、その通りだと思う。

幸いにも、私たちが始めた連載「西山美香さんの手紙」には、一人の記者を起点に、そこから始まる「個のつながり」があった。

中日新聞の大型記者コラム「ニュースを問う」の担当デスクをしている私が、西山美香さんの手紙を知ったのは二〇一六年秋のことだった。大津支局の中堅記者で、当時滋賀県政担当だった角《すみ》雄記君と、別件で打ち合わせをしているとき「実はこんな話が」と知らされた。

彼は、私に会う一年以上前に両親を訪ね、手紙を見せてもらっていた。つたなさと、幼さが残る文面に「借り物の言葉ではない」と直感しながらも、その後、再審の訴えが大津地裁で棄却され、書くタイミングを失っていた。私も一読して「これは本物の冤罪だ」と思った。紙面化を半ばあきらめていた角記者に「ニュースを問う、に書いてみては」と促した。

角記者は「裁判で再審の判断が出ていなくても掲載できるんですか」と聞き返した。確かに、裁判で七回も有罪を認定された事件で冤罪を訴えるのは、難しい。報道は判決を客観性のよりどころとするからだ。だが、当欄は筆者の顔写真付き、署名入り。あくまで個人の主張という体裁を取っている。

そもそもメディアにとって、必ずしも裁判の結果がすべてではない。裁判は裁判、報道は報道。大切なのは、法廷にはない独自の情報と判決とは違う視点から「真実」を伝えることだ。手元にはすでに、記者とデスクが冤罪を確信した手紙の山がある。伝える努力をするべきだと思った。だが、手紙だけでは十分ではない。裁判では自ら殺人を「自白した」と認定されている。そこが、どうにも重かった。

それから、およそ八カ月。「私は殺ろしていません」。西山さんの特徴でもある字余りの「ろ」を残す見だしで、角記者の署名記事が掲載された。報道から七カ月後の一七年末、大阪高裁は実に八度目となる裁判で、初めて、自然死の可能性と自白が誘導された疑いを認め、再審開始を決定した。

冤罪を解くために、裁判官も「個」が問われ、そのつながりが求められることは、私たち記者と同じなのではないだろうか。裁判長と二人の陪席の中で、一人でも消極的になれば、再審開始決定という、とてつもなく困難な挑戦に向き合うことはできなかっただろう。三人の裁判官には心から敬意を表したい。

西山さんの手紙の真実が多くの壁を越え、さまざまな「個」と「個」をつなぎ合わせていった気がする。それが、八度目の裁判での〝逆転劇〟を招くまでの展開だった。

二〇二〇年三月三一日の再審で大津地裁（大西直樹裁判長）は無罪判決を言い渡した後、自戒を込めて「警察、検察、弁護士、裁判官、すべての関係者が、今回の事件を人ごとに考えず、自分のこととして考え、改善に結びつけなければなりません。西山さんの十五年を無駄にしてはなりません。本件は、よりよい刑事司法を実現する大きな原動力となる可能性を秘めています」との訓戒を述べた。

真摯な言葉は西山さんを涙ぐませ、弁護団の面々をも感動させた。西山さんが身に覚えのないことで逮捕された二〇〇四年七月から、十五年九カ月目のことだった。

湖東記念病院

ものがたりはここで終わらなかった。西山さんの雪冤のものがたりは、冤罪で苦しみ、日本の司法を変えようと願う全国の人々を巻き込む力を秘めて、この日から第二幕が幕を上げた。旧態依然とした司法にノーを突きつける市民のうねりは次第にその渦を大きくしていく。その中心に、いや、その先頭に西山さんが自ら立とうとは、取材班の誰一人、想像もしない展開だった。

冤罪の調査報道の始まり

滋賀県の湖東記念病院（東近江市）で起きた呼吸器事件は二〇〇四年七月、滋賀県警の発表で明らかになった。

当時の中日新聞は社会面のトップニュースで「呼吸器外し患者殺害」と白抜きベタ黒の見出しで大きく報じている。脇見出しには「看護助手を逮捕　待遇差『不満晴らした』」。

当時、エジプトのカイロ支局に赴任中だった私は、この事件をまったく知らなかった。初めて耳にしたのは、それから一二年後の二〇一六年の九月。角記者との打ち合わせで大津支局を訪ねたとき。西山美香さんはその時点で、満期出所まで残り一年を切っていた。

角記者との打ち合わせは、私が担当している大型記者コラム「ニュースを問う」に出稿してもらうためだった。最初は呼吸器事件のことではなく、別の案件についての打ち合わせだった。編集方針がうまくまとまらず、どうしようか、となった時にふと角記者が「実は再審を訴えている事件があるんですが、それはどうですかね」と遠慮がちに言い出した。それが、四年に及ぶ調査報道の始まりだった。

週一回の大型コラムを自転車操業で回しているデスクの私としては、書いてくれるのであれば何でも構わない。「どんな事件なの？」と、思わず身を乗り出した。

「湖東記念病院で看護助手が患者の呼吸器を外して殺害した、という事件で、本人が獄中から家族に『殺してません』っていう手紙をずっと出してるんですよ」

「その手紙は見たの？」

「お父さんに見せてもらいました。一貫して無実を訴えている内容です。去年の九月に第二次再審請求の一審で大津地裁に棄却されてしまったんですが、再審開始決定が出たら記事が書けるように、いろいろ準備していたんで材料はあるんですけど、裁判で棄却されたら、記事にはできないですよね」

原審の三回、第一次再審請求審の三回、そして第二次再審請求審の一審まで、すでに七回の裁判で有罪を宣告された状況だった。そこからの逆転無罪は、かなり難しいだろう。冤罪を晴らす困難さは「ラクダを針の穴に通すようなもの」とも例えられるが、この状況では至難のことだ。

角記者は七回の裁判で有罪を認定されている状況で冤罪の可能性を紙面で訴えるのは無理だと思い、遠慮がちにこの事件の話を切り出したのだが、裁判で有罪を宣告されたからと言って、書けないと決め付ける必要はない、と私は思っていた。

特に、記者コラムという形式であれば、通常のニュース記事のスタイルとは違い、あくまで「記者の見解」として書ける。冤罪の可能性を指摘することは、不可能ではないと思った。

私が知りたかったのは、何よりも記者がどう思っているか。書けるか、書けないかはそれ次第だとも言える。

角記者に「取材した感触として、冤罪の可能性はどうなの？」と聞いた。それに対し、角記者は「冤罪のような気がします」と言った。そこまで言うのは、かなりの心証があるということだ。

私は、彼に話の続きを促した。

「事件に関わった県警本部のある人に聞くと『あいつがやったに決まっとるやろ』って言うんですよ。でも、この事件、おかしなことがいっぱいあるんですよね。だから、その人に『そうは言っても、突っ込みどころが満載じゃないですか』と突っ込んだりしてるんですけどね」

「おかしなことって？」

「その看護助手が、取調官の刑事が好きになって、それでうその自白をしたって、裁判では主張しているんですよ。変な話ではあるんですけど、実際、逮捕される前に、何度も自分から警察署に出向いて、その刑事に会いに行っているんですよね。おかしいと思いませんか。真犯人だったら、自分から署に出向くなんて、そんな行動とらないじゃないですか」

「何のために自分から会いに行ったの？」

「何回かは、供述の撤回をお願いに行っているんです。彼女だけが『人工呼吸器のアラームが鳴った』と言って、その供述を撤回してもらおうと何度も署を訪ねているんですよ」

なかなか経緯が飲み込めなかったが、あらためて事件発生時のいきさつを整理すると、こういうことだった。

患者が死亡したのは二〇〇三年五月。午前四時半ごろ、西山さんと一緒に病室を巡回していた看護師が死亡していることに気づいた。看護師は当初「呼吸器のチューブが外れていた」と証言した。

警察は「外れていた」という証言を司法解剖をする鑑定医に伝えた。後に、この証言は間違っていたことが判明するのだが、鑑定医は、その情報を根拠に司法解剖鑑定書に死因を「窒息死」と書いてしまった。

誤った情報に基づいて死因を「窒息死」と特定してしまった時点で、患者の死は医療事故の疑いが濃厚ということになってしまったのだ。これが、この事件の捜査が方向性を誤った最大のポイントだったが、「窒息死」は一四年後の二〇一七年一二月に大阪高裁が「自然死の可能性がある」として再審開始を決定するまで、一人歩きをし続けたのだ。

呼吸器のチューブが外れた、という誤った想定で初動捜査は進んでしまった。患者が自然に息を引き取ったのであれば、呼吸器は酸素を送り続けるから、アラームが鳴ることはない。しかし、警察は「外れていた」という誤った証言に引きずられてしまったのだ。

チューブが外れていたのであれば、アラームが鳴ったはずだ、と警察は考えた。しかし、当直の看護師二人と、看護助手の西山さんだけでなく、入院患者、付き添いの家族の誰も、アラームを聞いていなかった。当然だろう。チューブはつながっていて、患者は自然に息を引き取ったのだから。振り返れば、後戻りするチャンスは、ここだった。

だが、呼吸器に不具合がないことを確認した警察は、アラームが鳴った、という想定にこだわった。アラームに看護師が居眠りしていて気づかず、対処が遅れ、酸素欠乏に至った、という見立てを変えず、業務上過失致死事件の筋書きで、看護師の立件を視野に突き進んだのだ。

そんな状況で西山さんが「鳴った」と言わされてしまった。

「アラームは、実際には鳴ったのか、鳴らなかったのか、どっちなの?」

「判決では、鳴っていない、という結論になっています。鳴っていないんですよ」

「じゃあ、なんで西山さんは『鳴った』と言ったの?」

「最初のうちは、西山さんも『鳴っていない』と言っていたんですよ。事件から一〇カ月が過ぎて、警察は捜査態勢を増強して、当初は所轄の愛知川《えちがわ》署がやっていた事件に、県警本部の捜査員を投入したんです。その刑事に『鳴ったはずや』と脅されて、『鳴りました』と言わされたんです」

「それで、供述を取り消そうとして、自分から警察署に行ったということか…」

「ただ、西山さんは最初は脅されて、言わされたんですが、途中からは同僚たちにも『鳴った』と言って、警察の筋書きに話を合わせるようになっていくんです。刑事が優しくなって、取り込まれてしまったんじゃないですかね」

「撤回しようとしたのは、なぜ?」

「西山さんが『鳴った』と言ったことで、看護師への取り調べが厳しくなるんですよ。精神的にぎりぎりまで追い詰められて、いったんは看護師も『鳴った』と言わされるんです。署名の段階で拒否してるんですけど。やっぱり警察の取り調べって、いったん自白を取る、という方針になったら容赦ないんでしょうね」

初期の段階で、二人がうその自白に追い込まれているのだから、かなり強引な供述の取り方をしたということだろう。

「西山さんは、刑事と同僚看護師との板挟みになった、というわけか」

「看護師が精神的に苦しんでいることを同僚たちから伝えられて、西山さんは証言を取り消そうとしたんです。看護師とも仲が良かったみたいで、必死だったんだと思います」

警察組織が、自分たちの筋書きに合わない証言を認めたがらない。冤罪の一つの典型的なパターンがこの事件にはあったということだ。「鳴った」の供述撤回を求め、拒絶され続けながらも、西山さんはある日には、午前二時半に自宅から一人で署まで撤回を求める手紙を届けることまでしている。それが、「チューブを外した」と虚偽自白するちょうど一〇日前だった。

「証言を取り消すことができず、看護師との友だち関係の板挟みになり、どうしようもなくなった揚げ句に自分のせいにしようと思って、うその自白をした。それが、弁護団の主張なんです」

「刑事が好きになった、というのは本当なの？」

「自分から警察署に行ったのは、やっぱり刑事に会いたくて行ったこともあったみたいです」

虚偽自白する直前の四〇日間で、西山さんの取り調べは二九回。まだ、容疑者でもないのに異常とも言える回数は、西山さんが呼ばれたわけでもないのに自ら署へ行った、ということを裏付ける。それだけではない。角記者から衝撃的な事実を聞かされ、私は一瞬言葉を失った。

「取り調べ中に刑事に抱きついたりもしているんですよ」

「それ本当?」

「本当なんです。びっくりしたんですけど、起訴されて拘置所に移監される時に『離れたくない』って刑事に抱きついているんです」

「弁護側がそう主張しているだけじゃなくて?」

「公判で刑事は、抱きつかれた時には『頑張れよ』と肩をぽんぽんとたたいた、と話したんです。実際に、抱きついて、それを受け止めたということでしょう」

社会部でほぼ一〇年のデスク経験がある私も多くの事件報道に携わったが、殺人事件の女性被疑者が男性刑事に抱きついた、などという話が裁判で公にされたなどということは、聞いたことがなかった。

ここまでの話だけでも、あぜんとするような話ばかりだった。角記者の言うように「突っ込みどころが満載」なのは、間違いない。私は帰りの列車の時間も忘れて彼の話に引き込まれ、さらに驚く事実を聞かされることになった。

「検事さんへの手紙」は何を意味する?

この事件の捜査に潜む「いかがわしさ」は、抱きついた話にとどまらなかった。

さらに決定的だったのは「検事さんへの手紙」だった。

「西山さんが刑事の言いなりになって自白させられた、という印象が強いのは、公判前にわざわざ検事あてに手紙を書かされているんですよ」

「手紙というと?」

「公判で否認をしても本心ではない、というような文面だったと思うんですが」

「自分から？」

「違います。刑事がわざわざ拘置所に来て、書かせているんですよ」

ここまで来るともはや、開いた口がふさがらない、である。

だいぶ後になって、私はその手紙のコピーを実際に見ることになる。二十四歳の看護助手だった西山さんが検事宛の手紙を書いたのは、二〇〇四年七月六日の逮捕から起訴（同月二七日）を経て、初公判（九月二四日）が開かれる三日前のことだった。

西山さんを意のままに供述させてきたA刑事は、ボールペンと便箋を用意して拘置所を訪れた。A刑事の言うままに西山さんが書いた手紙の全文を紹介する。

検事さんへ　弁護士さんに少しでもよくみられたい、私のやってしまったことに対して、にげてしまいたいという気持ちがあり弁護士さんに本当のことがまだ話せずにいて、嘘をついて罪状認否の時に否認しようと弁護士さんからも言われたし私もそうしようと考えましたが、否認した後のことを考え、私が今まで警察や検事さんに言ってきたのにと思うと、本当のことを言って、Tさん、Tさんの家族に一生かけて罪を償っていきます。弁護士さんにもこわいですが本当のことをきちんと話をしてわかってもらおうと思います。もしも罪状認否で否認してもそれは本当の私の気持ちではありません。そういうことのないよう強い気持ちをもちますので、よろしくお願いします。
平成一六年九月二一日　滋賀拘置所　西山美香

文末には、指印まで押してある。

この内容から想像するに、この時点で西山さんには頼るべきなのは、刑事と弁護士のどちらなのか、という迷いがあったことがうかがえる。

後で裁判記録を調べると、起訴から初公判まで、およそ二カ月の間に、A刑事は拘置所の西山さんに一四回も面会していた。

起訴後の取り調べについて、最高裁の判例では「捜査官が当該公訴事実について被告人を取り調べることはなるべく避けなければならない」と示されている。

自白が真実であれば、起訴後に取り調べる必要などないはずだ。後の公判で検察は西山さんが「他人から影響を受けやすい性格」だということを認めていた。取調室という密室で作り上げた特殊な関係を利用し、起訴後も頻繁に面会をしたのは、裁判でも「うその自白」を維持させようという意図なのは明らかだった。

しかも、さらに驚いたことに、公判でそのことを追及されたA刑事は「上司や検事の了解を取って面会に行った」と証言したのである。これには、後に取材した元検事らも「検事がそんなことを認めるのは通常、考えられない。自白の信用性を失いかねない自殺行為だ」と驚いた。だが、一審の裁判官はその点に釘を刺すこともなく、自白の任意性も信用性も全面的に認めてしまっている。いい加減なものだ。

再び、角記者との打ち合わせの場面に戻る。仰天する話はまだあった。

「僕が一番おかしいと思ったのは、供述調書がめっちゃ多いんですよ。三〇通以上だったかな。供述調書がそんなに多いなんて、僕も警察取材を長くやってましたけど、異常ですよね」

「普通は何通くらいかな」

「一つの事件で三〇通を越えるなんて普通じゃないですよ」

これも、打ち合わせ後に確認したことだが、西山さんの供述調書は三八通に上っていた。

自白が真実であれば、体験したことをありのままに語る供述調書が数通もあれば、事足りる。調書が、それほどの数になる理由は、被疑者がやってもいないこと、つまりは「知らないこと」を語らせられ、つじつまが合わない部分を後で書きかえる必要が出てくるためだろう。

冤罪事件の特徴として、よくあるのはこのパターンだ。うその自白の筋書きを実際に作っているのは捜査側なのだから、往々にして調書の内容は現場の状況と矛盾するところが多くなる。何度も言い換える理由を、捜査側は、被疑者が罪を逃れようとなかなか真実を語ろうとしなかったからだ、と主張することもあるが、そうではない。現実には、無実の人を犯人だと決めつけた捜査側のシナリオと現場の状況との間に矛盾やほころびが生じ、その都度、つじつまあわせをする過程で調書が書き直され、数が増えていくと考えるのが自然だ。

しかし、冤罪被害者にとって不幸なのは、多くの裁判官が最初から検察側と同じ目線で被疑者を「悪人」と決めつけ、検察側の主張を信じてしまうことだ。この事件も、ありがちなパターンの典型なのではないか、と疑う角記者の見立ては、真っ当のように聞こえた。

大津支局での打ち合わせは、すでに一時間を過ぎていた。

それでも話したりなさそうな角記者は「それだけじゃないんですよ」と、さらに続きを話し始めた。

「供述調書だけじゃなくて、それとは別に、自供書も書かされているんです」

「自供書とは？」

「直筆で書いたものです。その数も半端ないんですよ」

「そこには何が書いてあるの？」

「すべてに目を通したわけではないですが、犯行の手口とか動機とかを自分で書いたものです」

「何のために書くの？」

「調書の補強でしょうね。この事件は、証拠が何もないんですよ。だから、いろんな方法で自白を補強しているんですが、自供書もその一つだと思うんです」

この時点では、きっと読者の多くがそうであるように、私も事件で取調官が書く供述調書は、被疑者が語った通りのことが書かれている、と思い込んでいた。だから、自供書を何通も書かせるなどという、屋上屋を重ねる意味がよくわからなかった。

自供書は、正式には上申書という、当局に宛てて自ら書く文書のことだ。西山さんの場合は便箋に手書きで書いた文書が五六通も残され、多くが証拠採用されていた。

三八通もの供述調書に輪をかけて自供書が多いというのは、振り返ってみれば、供述調書の内容に自信がない、ということの裏返しとも言える。だが、供述調書がでっち上げられるはずがない、と思っている私には、そこまで連想することができなかった。

角記者の話には、さらに続きがあった。

「再現ビデオも撮られているんです。これが、かなり有罪の決め手になったかも知れないですね」

「再現ビデオというのは、現場検証で犯行の場面を再現したビデオということ？」

「そうです。病院の現場で、犯行の流れを本人が説明しているところを撮られているんです」

「見たの？」

「見てはないです。でも、先ほど話した県警の人は、僕が『突っ込みどころ満載じゃないですか』とからかった時に、少し強気な態度でそのビデオの話を持ち出したんですよ」

「どう言ってるの？」

「その人は『あのビデオを見れば誰でもあいつが犯人で間違いないと思うで。それぐらい、完璧なビデオなんや』って言うんですよ。『あのビデオには、疑う余地がない』って」

「本人が積極的に犯行を再現している、ということなのかな」

「たぶんそうだと思います。供述調書の通りに、その場面を演じさせられているんじゃないですかね」

刑事のことを信用し、すべてを委ね、好きなように供述調書を書かれ、自らの手でも上申書をその都度書かされ、揚げ句の果てに、捜査側が脚本した再現シーンを言われるがままに演じてしまったのだとすれば、なんともひどい話だ。

「書けますかねえ？」

「うーん。でも、そのビデオがあると、再審は、厳しいことは厳しいね」

「そうなんですよね」

「冤罪防止で録音録画が言われるようになったけど、それを先行するような話だもんな。しかし、言いくるめられた挙げ句に、そんなビデオまで撮られてしまうなんて、恐ろしい話だよね」

「よほどの材料がないと、再審に持ち込むのは難しいとは思います」

私は、「書けるか?」と問われたことに対し、可能性の糸口を探した。書く材料には事欠かないのはその通りだが、今の段階で問題提起をしたとしても、現在進行中の第二次再審請求審の大阪高裁で、再審開始決定が出る、という可能性は高くはない。それでも構わないのだが、新聞として必要なのは、それでも記事にする妥当性だ。この事件を再審するべきだ、と主張できるだけの根拠と、さらに言えば、今になって新聞が問うことの意味が必要になってくる。書けるか、という角記者の質問には答えられないまま、逆に私は聞いた。

「その西山さんって女性、発達障害がある可能性はないだろうか?」

角記者が答えた。

「何らかの障害があるかもしれません。僕も発達障害について、詳しいわけではないんですが、父親が出した上申書に、娘さんの幼少期のことや、大人になっても『後でばれるようなうそや作り話を友人たちに言うようなところがある』と書いてあるんですよ」

再び私は、角記者の話に身を乗り出した。そして、彼が語り始めた、これまた驚くような話を聞くにつれ、私の中で、まだ会ったこともない西山美香さんという女性のイメージが少しずつ、立体的な像を結び始めた。

「障害」の可能性

「発達障害があるのでは?」という私の質問に「あるかもしれません」と答えた角記者は「幼稚園のときに一人だけ運動場を反対回りで走ったそうなんですよ」と言った。

けっして私が発達障害について詳しかったわけではない。当時の理解はと言えば、例えば、子どもが教室でじっとしていられず歩き回ってしまうとか、人とうまく会話を交わすことが苦手で誤解されやすい、など、漠然としたイメージでしかなかった。ただ、この時に聞いた「一人だけ反対回りで走った」という話は、発達障害についての浅はかな知識しか持ち合わせていない私の印象に強く残った。昔なら「ちょっと変わった子」と言われた子が、現代医学でその「変わった行動」が発達障害の特徴として分類されることはままあるからだ。

「他にもあるの?」

「嘘をつくらしいんですよ」

「嘘? どんな嘘を?」

「第二次再審請求書に出てくるんですが、病院の同僚らに『自分の両親は本当の両親ではない』みたいなことを言っているらしいんです」

そこで角記者は、打ち合わせをしている大津支局の窓際にある応接コーナーからいったん離れ、支局内の自分のデスク上にあるノートパソコンを取って戻ってきた。応接机の上でパソコンを開き、キーボードをたたきながら裁判資料のデータを開いた上で、再び説明を始めた。

「同僚に『自分は両親とは血縁が無い』『実父母はすでに亡くなっており、遺産を遺してくれている』などと言った、と書いてありますね」

「実際は本当の両親なんだよね」

「それは間違いないです。裁判関係の公文書でそうなっていますから」

「何でそんな嘘をつくんだろう。目的がよくわからないね」

「再審請求書には『請求人は、両親の第三子長女として生まれた。兄二人は成績優秀であったが成績が悪く、劣等感を抱いて育った』とあるので、そういうことからだと思います。両親にも確かそう聞いた記憶があります」

さらに、角記者は続けた。

「結婚する予定もないのに、結婚する、と同僚たちに言っていた、という話もあるんですよ」

「見栄で言うなら、分からなくはないよね」

「いえ、それが結婚式で余興まで頼んでいた、というんですよ」

「それは驚くな。式はないんだから、バレるよな」

「そうなんですよ。言われた方も、ずっと信じていたみたいなんです」

再び手元のパソコン画面に目を落とし、角記者は再審請求書を読み上げた。

「人間関係に不器用な請求人は、他人の関心を集めるため、あるいは見えをはるために嘘を言う性癖がある。以前には友人に対し、結婚の話がないのに結婚するので披露宴で余興をしてほしい、と頼んだことがあった。本件病院の同僚たちに対しては、自分は両親とは血縁がなく実父母は既に亡くなっていて遺産を残してくれているとか、自分はバツイチの男性と同棲しているが、その男性の子供を引き取らなければならない等という嘘をついていた。同病院の同僚中、請求人と最も親しかった○○は、請求人が逮捕されたころまで、これらの嘘を真実であると信じ込んでいた」

思わず私は「うーん」とうなってしまった。大人がつく嘘としては、常軌を逸していた。

衝撃的な虚言癖は、事件での虚偽自白との関連性を強く印象づけるのに十分なインパクトがあった。

「同僚たちにうそをついていたから、殺した、という嘘をついた、とは、もちろん言えないけれど、でも、嘘をつくハードルがめちゃめちゃ低い人だった、ということは、間違いなく言えるよね」

「それは言えると思います。あと、やっぱりコミュニケーションが苦手、というか、本人が言葉を取り違えて話していることもあるみたいなんですよ」

「どういうこと？」

「否認しているのに、法廷の尋問で『殺した』と言ってる場面もあるんです」

「法廷の尋問？」

「そうなんです。控訴審で法廷であった弁護人とのやりとりが、そんな感じになってることを再審請求書で指摘しているんですよ」

パソコンのデータでその部分を見せてもらうと、確かに質問に対する西山さんの答え方が混乱していた。請求書には「控訴審第一回公判被告人質問速記録」（二〇〇六年）が以下のように引用されていた。

弁護人「（検事調べで）ただ、最後のほうは、A刑事に言っているように『わざと外しました』と言ったね」
西山さん「言いました」
弁護人「そういうふうに変わったのはどうしてかな？」
西山さん「正直に言ったらいいと思いました」
弁護人「正直に、じゃあやってるわけか？」

西山さん「やってないんですけど、A刑事に言ってるように言ったら分かってもらえると思って言いました」
弁護人「何を分かってもらえると思ったの？」
西山さん「私のことを」
弁護人「それで分かってもらえる内容というのは、私が（呼吸器の）線を抜きましたと。要は、殺しましたということは分かってくれるかもしれないけど、それ以上どういうことが分かってもらえると思ったのかな？」
西山さん「私の気持ち」
弁護人「どんな気持ち？」
西山さん「Tさんを……泣く泣く殺してしまったということです」
弁護人「じゃあ殺したの」
西山さん「殺してません」
弁護人「殺してもいないのに、泣く泣く殺してしまったと思ってたの？」
西山さん「思ってません」
弁護人「じゃあ、その気持ちというのがよく判らないけど」
西山さん「私もよく分からないです」
弁護人「どういう気持ちを持ってたかって、今、分からない？」
西山さん「はい、ちょっと覚えて……忘れました。すみません」

弁護人「今はどう思ってますか?」
西山さん「Tさん絶対殺していません」

このやりとりを聞けば、殺したのか、殺していないのか、傍聴席は混乱したかもしれない。その後、出所した西山さんにこの請求書に記載された控訴審での問答を見せて、「どういう意味で『殺した』と言ったのですか?」と聞いたが、読んだ西山さん自身が、「本当だ。殺したって言ってますね。まったく覚えていません」と驚いていた。

法廷という非日常の場面で、被告人という、経験もしたことのない立場で、しかも殺人という疑いをかけられている異常な状況だったことを踏まえれば、支離滅裂になってしまうのは無理もないことなのだ。

郵便不正事件で冤罪被害者にされた、厚生労働省元次官の村木厚子さんでさえ、「初めて証言台に立つときは、本籍をちゃんと言えるかどうかさえ不安だった。裁判官が高い位置にいて、自分はすり鉢の底にいるようで、すごく緊張し、国会答弁より、はるかに難しい」と語っているほどだ。

日本の官僚のトップにいた人でさえ、そうなのだ。法廷だけでなく、密室で問い詰められる取調室でも似たようなことが起きた可能性は十分あった。つまり、心にもないことを、何かが原因で言ってしまい、それを逆手に取られて供述調書に書き込まれた可能性だ。西山さんの場合、その可能性は通常の人より高かったことは、間違いない。

紙面化のイメージを頭の中で巡らしていた私に、角記者が言った。
「一審の段階から、弁護人は『迎合性が強い』と言っているんですよね」

当然だろう。だが、角記者はこうも付け加えた。

「ただ、検察側も迎合性があることは認めて、慎重に配慮して取り調べた、と裁判で主張してます」

結局、一審の判決はどうなったのか。

角記者がパソコンのファイルから判決文を開き、関連部分を拡大して見せた。

「警察官による強制や誘導は存在しない」

検察の主張を丸のみする内容に、言葉を失うしかなかった。

これほど任意性に問題のある状況証拠がありながら、強制や誘導を「存在しない」とまで言い切る裁判所の判断は何に根ざすのか。取調官が書いた供述調書こそが真実で、その後の法廷での本人の訴えは、罪を犯した者の言い逃れにすぎない、という決めつけに他ならない。「自白偏重主義」が染みついた日本の司法の根深さを、見せつけられる思いだった。

供述調書は迫真性のある〝作文〟でしかない

私が「しかし、ひどい事件だな」とつぶやくと、彼は次なるエピソードを持ち出した。

「まだあります。患者が死亡する場面の供述なんて、笑っちゃいますよ」

「患者が死亡する場面？」

「確定判決では、西山さんが人工呼吸器のチューブを抜いて患者を窒息死させたときに、死んでいく表情をずっと見ていたことになっていて、死んでいく患者の表情を語っているんです」

「死んでいくところを？」

「はい。口をハグハグさせた、みたいな」

「ハグハグ？」

「劇画とかで、死ぬ間際に苦しがる、あれですよ。弁護団は『ハグハグ問題』と言ってます」

角記者は、再びパソコンでデータを探し出し、供述調書のその場面を読み上げた。

「穏やかな顔がゆがみ始め／眉間のしわは深くなり、口を大きく開けてハグハグさせて／目を大きく開け、瞳をギョロギョロさせていた。口をこれ以上開けない程大きく開けて必死に息を吸い込もうとしていた／大きく目をギョロッと見開いた状態で白目をむき／青白い顔で表情もなくなり、死んでいた」

このようなシーンを、少年時代にどこかで見たような気がした。テレビアニメか、漫画か、もしくは昭和の刑事ドラマか。男の子同士のごっこ遊びで誰でも一度は「殺され役」をこんな感じに演じた経験があるのではないだろうか。女の子も、男の子たちのそんな様子を一度は目にしたことがあるのでは。つまり、この供述は老若男女を問わず、誰もが一度は「見たような気がする」断末魔の場面を想像させる。

「本当なのかね？」

「本当じゃないでしょ。分かりませんけどね。人が死ぬ場面なんて、見たことないんで」

「そうだよな。しかも、息を止められて殺される場面だもんな。殺人犯しか見られないわ」

「漫画みたいでしょ」

「漫画家だって、実際に見た経験をもとに描いているわけじゃないだろ」

「警察官も見たことがある人は、たぶんいないでしょうね」

「現場で見るのは、死ぬ間際じゃなくて、死んでからだもんな」

支局の打合せは、話が脱線していった。それほどあきれた内容だった。角記者が話を本題に戻した。

「これを迫真性があるなんて、裁判官はいったい何を根拠に言うんですかね」

「判決でそう言ってるの」

「そうなんですよ」

角記者は再びパソコンの判決文のファイルをクリックし、「ここです。『自白の信用性』の項目で『自白の具体性、合理性』というところです」と言って指で示した。

「本件犯行に至る経緯、犯行の動機、犯行時や犯行前後の行動など、きわめて詳細かつ具体的なものである。とりわけ被害者の死に至る様子は実際にその場にいた者しか語れない迫真性に富んでいる」

「本当だねえ。びっくりだ」

「わざわざ『とりわけ』って書いてますから、これぞ迫真性、と感じたんでしょうかね」

「裁判自体が漫画のような話だな」

「一審から法廷で弁護側と検察側がやり合った揚げ句に、結局こうですから」

西山さんは、患者が死にゆく場面の供述を法廷の被告席でこう語っている。

弁護人　殺してないんだったら、Tさんが苦しがってるとこ、見てないでしょう?
西山さん　（うなずく）
弁護人　見てないのにどうして言えたのかな?
西山さん　苦しがってやる（=いる）というのですか?

弁護人　うん。
西山さん　苦しかったんやろうなと思って。
弁護人　目を大きく開いてとか、顔がだんだん色が変わってきてとか、看護助手の経験で分かってたの？
西山さん　ほこ（＝そこ）まで分からなかったけど、そういう感じやろうなというのは思ってました。

その後、私たちが和歌山刑務所に出した手紙で同じ質問をすると、彼女はこう返信した。

「A刑事にゆうどうさせられて／自分で、だいたい苦しい息ができない時はこんなふうなのかな、と思ったりもしました」

その後、取材班は司法解剖鑑定書を入手し、患者の状況を詳しく知ることになった。そこには解剖医の所見がこう書いてあった。

「大脳はほぼ全域が（豆腐やヨーグルトを潰したように）壊死《えし》状」「回復する事は全く（一〇〇％）有り得ない」

植物状態は、呼吸など生命維持をつかさどる脳幹は機能し、自発呼吸はできている状態。脳死は、脳幹の機能も停止した状態で、自発呼吸はできず、人工呼吸器なしでは生きらない。事件の男性患者の場合は、自発呼吸がまだわずかに残ってはいたが、呼吸器を必要とするレベルで、脳死への移行期にあった。

ハグハグ供述について再審弁護団は「取調官（A刑事）の作文にすぎない」と指摘。司法解剖鑑定書の所見に「大脳はほぼ全域が壊死」とあることを根拠に、「苦しそうに眉間にしわを寄せたり、口を大きくあけてハグハグさせたり、目を大きく開けて瞳をギョロギョロさせたりすることは、医学的に有り得ない」と主張していた。

患者の死の場面に限らず、供述調書で特徴的なのは、劇画チックだったり小説風だったり、一読して「取調官の作文だろう」と思える部分を、一審の裁判官がことごとく「極めて詳細かつ具体的」と評価していることだ。

西山さんが、「チューブを外した」という虚偽の場面を語った供述調書は、劇画チックな表現があからさまだ。

「呼吸器の消音ボタンの横の赤色のランプがチカチカチカチカとせわしなく点滅しているのが判《わか》りました」

そうかと思うと、今度は、小説を気取ったような調子になり「あれが、Tさんの心臓の鼓動を表す最後の灯だったのかも知れません」。極め付きは、殺害を告白した直後に出てくる供述調書のフレーズだ。

「こんなこと、誰にも話せませんでした。刑事さん、私は本当に悪い女ですね」

古風な女性容疑者が名刑事に心を開く、昭和の刑事ドラマにありがちな〝泣かせる〟シーン。西山さんを意のままに操っていた取調官の刑事は、自分が名刑事にでもなった気分で書いていたのだろうか。平成の時代にはいかにもそぐわない、お涙ちょうだいふうのせりふだった。

一線の若い刑事が調子に乗って書いたような調書を、検事も裁判官も、「犯罪者の気持ち」を語る真実の言葉とでも思って、感じ入っていたのだろうか。

こんな安っぽい時代錯誤的な作文を検事が公判に証拠提出し、裁判官が「具体的」だの「極めて詳細」だの「迫真性がある」などと評価し、上級審が次々に追認していったのが、二十一世紀の日本の司法の現実なのだ。時代に取り残された感覚に支配されたこの国の司法の実態を、この冤罪事件が明るみにさらした、とも言えるのではないか。

フェイク情報に踊らされる

発生時からあらためて順を追って角記者に聞き直すと、誤った事実をもとに筋書きを立て、それに合わない情報を無視する初動捜査の迷走が見えてきた。

患者死亡の初報は、病院の発表。その中で後々まで尾を引きずったのは、死亡に気づいた第一発見者のS看護師（当時二五歳）が「チューブが外れていた」と嘘をついたことだった。

当時の中日新聞は、「呼吸器外れ男性死亡／滋賀の病院　警報器作動せず」という見出しで、次のように報じていた。

滋賀県湖東町（現東近江市）の湖東記念病院は二十二日、人工呼吸器を付けていた入院患者（七二）の容体が急変し、死亡したことを明らかにした。発見時、人工呼吸器のチューブが外れていた。同病院は『チューブが外れると鳴るはずの警報が鳴らなかった。医療上の過失はなかったと考えている』と説明。愛知川《えちがわ》署は人工呼吸器のチューブなどを押収、関係者から事情を聴いている」

（二〇〇三年五月二三日朝刊、一部簡略）

社会面の右側のページに二段の見出しで掲載された小さな記事だった。一段見出しのベタ記事扱いにしなかったのは「医療事故で事件になる可能性もある」との見通しからだろう。

発見者の証言が嘘だった、という角記者の話に私は驚いた。

「チューブが外れていた、というのが嘘だった？ 実際はつながっていた、ということ？」

「つながっていたと思います。最終的には、検察の起訴状も、確定判決も『つながっていた』という前提になっています。本人も一年後に『外れていた』の供述を撤回してます」

「じゃあ何で最初に『外れていた』って言ったわけ？」

「過失を問われるのを恐れたため、と西山さんの弁護団は見ています」

「どういうこと？」

「痰の吸引をやってなかったんです。それで、痰が詰まって亡くなった、と思ってとっさに嘘をついたんじゃないか、と。S看護師は『痰の吸引をした』と言ったんですが、実はしていなかったんです」

事件の夜を再現すると、こうだ。

その晩はS看護師とK看護師、西山さんの三人が当直で、K看護師は仮眠中だった。

午前四時半、「そろそろ行こうか」。S看護師が西山さんに声をかけ、病室の巡回のため、ナースステーション（NS）を出た。未明の病棟はしんと静まりかえっていた。

最初に入ったのがNSの目の前にある二一号室。病態が末期で人工呼吸器を装着した患者は、医療スタッフが即応しやすいようNSに最も近いその部屋にいた。呼吸器のアラーム音を聞き逃すことがないよう、ドアは開け放たれていた。相部屋で、入り口すぐの右側に、八カ月前に心肺停止状態で入院し、植物状態で眠り続ける男性患者Tさんがいた。

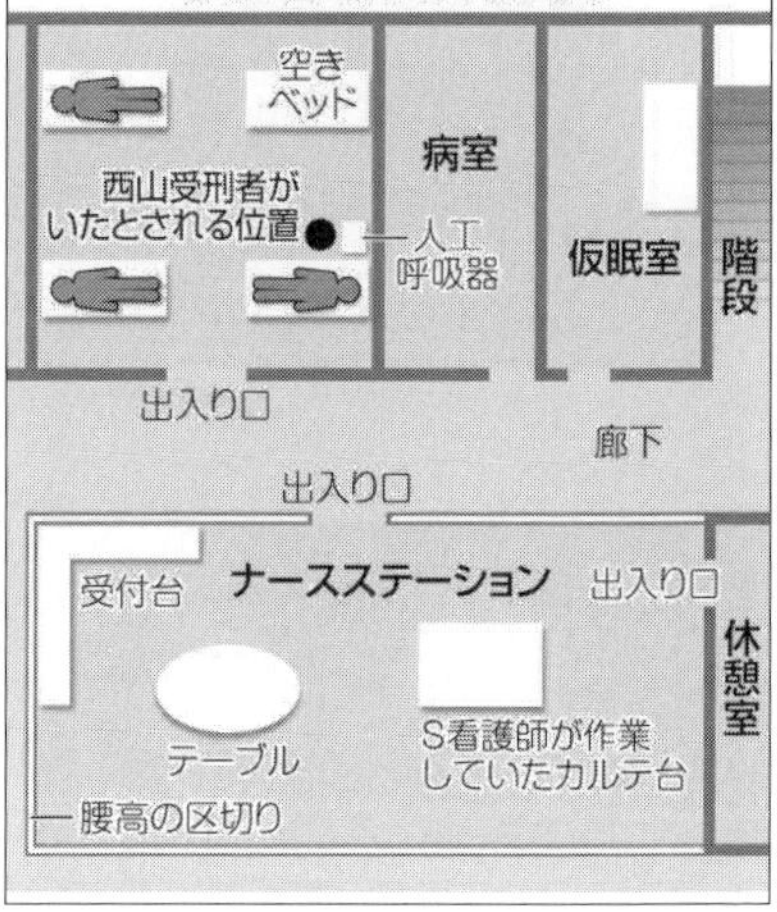

事件現場の見取り図

西山さんに続いて入室したS看護師の目に、顔面蒼白で目を見開き、口を開けたTさんの姿が飛び込んできた。「あっ」。S看護師は小さく叫び、病室にいた西山さんに「アラーム、鳴らなかったよね？」と言った。駆け寄った西山さんは「はい。鳴ってません」と答えた。アラームはチューブの接続部分が外れたり、患者の痰が詰まると、チューブ内の気圧の変化を感知して作動する。ピ・ピ・ピという目覚まし時計並みの音量だ。聞き逃すはずはない。しかし、S看護師は慌てふためき、人工呼吸器のチューブの接続部が外れていないか、両手で確かめながら、すぐに、西山さんに仮眠中のK看護師を起こしに行かせた。

末期患者が息を引き取り、装着した人工呼吸器が酸素を送り続けている状態は、終末期の患者が迎える死の場面として、特段珍しいことではない。S看護師が慌てたのは、二時間おきにする痰の吸引を怠っていたからだと思われる。彼女は当初、午前一時の痰吸引は自分が、三時にはK看護師がやったかのように説明していたが、第二次再審弁護団の再審請求書はこう指摘する。

「S看護師は、仮眠に入る前の午前一時に痰吸引をしたと供述するが、これは虚偽である。K看護師は（Sが）零時三〇分、請求人（西山さん）も午前零時過ぎに既にSは仮眠に入っていた、と述べている。Sは痰吸引に殊更こだわっていたが、看護記録には午前一時の痰吸引の事実を記載していない」

午前三時の痰吸引も否定した。

「SはK看護師に対し『午前三時に痰の吸引をしてくれたよね』と、Kがこれを否定できない口調で迫り、そのとおり看護記録に書いてしまった。これは、痰吸引を怠ったことが理由で自らに責任が降りかかることを恐れ、それを避けるためにした行動であるとしか理解できない。上記の『午前一時に痰吸引をした』旨の供述も、同一の目的によるものであろう」

再審請求書は「T氏の異変を発見したS看護師は、とっさに痰詰まりによる窒息に思い当たったと思われる」と推測し、S看護師の虚偽の説明やK看護師への威圧的な口調に加え、看護師らで人工呼吸などの救命をしているときに彼女がとった不可解な行動についてもこう書き加えている。

「(死亡した)T氏に対し、必死の救命措置をしている緊急事態において、Sは自ら痰吸引をしただけでなく、心臓マッサージをしていた別の看護師に指示して痰吸引をさせている(当然、心臓マッサージは中断することになる)」

いずれも裁判資料に基づいており、筋道が通っていた。

滋賀県警は、S看護師の嘘に踊らされたのだ。しかし、そうだとしても、アラームが鳴らなかった、という事実にきちんと向き合えば、末期の患者が自然に最期を迎えた、という、当たり前の可能性に気づくはずだった。

病棟の同じフロアにはその夜、看護師らのほかに、他の入院患者、付き添いの家族がいたが、誰からも「アラームが鳴った」という証言は出てこなかったのだ。

当直者三人のうち、仮眠中で責任を問われる立場にはなかったK看護師はこう証言していた。

「どれだけ考えてもアラーム音は鳴っていなかった。仮眠室は二つ隣の部屋にあり、たとえ仮眠室のドアを閉めていても、人工呼吸器のピ・ピ・ピ・ピ・ピという大きな音を聞き逃すはずはない。私の仮眠中に人工呼吸器は鳴っていないと言えます。一回もアラーム音は聞いていない」（調書）

高齢の夫がT氏と同室だった当時七九歳の女性はこうだ。

「夫は、耳は良く聞こえていたと思います。私は、人工呼吸器が外れれば大きな音が鳴るはずでしたので、主人がその音を聞いているのかもしれないと思い、『おじいさん、Tさんのピーピーって鳴ったん知ってたんか』と聞いてみたところ、主人は首を横に振っておりました」（調書）

同じフロアで三歳になる喘息《ぜんそく》の三男が入院し、夜通し看病していた母親（二八歳）も断言している。

「病棟は静まりかえった状態で、ブザー音、アラーム音、その他の物音、足音、人の声等、記憶に残るほどの何らかの大きな音を聞いた覚えはありません」（調書）

しかし、捜査本部は立件の核になる「チューブが外れていた」というS看護師の供述に合わない証言は無視した。

「外れていた、のまま、最後までいっちゃたの？」

「最終的には、S看護師が初期供述を撤回するのは一年後ですからね。それも、西山さんが逮捕された後で」

「実はつながっていた、と？」

「はっきりとは言ってないんですが、『見ていない』という言い方だったかと」

再び角記者はパソコン画面に目を落とし、S看護師の調書を読み上げた。

「実際のところは外れているかどうか目で確認していません。勝手に（外れていたと）思い込み、『外れていたならどの程度か』と質問されて返事に困ってしまい、たぶんこの程度だと思って二センチ以内と答えてしまった」

「自分から言い出したの？」

「どうもそうではなく、やはり『外れていた』ではアラームの問題と矛盾するから、警察がそう持って行ったんでしょう」

「西山さんが逮捕されてすぐ？」

「それが、逮捕から一〇日もたってからなんですよ。入院者の家族の『アラームを聞いていない』という供述調書もすべて逮捕後に取り直しているんです。一年前に聞いていたはずなのに。そこもおかしいんですよ」

「最初は筋書きに合わないから無視してたってことか」

「必要になったから取り直した。供述調書を追っていくとそう読めますね」

　捜査現場にフェイク情報があふれているのは当然のこと。この事件で驚かされるのは、捜査機関として、事実の真偽を検証するプロセスが欠落していることだ。

「外れていた」という偽情報を安易に捜査員が鑑定医に伝え、死因を「窒息死」と誤った時点で、事件としての立件をはやるバイアスが組織全体にかかってしまった。それ以降は、信じたいものしか信じない、という非常時の群集心理さながらだ。発生時からひもとくと、事件はそんな流れだった。

県警の「前時代的な捜査」

　あらかじめ筋書きをつくり、必要な「自白」を求めて密室で何時間にもわたって問い詰め続ける。「呼吸器」事件では〝たたき割り〟と呼ばれる恐ろしい捜査手法の実態が、病院側が作成した滋賀県警への抗議文に残されていた。

抗議文は、患者が死亡してから三か月ちょっとが過ぎた二〇〇四年九月四日付け。「原因および見解をまとめた資料」と題し、虚偽自白を引きだそうとする強引な捜査手法を厳しく断罪する文書には、驚くべきことが書いてあった。

原文のまま抜粋するので、読んでいただきたい。

「三つの警察署でとりおこなわれた捜査当局の看護師、看護助手に対する事情聴取の手法から、捜査の基本方針が看護師Sの犯罪性を指弾することにあることが明らかになってきた。すなわち、この間の事情聴取でSに対し『アラームは鳴っていた』との供述をするよう、また西山に対しても『Sから鳴っていなかったことにするよう働きかけを受けた』との供述をするよう、不当な威嚇と執拗な強要がなされた。こうした事態をうけ、病院側は参考人としての事情聴取段階における両名の基本的人権を保護することを目的として、七月九日、弁護士にSの刑事弁護を依頼した」

抗議文によると、〝たたき割り〟の捜査が行われたのは患者死亡から二か月半後の二〇〇三年七月八、九、一〇日の三日間。そのすさまじさから、二人が精神に異常を来した経緯が記される。

「七月九日の事情聴取終了後、一〇日に勤務に復帰した西山が、午前中から不可解な身体反応を示して歩行不能になるとともに、ベッド上で『Sさんが危ない』『警察に私がいかなくては』などの譫言《うわごと》をくり返すため、捜査本部から当時捜査の指揮をとっておられた滋賀県警本部刑事部捜査一課課長補佐〇〇警部の来院を仰ぎ、西山の病状がこの間の捜査当局の強圧的な事情聴取を原因として発症したことを明確に確認して頂いた」

経緯を補足すると、西山さんは当初の事情聴取の段階では「鳴った」との虚偽自白は引き出されなかったものの、追い詰められた揚げ句に「鳴ったかどうか分からない」と苦し紛れにあいまいな答え方をした。そのため、同僚のS看護師への追及が激しさを増す結果になり「Sさんが危ない」「警察に私がいかなくては」という譫言になったのだろう。

それにしても、警察の激しい追及で歩行不能になり、職場で譫言を繰り返すというのは尋常ではない。そのような場面が現実にあったことに驚かされた。

抗議文は続く。

「なお後日、西山は他院の精神科医師による『Adjustment disorder』すなわち急性ストレス症候群の診断のもと入退院をした。西山は本人の希望で一二月二四日をもって湖東記念病院を退職した。Sも七月初旬に行われた三日間の不当な事情聴取が原因と思われる心的外傷後ストレス症候群（PTSD）によって今なお精神科医師によるカウンセリングを受けている」

患者死亡から半年後、何の罪もない西山さんが、警察のひどい聴取がトラウマとなり、職場を去ることになった。すでにこの時点で西山さんは、滋賀県警の無謀な捜査の犠牲になっていたということになる。

抗議文には、警察による筋書きの決めつけが赤裸々に暴露されていた。

「この事件は『勤務中にもかかわらず仮眠をとり、アラームが鳴っていることに気付かなかったSが、自らの責任を回避するため、西山、K（看護師）に圧力をかけて仕組んだ創作劇である』という捜査当局のきわめて乱暴な論理」「病院側は七月九日、一〇日の両日にわたり湖東記念病院病院長室で〇〇警部から捜査状況の説明をうけ、未解明の問題はあるものの、その基本方針が『眠っていたSの犯罪性を明らかにすることにある』との報告を受けた。この際、警部から『Sのような看護師を湖東記念病院で雇用し続けることは、新たな医療事故を招きかねないと思います』との忠告も承った」

病院側は、憤りを隠さず、次のように県警の乱暴な捜査を指弾した。

「看護師や看護助手に自白を強いてつじつまをあわせる類いの前時代的な捜査方法は稚拙の誹《そし》りを免れ得ず、そうした態度からは何らの真実も明らかにすることは出来ない。創作劇の作者はSではなく捜査当局自身である。（略）今回の事故が安易に一看護師の犯罪として矮小化され終局を迎えるとすれば、我々は患者の死を無駄にし、生きた人間を精神的に抹殺してしまうばかりか、必ず次の犠牲者を生むことになる」

この予言めいた不吉な言葉の通り、一〇カ月後、西山さんにぬれぎぬを着せるという形でまさに現実になってしまう。

密室で精神的に追い詰め、思考不能に陥れる〝たたき割り〟で一度はS看護師に「アラームが鳴っていた」と言わせた滋賀県警だが、正気に戻ったS看護師が署名を拒否したことによって、初動捜査で「看護師の居眠りが原因の業務上過失致死」で事件の早期決着をはかる、という狙いは失敗に終わる。

滋賀県警は、いったんは引き下がり、京都大に依頼していた人工呼吸器の鑑定を待つことになった。

病院側は、あくまで「アラームは鳴らなかった」とみており、その理由として、人工呼吸器に何らかの不具合が生じた可能性を見ていたからだ。取材班が情報公開請求で入手した、病院から県への「医療事故報告書」には、事故原因の分析として、こう記されていた。

「現状では、呼吸器の接続が外れて心肺停止になった可能性を最も考えるが、司法解剖、呼吸器の点検の結果報告を待ちたい」

報告書の中で注目すべき点は、事故を踏まえた今後の事故防止対策として、こう指摘されていることだ。

「呼吸器のアラームが鳴っていなかったのが、機械の故障なのかどうかは判断できないが、このような患者には酸素飽和度モニターなどの装着をして、二重のチェック機能を設ける必要があると考える」

病院内で医療事故が起きれば、警察の捜査が介入することは避けられない。だが、極めて専門的な分野にもかかわらず、捜査にあたる捜査員が医療知識に精通しているかというと、そうではない。それどころか、現場の捜査員が勝手な筋書きを描き、思い込みで突っ走ることが現実に起きることを、この事件は教えている。

だとすれば、医療機関がしておくべきことは、患者に起きたことを可能な限りデータとして記録しておくことしかない。酸素飽和度モニターか心電図モニターが装着されていれば、死亡時刻、容体の変化が克明に記録されていたはずだ。そうであれば、「看護助手による計画的密室殺人」などという荒唐無稽なストーリーを捜査機関にでっち上げられることはなかったはずだ。

実は、湖東記念病院では事件前、看護助手たちがモニターの装着がないことに不安を覚え、病院側に訴えていた。

西山さんが、両親に送った手紙とは別に、獄中で書き続けたノートにその経緯が記されている。

表紙に「平成二四年八月二三日」とある獄中ノート、つまり、逮捕から八年後、出所の五年前の二〇一二年に作成されたノートの中には、手書きでこう書かれている。

「病院に対してなにかこまらしてやろうとかは、少しも考えませんでした。でも私たち助手が（死亡した）Tさんのような人のオムツ交換を、助手だけでいくのはこわいし何かあった時のために『心電図モニターをつけてほしい』と言ったにもかかわらず、（病院側に）『主治医の〇〇先生が必要ないといわれたからだ』と却下されてしまったことは、すごくぎもんに思いました。今回モニターさえつけていればTさんはなくなることなどなかったのです。今でもこのことはくやまれます」

読んでお気づきだろうか。モニターが装着されていれば、自分が冤罪に巻き込まれることはなかったのであり、もっと病院を非難してもいいはずだが、彼女の思いはそれとは別の所にある。彼女が悔いているのは、モニターが装着されていれば、男性患者の容体の変化にもっと早く気づくことができたはず、ということなのだ。

両親へ三五〇通余に及ぶ手紙で無実を訴え続けた西山さんは、その一方で、看護助手の自分が夜勤中、もっと患者のことに気を配っていれば男性が死亡することはなかったのではないか、と自問自答を繰り返していた。看護助手という、医療現場では末端の立場ではあっても、患者の命を守る、という医療者としての強い思いが、獄中で彼女が書き記した手紙やノートからは伝わってくる。

患者の死亡から九カ月後の二〇〇四年二月、人工呼吸器に異常なし、との鑑定結果が出ると、ほどなく、滋賀県警は捜査を再び本格化させた。

モニターの未装着、S看護師の「チューブが外れていた」という嘘、その嘘をもとに鑑定医が下した窒息死という死因特定でのミス。関係者の不実、不手際が西山さんの不運、不幸へと形を変えながら、事件は動きだしてしまった。

〝たたき割り〟捜査の犠牲者は二人

滋賀県警は第一発見者、S看護師の「呼吸器のチューブが外れていた」という供述から、早い段階で筋書きを描いた。

それは「外れていた↓アラームが鳴ったはず↓看護師が居眠りしていてアラームを聞き逃した↓対応が遅れて患者が死亡した」という、誰かを悪者に仕立てる短絡的なシナリオだった。

県警は、業務上過失致死事件での立件に欠かせない「アラームが鳴った」という自白を、当直勤務だったS看護師と看護助手の西山さんから引き出すことに、一年以上にわたって執着した。

実は、最初に「鳴った」という虚偽自白を引き出されるのは、供述弱者の西山さんではなく、S看護師の方だった。

二〇一六年九月に大津支局で私に事件の構図を説明した角記者は「この事件で虚偽自白をしているのは、西山さんだけじゃないんですよ」と話した。

「去年、弁護団が会見を開いたときに、報道陣に『虚偽自白を強いられた被害者は二人いる』と捜査手法の問題を強調してるんです」

「さっき、S看護師もうその自白を強いられた、と言ってたな」

「はい。最初に『アラームが鳴った』と言わされたのは看護師の方なんです」

「署名の段階で拒否した、と。でもさ、アラームを誰も聞いていないんだから、警察は、鳴らなかった可能性は考えなかったの?」

「まったく考えてないですね」

「最初から、看護師が居眠りして聞き逃した、という医療事故の一点張りか」

「そうです。『外れていたなら、アラームは鳴ったはずだ』とS看護師と西山さんを徹底的に問い詰め続けるんですよ」

「鳴ってない以上、聞いていない、と言うしかないよね」

「看護師が『鳴った』と言わされたのは、かなり早い段階で、さっきも言いましたが、署名の段階で拒否したんです」

「署名を拒否してなかったら、あっという間に業務上過失致死で立件されて、一件落着していたってことか。恐ろしい話だな」

「冤罪の被害者は、場合によってはS看護師だった可能性もあるんですよ」


ここで、S看護師の供述の経緯を振り返ってみたい。

患者死亡当日の二〇〇三年五月二二日から始まった当初の事情聴取では「アラームは鳴っていない」と明言していた。その供述が「鳴っていた」という虚偽自白へと追い込まれていく様子がその後の捜査報告書に、克明に記録されていた。

死亡から一カ月半後の七月初旬、県警は集中的な〝たたき割り〟を始める。以下の捜査報告書には、「鳴っていない」という初期供述が、わずか一日の聴取の間に急転していく様子がみてとれる。(※文中の「 」はS看護師の供述、〈 〉は取調官が状況を説明している部分)

「呼吸器のアラームが鳴っていたのに気付かないことは絶対にない。絶対に寝入ってしまったことはない。西山さんに『アラーム鳴っていなかったよね』と聞くと『鳴っていなかった』と答えた」
〈本職＝取調官の刑事＝が「(チューブが)外れていたのであれば、通常はアラームが鳴り続けるのでは?」

と質問すると、下を向いて〉

「あの状態なら鳴っているはずです。でも私の耳には聞こえなかったのです。西山さんは聞こえていたかも知れませんが、私には聞こえなかったのです」

〈などとあいまいな返答を繰り返しはじめたことから、さらに「それはどういう意味ですか?先ほど西山さんも聞こえなかったと答えた、と話していたのは事実と違うのですか」と質問すると、午後六時半ごろに至り、終始下を向きながら〉

「今回のことは私がアラーム音に気付かなかったことが原因です。その日、私は友人の離婚問題などで悩んでいることもあってボーとしており、それを聞き逃していたのです。病室に入った時に初めて鳴っているのに気付き、我に返ったのです。頭がパニックになって、西山さんに鳴っていたかと聞いたのは覚えていますが、西山さんがどのように答えたか覚えていません。今回のことは誰の責任でもなく、リーダーであった私の責任です」

〈と供述した。よって本職は「それが当日の本当の話なのですか?本当の話であれば、これからその内容を調書に書きますので、もうしばらく時間を下さい」と申し向けると、小さな声で「はい」と返答したことから調書作成を開始した。署名を求めると〉

「やっぱり署名できません。気付くのが遅れたのは間違いないけど、私の責任であることは間違いないけど、署名できません」

〈と、これまでの供述を一転させた。その後も「納得がいかないです」と繰り返すばかりであり、午後九時にいたって取り調べを終了することにした〉

文章にするとわずか数分だが、終了が夜の九時ということから考えても、相当な長時間の聴取だったことが分かる。当初は気丈に対応している供述が、あたかも自責の念にさいなまれた末に告白しているように読めなくもないが、事実はどうだったのだろうか。書類上の取調官の物言いは、紳士的で丁寧だが、額面通りには受け取れない。密室で延々と続くあらかじめ〝答え〟の決まった質問の繰り返し。精神的な拷問に耐えがたくなり、苦しみから逃れるために心にもない虚偽自白をしてしまった、ということだろう。

S看護師には、その後、病院が弁護士を付け、再び「鳴った」と言わされることはなかった。

この事情聴取から八カ月後、S看護師はいったんは「鳴った」と言わされ、危ういところで「正気」に戻り、署名拒否した際の心理状態を取り調べの中で振り返る。二〇〇四年三月三一日の捜査報告書。患者死亡から一〇カ月後のことだ。

「こんな大げさな話になるとは思わなかった。本当に軽い気持ちで事情聴取に応じていたのですが、その後（二〇〇三年の）七月の取り調べの際に、あたかも私が嘘をついているかのように刑事さんに言われたのです。この取り調べで私は『もういい。何度呼吸器が鳴っていなかったと話しても聞き入れてもらえないのであれば、アラームを聞き漏らしたことにしよう。そう話して帰してもらおう』と思い、長時間の取り調べに疲れたこともあり、そう話した。そしたら『聞き漏らしたのは私が寝ていたからだ』と警察に決めつけられたのです。私が聞き漏らしたという内容の調書ができあがり、その調書を読んでもらったのですが、いざ署名となったときに、私は『これではいけない。真実ではない。西山さんも正直に鳴っていないと話しているのに、本当に話がおかしくなる』と思いました。だから署名しなかったのです。翌日も、その翌日も、刑事さんから『鳴っていなかったか』と質問されましたが、私は『アラームは絶対に鳴っていない。鳴ったら気がつくはずです』と答えてきた」

さらに二カ月がたち、患者死亡から一年を過ぎた取り調べでも、二人に対して同じ質問が延々と続く。以下は、死亡から約一年後の二〇〇四年五月二七日、西山さんが逮捕される約四〇日前の捜査報告書だ。

「アラームが鳴っていたら、気がつかないはずがない。仮眠をしていたKさんも起きてきたはず。Kさんは鳴っていたと言いましたか？　隣室には子供の付き添いのお母さんがいたはずです。その人に確認してくれましたか？　私は本当にどうしたらいいんですか。なぜアラームが鳴らなかったかは分からない。抜けたら鳴る機械です。私も不思議でならない。でもアラームは鳴っていなかったのです。西山さん本人から、警察から『呼吸器が鳴っていたんやろう』と決めつけた言い方をされて悩んでいる、同じ事ばっかり聞かれているというメールが入り、西山さんもつらい思いをしていると感じた。私もその気持ちが分かる。西山さんは電話で、警察から『鳴っていたんやろう』と机をたたかれ、そればかり聞かれて頭がおかしくなってくると話していた。『負けないでね、しっかりした気持ちを持ってね。私も頑張っているから西山さんもがんばってね』と答えている。この取り調べは私が『呼吸器が鳴った』と話すまで続くのですか。私は嘘を言っていない。信じてもらえるまで言い続ける。（取調官がポリグラフ＝嘘発見器＝の話を持ち出すと）そんな良い機械があるのだったら、ぜひ受けたい。その検査ではっきりさせたい」

S看護師の捜査報告書からは、西山さんの生々しい〝悲鳴〟が聞こえてくる。

実は、この時すでに西山さんは県警本部の捜査一課から新たに投入されたA刑事に「わしらをなめとったらあかんぞ。アラームは鳴ったはずや！」と怒鳴られ、その脅しに屈して「鳴りました」と虚偽自白していた。

患者の死から約一年。たたき割りで言わせた「アラームが鳴った」という西山さんの虚偽自白によって、県警が描いた「呼吸器のチューブは外れた↓アラームが鳴った↓看護師が聞き逃した↓対応が遅れて患者が死亡した」という短絡的な筋書きは、一年がかりで〝成立〟した。不可欠だったピースは、脅迫まがいの取り調べで得たものだ。そして、捜査は業務上過失致死の立件に向けて加速していくことになる。

埋もれていた〝もう一つの〟冤罪事件

筋書きを決め付けて自白を迫る強引な初動捜査、被疑者の迎合性につけこんで書かせた自供書の数々、「検事さんへ」の手紙。大津支局で角記者の語る呼吸器事件の全容は、驚くことの連続だった。

そんな中でも極めつきは埋もれていた〝もう一つの〟冤罪事件だった。

「記事にするにしても、西山さんが、自分から自白しているところが、何とも厄介だよな」

「そうなんですよね」

「脅されたり、殴られたりして言わされた、というならね」

「でも、最初は刑事に脅されてるんですよ」

「そう言ってたな。警察が看護師の過失事件にするため『アラームが鳴った』と言わせたところか」

「西山さんが『チューブを外した』と言ったのも、その二カ月前の『鳴った』とつじつまを合わせるためだから、やっぱり刑事が脅した罪は大きいですよ」

「脅された、と言っても、警察は否定するだろうな」

「それがですね、その刑事、別の事件でも被疑者に暴行して懲戒処分を受けているんですよ」

「本当？」

「はい。新聞にも出たんです」

「札付きの刑事だった、というわけか」

「しかも、その別の事件というのが、これまた冤罪だったんですよ」

「うそみたいな話だな。いつの話？」

「西山さんの一審の裁判の最中にやってるんですよ」

「絶句だな。その刑事、同じ時期に二つの冤罪をつくってたってわけか」

「しかも、一つは警察が誤認逮捕と認めた冤罪だったんです」

「どうして冤罪とわかったの？」

「真犯人が見つかったんです。警察署長が被害者に謝罪してるんですよ」

「それ、どんな事件？」

「パチンコ店でカードを盗んだという窃盗容疑事件です」

「裁判で問題にならなかったの？」

「控訴審の段階で問題にしてます」

そこで角記者は分厚い裁判資料から控訴趣意書（二〇〇六年三月）を取り出し、私に見せた。趣意書で弁護団はこう主張していた。

「A刑事は、公判で証言をしたわずか三日後に、結果として事件とは無関係なことが発覚した被疑者に対し、取調べ中、帽子で頭を叩き、胸ぐらをつかんだうえ、足を蹴るなどの暴行を加えたことがある。A刑事は否認する被疑者には暴行を加えることも辞さない者である。被告人にはなるべく自発的に供述させるよう留意し、強制、誘導することなく取り調べていたという供述は信用できない。そのように留意をして取調べをする警察官であれば、被疑者に対する暴行事件を起こすはずがない」

一審の大津地裁（長井秀典裁判長）が捜査側の主張を全面的に認める一方、西山さんの法廷証言を「信用性がない」と断じたため、弁護側は「もう一つの冤罪事件」を取り上げ、A刑事の信用性を崩そうと試みたのだ。

この主張をさらに掘り下げたのが、有罪確定後の第一次再審請求審（二〇一〇年）の弁護団だった。

当時の弁護団は、A刑事に脅されて「アラームが鳴っていた」という嘘の供述をさせられた場面を獄中の西山さんに問い合わせた。また、窃盗事件の冤罪被害者にも直接あたり、A刑事の暴行に屈してうその自白をさせられた経緯を聴き取っていた。

二つの証言はいずれも新証拠として法廷に提出された。

西山さんの証言からご覧頂きたい。

〈新証拠／請求人（西山さん）の回答書〉

「私は、Tさんを殺してもいないのに、殺したといってしまったのは、A刑事から一回目の取り調べを、まだたいほされていない時に受けた時に、机をバンとたたいて『私らは滋賀県警の本部からきたもんやから愛知川《えちがわ》署の刑事と同じだと思って調べを受けていたら痛い目に遭うぞ』と言われ、こわくなりました。

そして、アラームがなっていなかったとずっと言っていました。それなのに患者さんの家族もアラームを聞いていて、それに私がうろうろしているのも何度もみていて不信（ママ）に思っていたと言っている、と言われました。

もうにげることは出来ない、もうそろそろ楽になった方が自分の為だと言われても、最初の方は、なってていいひんもん（いないものは）、なったとは言えんと抵抗をしていましたが、抵抗するたび、机をバンとしたり、イスをけるマネをしたりして本当にこわい思いをしました。

そして、もうこんなこわい思いをするのだったら、アラームはなっていたと言った方がいいと思い、アラームはなっていたと言いました。

でも現実なっていなかったので、どのようになっていたのかの経緯を説明するのには、嘘をついてしまいました」

刑事が言った「患者さんの家族もアラームを聞いていて」は嘘だった。そのような証言は得られていない。

A刑事が〝たたき割り〟を常とう手段としている様子が、窃盗事件の冤罪被害者の証言で浮かび上がる。被害者の男性の証言は、驚くべき内容だった。

長文だが、ぜひ読んで頂きたい。平穏に暮らしている庶民がある日突然、冤罪をでっち上げられていく様子がよくわかると思う。

〈新証拠／A刑事の特別公務員暴行陵虐事件〉

「二〇〇五年六月一日に、私は仕事が終わったあとにパチンコをしにでかけました。おそらく、夜の九時頃だったと思いますが、パチンコをしている私の台の後ろに制服と私服の刑事が複数人やってきて『話を聞かせてほしい』などといわれ、パチンコ屋の駐車場へ行きました。

駐車場では、刑事たちに囲まれて『パチンコのカードを取っただろう』などと言われましたが、身に覚えのないことだったので、私は『何もしていない』と繰り返し答えました。

そんな押し問答が一時間くらい続いたあとで、刑事の一人がどこかに電話して『認めませんわ』というようなことを電話の相手に言っており、しばらくするとその電話の相手をしていた様子のA刑事がパチンコ屋の駐車場にやってきました。

A刑事は、私に対して『署に行こうか』と言いましたので、警察署に行って自分の疑いが晴れるなら、その方が早いし、こんなこと事件にならないだろうと思った私は、A刑事に警察署へ行くことを同意しました。ただ、その頃、ちょうど便意を催していたので『トイレに行かせて欲しい』というと、だめだと言われました。そして、パチンコ台に戻って換金する間も、私が逃げないように、というためでしょうが、刑事の一人からズボンの腰のベルトを通す部分の後ろのところを捕まれており、トイレに行くこともできない状態でした。

換金を終えて、警察官と一緒に警察の車に乗り込むと、A刑事から『どうなっても知らんぞ』などといわれました。私は、何でこんな事件の疑いをかけられたくらいでこんなことを言われるんだろうと思い、不思議に感じたので、この刑事の言葉はよく覚えています。

警察署へ行くとすぐに取調室へ入れられました。

相変わらず便意を催していたので、何度もトイレに行かせてほしいと言いましたが『あかん』の一点張りで、私は次第に苦しくなってきました。A刑事は『しゃべったら、行かしたる』と言ってました。しかし、いくら求められても、やっていないことを認めるわけにはいかないので、困ってしまいました。私は、一体いまは何時くらいになったのかと思い、携帯電話で時間の確認をしようとして、携帯を見たら、サッとA刑事に携帯を取り上げられ、あっというまに電池を抜かれました。

その後、A刑事は、思い通りにしゃべらない私にしびれを切らしたのか、私の背中を壁際に押し付けて、胸ぐらをつかんできました。

胸倉を掴まれて驚く私に対して、A刑事はさらに、足蹴りをして来ました。A刑事が左右どちらの足で蹴ったのかは分かりませんが、私は右足のすねの辺りを思い切り蹴られました。

それまでの間、私は取調室にA刑事と二人きりでしたが、A刑事に足蹴りをされた後、別の刑事が入ってきて、その時に初めて、パチンコ屋の防犯カメラの写真を見せられました。その写真の人物は、野球帽の形の帽子をかぶってうつむいており、ひげが写っていました。私も野球帽をかぶってひげがありますが、似ているのはそれだけでした。

その写真を見せられつつ、また『早くしゃべろ』のようなことを言われ続けましたが、トイレにも行きたかったし、もういいや、という気持ちになって『私がやりました』と、嘘の自白をしました。そのとたん、A刑事は『はい、逮捕』といって、私の手首に、黒い手錠をかけました。トイレは、この後、ようやく行くことができました。

六月四日から五日に釈放されて、当時の会社の社長が京都の弁護士を紹介してくれました。逮捕された状況を話したところ、弁護士は私に対する刑事の態度についての抗議文を作ってくれて、私と一緒に警察署に、これを出しに行きました。

その後、私の家が捜索され、防犯カメラに写っていた犯人が着ていたのと同じ洋服がないか探していたようですが、そんなのあるわけがなく、警察官はなにも押収しないで帰りました。

真犯人がつかまったのは、その直後くらいだったと思います。その日のうちに虎姫署の署長が家に謝罪に来ました。また、別の日に、県警本部の偉い人が虎姫署に来て、私に事情を聴きたいというので、虎姫署に出かけたら、県警の偉い人と話をしたその場に、パンチパーマのような髪型だった頭を坊主に丸めたA刑事が来て、土下座して私に謝りました。そして『けがは大丈夫ですか』と聞かれました。足蹴りされたすねのことでした。

県警本部の偉い人は、私に対して『A刑事にどうしてほしいか』と聞いてきたので『滋賀県にいてほしくないです』と答えました。その後、A刑事が実際にどこで勤務しているか分かりません」

男性にとっての幸運は、真犯人が現れたこと。そうでなければ冤罪から逃れるのは難しかったはずだ。

警察署長は会見でしらを切った

被害者の陳述書を読み終えた私は、角記者に言った。

「迎合とか、誘導とかといった生やさしい次元じゃなくて、もはや拷問と同じだな」

「トイレにも行かせないんですからね」

「こんなこと、今の時代にやっているなんて信じられんな」

「西山さんの裁判を地裁でやっている最中の出来事です」

「しかも、『はい、逮捕』って、何だよ」

「一丁上がりって感じですよね」

西山さんの事件で捜査の不当性を伝える記事を書く上では、これも欠かせない記事になると予感した。

ただ、すぐに取材に手が回らず、男性にコンタクトしたのは、私と角記者が大津支局で打ち合わせてから約一年後。その後取材班に加わった大津支局の成田嵩憲記者が被害男性と接触できたのは二〇一七年一〇月で、大阪高裁で再審開始決定が出る少し前だった。

私のメールボックスには同年一〇月三一日に届いた成田記者からのメールが残されている。

「秦さま、角さま、お疲れさまです。『はい、逮捕』された被害者○○さんの連絡先が分かりました。近く取材もさせてくれるそうです。自宅近くで義父から聞き、本人とも少し電話で話しました」

男性の自宅は、車で高速道路を飛ばしても片道一時間二〇分、往復で三時間近くかかる。大津支局の記者にとって、日常業務と調整しながらその時間をつくるのは一苦労だ。

すぐに成田記者に電話した。

「ご苦労さん。家で話せたってこと？」

「いえ、ご自宅の呼び鈴を鳴らしたら不在だったんで、向かいで同じ名字のお宅を訪ねたら、偶然、義父の家だったんです」

「義父はどんな反応だった？」

「『あの刑事か。俺にも謝りにきたわ。やりかねんな』と言ってました」

A刑事が男性を誤認逮捕した直後、警察は窃盗犯として実名で発表。「窃盗犯」として近隣の住民にも知れ渡ってしまった。本人に謝罪するだけで済む話ではないだろう。

義父は「俺がつないでやるわ」と成田記者の目の前で本人の携帯に電話し、そこで男性と話すことができた、という。男性は成田記者に「今さら話すこともないけど、会いたいならいいよ」と後日、取材に応じてくれた。

男性の冤罪事件からすでに一二年が過ぎていた。第一次再審請求審で陳述書を出した時点からも七年が経ち、その結果も棄却。これ以上、他人の事件にかかわりたくない、と言われても仕方がなかったが、協力が得られ、ほっとした。

六日後、成田記者は喫茶店ですでに五十歳近くになったその男性と落ち合った。取材後、電話で成田記者から報告を聞いた。

「どうだった？」

「ちょうど終わって見送ったところで、今喫茶店の駐車場です」
「どんな仕事されている人なの？」
「大手メーカーの関連会社の工場で働いている方で、定時の退社後に会ってくれました」
「例の『自白は強要していない』っていう警察のコメントについては？」
「当時の記事を見せたんですよ。そしたら『そうそう、思い出したわ』と言って、『謝罪に来た次の日の新聞を見て、びっくりした』と言ってました。関西弁で『ほんま、驚きましたわ』と何度も」

滋賀県警が誤認逮捕を発表したその記事は、中日新聞の社会面トップの扱い。「『ビデオ酷似』　誤認逮捕

滋賀・虎姫署　男性に謝罪　パチンコ店置引」の見出しで、記事は次のように書かれていた。

滋賀県警虎姫署は九日、パチンコ店で他人のプリペイドカードを盗んだとして、窃盗容疑で逮捕した男性について、誤認逮捕だったと発表した。和智義明署長は記者会見で「あってはならないこと。家族や当事者に深くおわび申し上げます。このようなことは二度と起こさないように、適正捜査をしたい」と神妙な面持ちで深々と頭を下げた。取り調べの状況については「自供の強要の事実は確認していない」と強調した（一部省略）。

そこには、蹴った、という「暴行」も、トイレに行かせなかった、という「拷問」も一切、伏せられていた。

「いまもかなり怒ってる感じ？」

「いえ、無口な感じの人で、口調も淡々としてました」

「それで署長のコメントについては？」

「署長のコメントを見て『これは組織の問題やな、と思ったわ』と言ってました。『自分に、やった、と無理矢理うその自白をさせて、その揚げ句に、今度は署長が嘘をつきおった』『結局、警察の連中は上っ面だけ、自分たちを守ることしか考えてない』と言ってました」

「そのほかは？」

「防犯カメラに映った犯人の映像を見せられて『似ているのは口ひげと野球帽、それだけですわ』と、あきれてました。『それだけで逮捕したんですよ』『それだけで逮捕できるんですか？』『おかしくないですか？』って何度も言ってました」

自白偏重主義の司法の弊害がここにある。自白を取りさえすれば、という意識が強いがために、証拠の吟味、検証が軽んじられる。

「西山さんの事件のことは？」

「弁護団から聞いて『あの刑事が別の事件でもやってたのか』と驚いたそうです」

「どう思ったって？」

「あいつならやりかねんと思った、と。西山さんのことは『本当にかわいそうだと思った。人ごとじゃない。協力しようと思った』と話してました」

「陳述書の内容は、あの通りでいい？」

「『弁護士に話した通り書いてあるからあの通りだ』ということでした」

過去記事をデータベースで検索して調べると、この事件では、滋賀県警は最初から最後まで「自白の強要」を認めなかった。

呼吸器事件の法廷が進行中の二〇〇五年に起きた事件のおさらいをすると、経過はこうだ。

【五月三一日】西山美香さんの調書の信用性をめぐり法廷でA刑事が尋問される

【六月三日】A刑事が男性の胸ぐらをつかみ、蹴る暴行の上、排便を許さず「やった」と虚偽自白を強要し、逮捕

【六月九日】誤認逮捕を発表。署長が「自供の強要の事実は確認していない」とコメント　※暴行、排便させなかった事実を隠す

【七月一四日】滋賀県警がA刑事の書類送検を発表。暴行は認めるが県警は「自供は暴行に基づくものとは認められず、捜査手続きに問題があったわけではない」※再び、排便させなかった事実は隠す

【一一月二八日】A刑事の起訴猶予処分を発表

【一一月二九日】大津地裁で西山さんに懲役一二年の有罪判決

事実の隠蔽を重ね、自白の強要を認めず、刑事処分の公表は、判決に影響がなくなる前日まで引き延ばしている。なぜなら、同時進行で裁判が進んでいた西山さんの事件は、このとんでもない札付き刑事が作成した供述調書だけが、有罪主張の支えになっていたからだ。供述調書の信用性が争われている西山さんの裁判のまっただ中で、二つの事件を関連づけられ、裁判に影響することを県警がいかに恐れていたか、ということだ。

誤認逮捕が分かった後、男性の自宅に謝罪に訪れた署長は、玄関先で土下座までしていた。そこまでするのは、尋常なことではない。しかも、男性の陳述書によると、一〇〇万円もの示談金も支払われている。男性に多額の示談金を申し入れ、土下座をする一方で、メディアの前では平然と「自供を強要はしていない」「暴行とは無関係」「捜査に問題はない」と主張する。男性が「驚いた」という、あからさまな署長の「二つの顔」には、西山さんから自白を取ったのと同じ人物だったことを悟られまいとする、差し迫った事情が読み取れる。もし、被害男性が国家賠償訴訟を提起する、という強硬姿勢に出ていれば、西山さんの事件の主張が瓦解する。そのような危機感が、刑事の丸刈り、署長の土下座、示談金一〇〇万円に如実に表れていた。

この事件を取材した当時の記者たちは、発表後すぐに男性のところに取材に行き、警察発表の嘘を暴きはしたが、この刑事が西山さんの取調官だったことを最後まで隠し通されてしまったのは、残念と言うほかない。振り返れば、ここが有罪、無罪の分岐点だったのかもしれない。

獄中からの手紙は「真実の声」

二〇一六年九月末、大津支局で二時間に及ぶ打ち合わせを終えて、私はいったん名古屋に戻った。打合せから二カ月後の一一月三〇日、角記者からのメールが届いた。会社から帰宅した深夜、家でメールをチェックすると「西山事件メモ」という件名で受信フォルダーに入っていた。「材料をまとめたものを添付しますす」とあったので、添付のワードを開くと、頼んでおいた「手紙の抜粋」があった。表題には【手紙で気になった部分を抜粋、文字はすべて原文まま】。手紙を両親に送った日付と、文面が打ち出してあった。

息をのむ、というのは、こういう感覚なのだろうか。血の気が引くような、動悸で鼓動が聞こえるような、そんな感じだった。メールの全文を、誤字脱字もそのまま紹介するので、読んでもらいたい。

平成一七（二〇〇五）年

八月四日

「（死亡した）Tさんのことでこのままずるずるいくのがいやでアラームはなっていたと嘘をついたらどんどんうそになってわけのわからなくなってしまいました」「自分はTさんをぜったい殺ろしていないことをしゅちょうしていくつもりです」

八月三一日

「調書のサインをこばんだ時は、お父さん・お母さんは弁護士にだまされているって（刑事に）言われ、Aさん（＝刑事）の方を信用して、お父さん・お母さんには辛い思いさしてしまってゴメンなさい」「私は九／三〇日（＝一審の公判日）はTさんを殺ろしていないと主張していくので裁判官も分かってくれると信じてがんばって弁護士さんと協力していきたいと思います」「仕事とはいえ刑事というのは冷たいものですね、家族のありがたみがすごくわかりました」

九月二一日

「A刑事が何もわからない私にうまいこと言ってだまされました。Sさん（＝同僚看護師）の事情ちょうしゅなんかあんまりなくて私ばっかりで落としいれられました」

一一月一〇日

「早く二九日（＝一審の判決日）がきてほしいけど、無罪をかちとれなかったらと思うと不安になりますが、不安になっても仕方ない。大津で無罪をかちとれなかったら大阪（＝高裁）に行けばいいと思っています」
一一月一七日
「私はTさんを殺していないのでそこのところを裁判官が分かってもらいたいです」
一一月二六日
「私は絶対Tさんを殺ろしていません。このことはなにがあってもまげません」「Tさんを殺ろしていないとどうどうと言うつもりです」
一一月三〇日
「二九日の裁判（＝一審判決）で無罪を証明できずごめんなさい」

平成一九（二〇〇七）年
三月？日
「私も最後の最後まであきらめずに戦いたいけど、もう上告までいったらこの先戦えることはないと思います。私の出来ることは、早くお父さん、お母さんのもとへ帰れるように、まじめにつとめることだと思います」「親せきの人のことを考えると無罪をしょうめいしたいですが、もう無理だと思います」「あきらめていると思うけど、もうやるすべがないと思います」「私は人との接し方がわからないし、自分に自信がありません。すぐに涙がでるし…独居房に入りたいと上の人に言いましたが、それは無理だと言われました。今までの部屋でも人間関係はしんどいです。自分がそう思ってなくても相手に不快感をあたえている時があるみたいです。お母さん今まで私を育ててくれてありがとう。でも私は産まれてこなかった方がいいと思います」

五月一一日

「A刑事に好意をもち、きにいってもらおうと必死でした。それがダメでした」

五月二六日

「お母さん、二三日一一：〇〇に上告審の結果がでてショックでいっぱいでしたが、お父さんが面会にきてくれて少しは元気がでました」

一〇月二一日

「刑務所にきてもうすぐ一ヶ月がたとうとしています」「でも私は、なんでこんな人間として最低なところに入らなあかんのや！なにもしていないのに…と毎日自分自身とかっとうしていますが、仕方ないとあきらめるしかありません」「ここの先生はあきらめて刑を務めるように言われましたが、私は自分が無実でなにもやっていないことをまげようとは思っていません」

一一月二日

「私さえAに好意をもたず自白しなければこんなことにはならなかったと思います」

平成二〇（二〇〇八）年

四月一七日

「本当に本当に再審をしてもらえて私が殺意があってTさんを殺ろしていないとわかって欲しいだけ

です。私は、巡回をしていたらなくなっていなかったかもしれない、と考えると刑務所に入っても仕方ないと思うようにしています」

平成二八（二〇一六）年

五月一二日

「世間の人に、私が無実ということを分かってくれなくてもいいのです」「しかし私には国民救援会のみなさんが支援してくれています。それだけでどれほど私がはげまされているか。三類（＝刑務所内の生活態度のランク付けのこと）になれたのも救援会の方々のおかげです」「無事故（ちょうばつにならないこと）で受刑する努力をしていても有無判決を受け入れた訳ではありません。無実なので絶対に受け入れることができません」「私は無実の受刑者として精一杯に努力しています」

五月一七日

「私はTさんを殺ろしていません。これだけは胸をはって言えることです。しかしA刑事を心から信用し嘘の自白をしたことは人生において最大の後悔です」

五月一八日

「日曜日夜九：〇〇から四チャンネルで『九九・九％』刑事裁判の弁護士というドラマがほうえいされています。あらしの松じゅんが主役でやっていて、あらすじは冤罪がテーマなのです。〇・一％にかけて弁護しているのが弁護士役の松じゅんです」

六月八日

「いち早く帰って（脳梗塞で倒れた）お母さんのうごかない右足になってあげたいと思います」

六月一一日

「美香は弱くて裁判とここの生活と両立するのがすごくむずかしい」「今正直しんどくてたまらなくて〝再審請求〟やめようかなと思い、池田先生（＝池田良太弁護士）には一四日に手紙を出します」

六月一三日

「たまにやっぱり私、Tさん殺ろしたんかな？とか思ってしまう。再審しんどくて…。でも殺人なんかしてへんし…でも刑務所から出れへんし…くやしくてたまらん。美香の裁判でお兄ちゃん二人はかしこくて私はアホ、対人コミュニケーションが下手で苦手、なかなか協調していくのがむずかしい子、とか井戸先生（＝主任弁護人の井戸謙一第二次再審請求審弁護団長）は強調してくれています。ここでも他の人と一緒に今落ち着いて生活してるけど、すごくしんどい。私こそ知的障害者かな？と思ってしまう。先生方も考えてくれてるけどきつい。青木さん（＝東住吉事件の冤罪被害者で一時期同じ刑務所にいた青木恵子さん）みたいに精神的に強くなられへん」

七月一九日

「一五日に井戸先生から手紙もらったのですが、すごくうれしい内容でした。（第二次再審請求審の）主任裁判官が、私の裁判をおくれてしまっているのは自分の責任です〟と言ってくれたみたいで、あやまっていたと書いてありました。あと京都の日赤の先生が意見書を書いてくれるみたいで、またお金がいるということでお父さんお母さんにふたんをかけてしまうなあと思い、申し訳ないなあと思っています」「それやのにさみしいからと本を注文するのもためらうのですが、やっぱり一人でかぎのかかった部屋にいるとイライラしてしまいます。本があると気分が落ちつきます。井戸先生も、辛いことが多いでしょうが短気を起こさないでね、と書いてありました」「あと二四日で八月一〇日ですね。青木さんの無罪判決ですね。うらやましい反面よく二〇年間も頑張ってこられましたね」「まあ私は〝冤罪〟やから、お父さんもお母さんもこうやって和歌山までこれるんやと思うし、本当に殺人していたら、かたみせまい思いしなあかんかったと思うしね」

八月二三日

「青木さんの無罪ニュース、なんかうつらへんかったなあ」「オリンピックや、てんのうさんのことかでかき消された感じでした」「新聞記事ですが青木さんのところだけをこぴーするかハサミで切って欲しいのです。ずっと残しておきたいからです」「私も早く無罪をかちとるためにがんばりたいと思っています」

九月一三日

「一二日に井戸先生来てくれました。一時間の予定でしたが一時間半も私の話を聞いてくれました。泣いて泣いて仕方なかったけど、やっぱり再審あきらめないようがんばります」

一〇月五日

「再審はむずかしいし長い月日がいります。でも真実は一つ。戦いつづけたら勝てます。お母さん、私は井戸先生方を信用して解任はしません」

読み終えた私は、真夜中、家族の静まりかえった自宅でしばらくぼうぜんとしていたと思う。

打ち出された言葉には嘘のかけらも感じられなかった。「殺していません」と書くべきところで、一文字「ろ」が余っているところなど、表現の拙さ、幼さ、だからこそ、にじみ出ている素直さ、そして、何よりも、ほとばしるような無実の訴えには圧倒的なインパクトがあった。角記者は最初に手紙を読んだときの印象を後に「借り物の言葉ではない、と直感した」と表現したが、私も同感だった。

II

彼女は発達障害かもしれない

警察は「待遇差『不満晴らした』」と動機を発表。一方、周辺取材では「まじめな女性」の証言ばかりだった＝2004年7月7日、中日新聞　朝刊社会面

取材班の立ち上げは「下町ロケット」方式

この半年後の二〇一七年五月、幸運にも紙面化にたどりつくことができたが、正直なところ、メモを読んだ時点では、紙面化の見通しなど、まったく見当がつかなかった。裁判で有罪宣告を七度も受けているケースで冤罪を訴えるには、それ相応の取材・編集技術が求められる。もちろん、本物の冤罪を目の前にしながら、プロの編集者として白旗を揚げるわけにはいかない。しかし、それがおまえにできるのか、と自問自答し、すぐには答えが出せなかった。

紙面化には、無実の訴えが真実だと説得できる強力な〝何か〟が必要で、手紙がその一つに相当するとは言える。しかし、それだけで有罪判決七回の分厚い壁を突破できるかと言えば、十分ではない。筆者が冤罪を確信することと、広く読者に納得させることとには、大きな隔たりがある。西山さんを殺人犯に仕立てた司法の〝虚構〟の真実に対抗する論証をどう構築できるのか。突破口は一つ。彼女の自白が「虚偽」である可能性を、どう立証するか、だった。

真っ先にやるべきことを思い描いた。とりあえず、思いついたのは以下の三つだった。

①大津支局で取材班を立ち上げる
②両親を訪ねてすべての手紙を借り、それをデジタル化する
③弁護団長の協力を取り付ける

今回のケースは、「ニュースを問う」という大型記者コラムを担当する私が、その欄で調査報道を始めようと思い立ち、支局に協力をお願いする、ということだ。社命でもなければ、編集局長の承認を得て進める

わけでもない。あくまで私が勝手にそうしようと思って、やりはじめることなので、強制はできないし、支局長、支局デスクの協力が得られなければ、成り立たない。

チームを組む支局の記者たちにしても、日々の地方版を埋める仕事に追われており、この取材だけに専念できるわけではない。角記者が私との打合せから、手紙の抜粋メモを送るまで約二カ月もかかったのには、そうした背景もある。仮に滋賀県内で大事故・大事件が起きれば、取材はすぐにもストップしてしまうだろう。そうでなくても、記者たちは二、三年で異動になるため、チームを組んでも、その体制は常に不安定だ。実際に、二〇一六年の取材開始から二〇二〇年三月の再審無罪判決まで、何人もの着任、離任が繰り返され、書き手が一人もいなくなってしまい、自分一人で書かざるを得ない時期も続いた。

社命で立ち上げる取材班を大企業の開発チームに例えると、編集委員が勝手に始めるケースは、明日にもつぶれかねない町工場の「下町ロケット」のような試みだとも言える。

しかし、大企業の開発チームだけが革新的な成果を上げるとは限らない。町工場だからこそ、それぞれの思いがぶれることなく効果的、効率的につながり、大きな成果につながることもある。「冤罪の確信」でつながった今回のチームはその典型だともいえる。

新たなメンバーとして、私たち二人に加わったのは、県警担当の井本拓志記者だった。角記者は滋賀県政キャップになっており、県警担当の記者が加わるのは必須だった。紙面化になれば、大津地検、滋賀県警から反論が出てくる可能性もあり、それに備える必要もあったからだ。

二〇一六年一二月一五日、私と角、井本記者の三人が初めて大津支局で顔をそろえた。この席で私は二人にこう言った。

「最初に言っておくけれど、これから先、もし、この三人のうち一人でも『冤罪ではないのではないか』と思ったら、お互い、すぐに言うように。誰が言おうと、必ず取材を止める。そこだけは、遠慮しないようにしてくれよな」

どんな取材でも、取材している当事者にはバイアスがかかりやすい。冤罪に間違いない、という思い込みで突っ走るのは危険だ。まだ、本人に直接取材したわけでもなければ、彼女が虚偽自白したプロセスを詳細に解明できたわけでもない。

現場記者のバイアスで痛い目に遭う経験はどのメディアにもあり、よく知られるのは、社長の引責辞任につながった朝日新聞の吉田調書をめぐる誤報問題だろう。調書をスクープした取材チームが、紙面化の途中で見出しの方向性など、各所からさまざまな疑問が示されたにもかかわらず耳を貸さず、誤報に至ったプロセスは、現場の「確信」が強烈なバイアスになり、記事の公正さを失った最悪のパターンだったともいえる。人ごとではない。そのリスクは、深掘りする取材には常につきまとう。

疑問があれば必ず言うように、という私の言葉に対し、三人の中で最後に加わった井本記者は「かなり緊張した」という。県警を担当している以上、矢面に立たされるのは彼だからだ。

その時の心境を井本記者は後にこう語った。

「あの時点では、二人とも冤罪を確信しているように見えたので、自分も手紙や裁判資料をしっかり読み込んで、自分なりにきちんとモノが言えるようにしなければ、と思いました。ただ、ああ言ってもらったことで、おかしい、と感じたら、そう言えば、冷静に議論ができる環境だとわかったので、安心もしました」

三人の打ち合わせが終わった後、私は社会部時代の後輩でもある支局の広瀬和実デスクに話しかけた。

秦「とりあえず、三人で進めることになりそうだわ。ちょくちょく大津に顔出すんで、よろしくね」
広瀬「冤罪っぽい印象ですか？」
秦「まだ、冤罪に間違いないとまでは言えないけど、可能性としては、かなりあるかもね」
広瀬「いつ、原稿になりそうですか？」
秦「まったく見当もつかない。慌てる必要もないしね。ところで、支局はかなり忙しいの？」
広瀬「まあ、なんやかんやとありますが、二人とも取材も原稿もしっかりしているんで、大丈夫ですよ」
秦「原稿になったら、必ず目を通してもらうから、よろしく頼む。どんな細かいことでも気づいたら、遠慮なく言ってくれよな。ニュートラルな目で原稿を読んでくれる人がいる方が、ありがたい」
広瀬「了解しました。その日が来ると良いですね」
秦「そうだな。夕刊が終わったら、みんなで飯でも行こうや」
広瀬「いつも行く支局の近くの喫茶店でどうですか」
これで広瀬デスクとの申し合わせは完了した、ということになる。
支局長とは、実はこの時、もうすでに話がついていた。
当時の大津は「鉄砲打ちの中山さん」として知られる狩猟が趣味の中山道雄支局長で、社会部時代の先輩デスク。この日は、打ち合わせ中に支局に一度顔を見せ、三人で打ち合わせしている私の顔を見るなり「おう、久しぶり、今日は何やった？」と声をかけてくれた。私が「ニュースを問う、の打ち合わせですわ」と答えると、「おお、そうかい。まあ、若い奴らを上手に指導してやってくれや」と言い残して再び、外出していった。このやりとりが事実上の支局長の「承認」。下町ロケット方式は、堅苦しい会議をしたり、組織の機関決定をしたり、面倒な取り決めをしたり、などは一切ない。すべてはアバウトであり、あうんの呼吸で、ことが進んでいく。それがまた、いいところでもある。

冤罪報道の限界

冤罪を確信はしたが、紙面化まではまだまだ長い道のりになるだろう、と、この時点では予想していた。紙面化のためには、警察、検察、裁判所のいずれも知らず、無実の証明に直結する「独自の」情報が不可欠になる。裁判で言えば、「新証拠」に相当するものだ。一〇年以上に及び、複数の新聞記者二人に無実を確信させた手紙の山は、それにふさわしい、とは言えるが、それだけで十分ではない。捜査の問題点の検証、虚偽自白に至るメカニズムの解明、その上で、全体を調査報道として構築する必要があった。

その柱になる手紙の分析には、西山さんの生育過程にまでさかのぼっての両親への詳しい聴き取りが欠かせない。裁判では、「迎合性がある」との指摘にとどまり、障害という視点は欠落している。西山さんに「障害」があった可能性をどこまで報道で立証できるか。警察と検察が作り上げ、七回にも及ぶ裁判でお墨付きを与えられてしまった〝虚構の真実〟を突き崩すには、その一点を突破できるかどうか、にかかっていた。

西山さんが逮捕された二〇〇四年には発達障害者支援法が国会で成立し、二〇〇五年の一審判決前に施行されている。改正で「司法手続における配慮」が加えられたのは後のことだが、障害を立証できれば、逮捕や判決当時、障害に配慮しなかった捜査や司法のあり方には疑問符が付くだろう。

ところで、有罪が確定した事件で、日本の報道機関が冤罪の可能性を単独で打ち出すことをあまりしないのは、日本の報道の「ニュース記事」の成り立ちにも一つの原因がある。

なぜ、この手紙の存在を新聞で報道できないのか、という素朴な疑問が沸く人もいるだろう。そのまま、この手紙を掲載すれば、少なくとも冤罪に苦しむ彼女の思いがストレートに伝わるのではないか、と。ところが、それができない。なぜなのか。新聞に厳然とある「客観報道」の呪縛が、それを許さないからである。

日本の新聞が柱とする客観報道とは、基本的には、公的機関の裏付けがあることによって成り立っている。つまり、事件・事故では、警察、消防、その他公的機関の見解が、報道には欠かせない。

そうなると、冤罪事件はそもそも警察が容疑者と決めつけて逮捕し、有罪の主張を変えないわけだから、内部告発で違法捜査や証拠の隠蔽が露見するなどしない限り、無実を訴える客観報道のよりどころが、最初から存在しないに等しい。検察が起訴し、一審で有罪になり、最後の砦の最高裁で判決が確定してしまえば、それでおしまいになってしまう。司法の結論をもって、報道の可能性が閉ざされる、というメカニズムになっているというのも、考えてみればおかしな話だが、現実にはそうなっている。裁判官が「真実」の守護者というわけではないのに、その裁判官に「真実」の審判をメディアが委ねてしまっている。お上至上主義の国のジャーナリズムの性とでも言うべきなのか、事後的に確定判決の正当性を検証する取材上のプロセスは、ほとんど存在しない。

「再審決定しない限り、書けませんよね」

最初に私に呼吸器事件のことを話した角記者の言葉が、それを物語っている。その時点で、彼はすでに西山さんの手紙を読んでその内容にショックを受け、裁判資料を読み直して、捜査のプロセスや判決に至るまでの問題点も突き止めていた。それでも、紙面で伝える手立てがない、と考えざるを得なかったのは、司法の見解を求める客観報道の呪縛のためだ、としか言いようがない。

戦後、数多くの冤罪が明らかにされ、司法の問題点がかなり浮き彫りになり、自白偏重という冤罪を生み出す構造が変わらずにいるにもかかわらず、司法の判断にのみ寄る辺を求める事件報道の構造が、なかなか変えられない現実がある。

その一方で、角記者の質問に「書けないわけでない」と答えたのは、たまたま私の担当している大型記者コラム「ニュースを問う」が、当局の見解というシバリにこだわる必要のない主観報道のコーナーだったからでもあった。原稿用紙五枚分にあたる二〇〇〇字という、新聞記事としては長文のコーナーで、複数回の報道に及べば、冤罪の立証につながるそれなりの調査報道を構築できるのではないか、と考えたからだった。

取材着手からおよそ半年後の二〇一七年五月に始まった「西山美香さんの手紙」（当初の呼称は「受刑者」）は結果的には、二〇二〇年三月の再審無罪まで四〇回に及ぶ長期の連載になったが、取材を始めた当初は、そこまでのイメージは描けていなかった。当時、このコーナーは一つのテーマで一回だけの読み切り、というスタイルだった。長期連載への具体的なイメージを持っていたわけでもなく「何回かに分けてやれば、やりようによっては、できるのではないか」という編集者としての勘だけで見切り発車した状態。一テーマで一回というこのコーナーの原則を取っ払い、連載形式もありにするとなると、編集局長に了解を得るなどの面倒な社内の手続きも必要になる。それらのことは、ぼんやりと、あれもこれもやらなければ、とは思いつつも、何はともあれ動き出さなければ始まらない、ということで船出したのが実情だった。

西山さんが逮捕されたのは、二〇〇四年七月。それ以来、すでに一二年が過ぎていた。角記者は、私と打合せをする一年前の二〇一五年四月、大津支局に着任してすぐに西山さんの両親に取材に行っているが、実は、その前に、もう一人、両親を取材していた記者がいた。

角記者の訪問からさかのぼること五年、二〇一〇年九月一七日の中日新聞朝刊に「再審請求へ　供述鑑定『自白誘導強まる』」という見出しの記事が掲載された。

第一次再審弁護団が供述心理の専門家の鑑定書を証拠に再審請求する、という内容を社会面四段見出しの「特ダネ」で報じたのは、当時、大津支局にいた曽布川剛記者だった。その前年、支局に届いた父輝男さんの手紙を読んで滋賀県彦根市のご自宅に会いに行き、両親が弁護団と再審請求の動きを進めていることを知り、他に先駆けて「再審請求へ」という特ダネとして記事にしたのだ。

記事では、大谷大の脇中洋教授（法心理学）が任意段階から起訴されるまでに警察、検察官が作成した供述調書など七二通の公判資料を対象に供述の変遷を分析し、「自白は体験に基づかない虚偽の供述をつじつまの合うように変遷させていったとみなすのが妥当」と結論づけたことを伝えた。

数日後、弁護団が会見した際も「自白は本人の意思によるものではない。捜査に問題がある」「早く再審を開始し、無罪の判決が出るのを祈る」「取り調べた刑事は脅しなどで自白を誘導した」「西山受刑者がやってもいない罪で、刑を受けて苦しんでいる」と弁護団の主張を余すことなく伝えた。再審請求の手続きをするのを見守った西山さんの父・西山輝男さん（六八）＝当時＝の話として「娘が調べを受けているのは知っていたが、まさか逮捕されるとは思っていなかった。娘を取り調べた警察官に対する怒りが消えることはない」「狭い刑務所の中で無実を訴え、耐え続けている娘がかわいそうでならない。一日でも早く出してあげたい」と、父親としての思いもしっかり書き込んでいた。

それだけではない。後日、夕刊コラム「目耳録」のコーナーに「再審請求」というタイトルで自分の思いも、こうつづっている。

「投書してきた輝男さん（六八）に会いに行った。約束の時間に三十分ほど遅れたことをわびると、『六年間ずっと待っている。わざわざ来てくれてありがとう』。娘を刑務所から出してやりたいという思いにあふれていた。地裁に、もう一度真実を明らかにする場は設けられるのか、見守りたい」（抜粋）

地元記者として、精一杯の取材と最大限の発信だったと思う。しかし、第一次再審請求審は、地裁、高裁、最高裁ともあっさり棄却し、再び「有罪」を認定。裁判所が門前払いしたことで、曽布川記者は継続して報道する手掛かりを失い、その後、時期が来て担当をはずれ、大津支局も離任していった。

裁判所のお墨付きという枠をはめられた状況では、ここまでが限界だろう。私が模索しようとしたのは、弁護団の動きを追い、裁判所の判断に左右される報道という現状の枠組みから脱却し、継続的に追い続ける独自の報道だった。

なぜ娘は殺人犯に？

二〇一六年一二月二〇日、私は角記者と滋賀県彦根市にある西山さんの実家を訪ね、両親に会った。彦根市内を走る中山道沿いの古い住宅街にある家は、二階建ての築年数を重ねた一戸建て住宅で、更地の駐車場と農機具小屋があり、家の裏の畑では父輝男さんが家族で食べる野菜を育てていた。

呼び鈴を押すと、玄関先に輝男さんが出迎えてくれた。深く刻まれた顔のしわが目に焼き付いた。娘を救い出すために戦い続けてきた一二年の苦悩の痕跡を、その顔のしわが物語っているようだった。

「よく来てくれました。どうぞ上がってください」

招かれるままに、奥の居間に通されると、そこに母親の令子さんが車いすに座り、深々と頭を下げていた。

娘が冤罪に巻き込まれてからの苦労が重なり、逮捕から五年後の二〇〇九年に脳梗塞を患った。後遺症で右半身が思うように動かせない不自由な体だった。

「いち早く帰って（脳梗塞で倒れた）お母さんのうごかない右足になってあげたい」。手紙の抜粋メモにあった、西山さんの言葉を思い出した。

両親は毎月、娘を励ますために、滋賀県彦根市から和歌山市の女子刑務所まで面会に出かけていた。令子さんが車いすになっても、毎月二回以上の訪問を欠かすことはなかった。娘が手紙で頼んでくる何冊もの本や、日用品をその都度差し入れたり、送ったりしていた。かさんでくる訴訟費用のために、生活を切り詰め、面会も特急列車は使わず、普通列車で往復七時間以上かけて通い続けた。

居間に通された私たち二人に、輝男さんが事件のことを語り始めた。部屋に入った当初は三人掛けのソファに二人で座っていたが、輝男さんが正座していたため、私たちもソファの前に正座して聞いた。

「私が中学しか出ておらず、何にもわからんもんやから、警察にいいようにされてしまって」

悔しそうに声を絞り出した。

「娘は、まだ社会に出たばかりで、何もわからんかったと思います。そんな娘をいいようにしゃべらせて。何もしてない娘に、殺人なんていう恐ろしい罪を着せて。ほんまに、こんなことがあって良いんですか」

悲痛な訴えだった。

輝男さんの傍らには、母令子さんが、車いすに座り、時折涙をふきながら、夫の説明に言葉を添えた。

「私はずっと、警察は市民の味方だと思っていたんです。家宅捜索のときには、五、六人の刑事たちが来て『私たちが必ず助けますから』と言われた言葉を信じて。それで何でも持っていってもらって。親子そろって警察のいいようにされて」

この日以来、私と角、井本記者、新たに取材班に加わった成田嵩憲記者、高田みのり記者が繰り返し両親を訪ねて聞き取りを重ね、事件が起きたときから、西山さんが逮捕されるまでに何が起きたかを、順を追って聞かせてもらった。

最初は、西山さんが逮捕される前年の二〇〇三年五月二二日、患者が死亡した日のことだった。

輝男さんは、夜のニュースで娘の勤務先、湖東記念病院で患者が死亡したことを知り、美香さんに「どういうことや?」と聞いた。「帰ってきた娘はショックで泣いていた」という。

輝男さん「患者さんが亡くなったことに責任を感じているように見えたので『おまえは看護助手だから』と言うたんです。直接の責任は医者や看護師や、という意味で」

令子さん「私も『病院で重い病気の患者さんが亡くなるのは、当たり前やん』と慰めました」

その後、捜査が難航し、西山さんも勤務先を別の病院に変えた。しばらくは、何事もなく時が過ぎていったが、一年後の二〇〇四年五月、再び警察から西山さんに電話が掛かってきた。取り調べの再開だった。

西山さんは、勤め先の病院から帰宅途中に、捜査本部のある愛知川（えちがわ）署に寄ってくることが多くなった。業務上過失致死の疑いをかけられ、厳しい取り調べを受けていた同僚のS看護師のことを「かわいそうだ」と輝男さんに話した。当時、西山さんは取調官のA刑事に「なめたらあかんぞ」と脅され、鳴っていなかったアラームを「鳴った」と言わされた。急に優しくなったA刑事に会うため、西山さんは自ら愛知川署に出向くこともあった。しかし、自分が「鳴った」と言ったことで、同僚の看護師が窮地に陥ったことを知り、苦悩していた時期だ。

逮捕される少し前のことを輝男さんと令子さんは振り返った。

輝男さん「家で娘がSさん（同僚看護師）とメールのやりとりをしながら、娘が『刑事に厳しく調べられてかわいそう』『Sさんは母子家庭だから』と泣いていた。自分に責任を感じているような雰囲気で話していたから、人のことに干渉しすぎちゃうか、と話した」

令子さん「その頃は、警察は市民の味方だと思っていたので、刑事に相談もしていたんです。また、逮捕される前、刑事に『弁護士を付けようか』と相談したら、その刑事は『付けなくても俺たちが守ってやる』と言ったんです。警察を疑うことはありませんでした」

輝男さん「娘が取り調べで呼び出されるたびに、愛知川署に送り迎えしていた。車の中で取り調べのことを聞いても、娘は答えようとしなかった。『大丈夫か』『大丈夫や』というやりとりだけ。こちらは、警察にだまされるなんて夢にも思ってませんから。事件のことを聴かれていることは知っていたが、うちの子が疑われているなんて思いもしなんだ」

西山さんが「自白」調書をとられたのは、七月二日。その四日後の六日に逮捕された。刑事たちは、その間にも西山さんと連絡を取り続けていた。両親に話さないよう口止めし、意のままに操っていたとみられる。

輝男さん「娘が取調官のことを『私の理解者だ』『好きだ』と言っていたので、びっくりした。『何を言うとるんや、お前は』と叱り付けた。『あんまり自分から刑事に近づくな』と厳しく言ったが、刑事に相手をしてもらえるのがうれしいのか、私の注意が耳に入らないようやった」

逮捕二日前の七月四日。

令子さん「その日、美香と二人で、コロッケのコンサートを見に大津のびわ湖ホールに行ったのですが、美香はあまり楽しそうにしていなかった。その帰りに刑事から電話があったみたいで『お母さんと、いい思い出になったか?』と聞かれたらしいです。その時の『いい思い出』という言葉が引っかかったのを覚えています」

逮捕前日の七月五日。

輝男さん「違和感が募りに募って、娘が何かされるんじゃないかと思い、刑事に電話した。『おまえも人間やったら赤い血が流れているやろ』と、その刑事に言ったのを覚えている。刑事から、人工呼吸器の話とか、アラームの話とかされていたので、おかしいな、とうすうす思ってはいた。娘が話さないので『美香に口止めしているのか』と刑事に言ったと思います。刑事は『S（同僚看護師）には熱いお灸（きゅう）を据えてやる。美香さんには事情を聞いてるだけだ』と言っていた。逮捕されるまで、あの連中は、はっきり言いよらんかったです」

逮捕当日の七月六日。

輝男さん「午後五時ごろに、娘を取り調べていた刑事から電話が掛かってきて『会わへんか?』と言われた。逮捕時間は午後六時で、私たちは夜八時ごろに逮捕のことを言われた。びっくりして、頭が真っ白になったというか、視界が真っ白になった。愛知川署で娘に会えると聞かされていたけど、結局会わせてもらえなかった」

令子さん「逮捕と聞かされて、本当に心臓が止まるかと思った。頭がくらっとした。刑事に『大丈夫ですか』と言われて、正気に戻って、報道はしないで、やめてください、と言ったのを覚えています」

逮捕翌日の七日。

輝男さん「娘を取り調べていた刑事二人が、四、五人を引き連れてきて、二階の娘の部屋に上がっていった」

令子さん「私が、がっくりしてうつむいていると、その二人が『がっくりしなくても私たちが助けるから』と言った。私はそのとき『よろしくお願いします』と言ったんです。本当に今、思うとなんてばかな親かと。弁護士について『私選だったら莫（ばく）大な費用がかかる。国選にせえ』とも言われました」

二人の言葉から、大切に育ててきた娘が、本人とはまったく関係がないはずの事件に巻き込まれていくことに不安を覚え、何とか寄り添おうとしながら、それができない、という当時のもどかしさが伝わってきた。その時、すでに西山さんは刑事たちの手練手管によって洗脳され、親といえども、何が起きているのかを聞き出すことはできなかった。それは、オウム真理教を盲信したわが子の奪還を試みた親たちが、わが子本人の拒絶によって、それを果たせなかった状況とも似ている。刑事たちに口止めされた娘を「完全にマインドコントロールされていたんやと思います」と輝男さんは悔しそうにつぶやいた。「警察からしたら、あの子なんて、赤子の手をひねるようなもんやったと思います」と令子さんがうなだれた。

両親が一〇数年にわたって抱えてきた苦しみを、私も記者たちも、自宅を訪ねるたびに、繰り返し、繰り返し、聞かせてもらった。ここに書いたように、一度の機会で筋道を立ててわかりやすく話したわけではない。毎回、訥々《とつとつ》と、胸の内に積もり積もった苦しみを一つ一つ絞り出すように、同じ言葉が繰り返し語られる、長い時間をかけた取材だった。

二人は、終戦前後のこの国の混乱期に生まれ、昭和から平成の時代を実直に、そして懸命に生きてきた善良な市民そのものだった。誰が見ても、そう思うような二人だった。「娘が逮捕された後は、日中でも厚いカーテンを閉め切って、家の中に二人で閉じこもるような生活でした」。三人の子育てを終え、落ち着いた余生を迎えようとするとき、思いも寄らない出来事に巻き込まれ、静かに過ごせるはずの老後の人生を警察という組織にずたずたにされ、苦しみ続ける実直な夫婦の姿は、誰の目にも見るに忍びなかった。

獄中からの手紙をデータ化

輝男さんが私の目をまっすぐに見つめて言った。

「本当に書いてくれるんか」

のど元にあいくちを突きつけられるような、容赦ない質問だった。考えて答える余裕はなかった。

「必ず書きます」

だが、質問はそれで終わらなかった。七回におよぶ裁判の中で、言いたいことを伝えてくれないメディアに散々、期待を裏切られてきたからだろう。間を置かず、輝男さんが言った。

「それは、いつごろになるんや」

その質問に対しては、言葉が詰まった。まだ、取材は何も動きだしていない。手紙の分析、恩師、病院関係者、捜査関係者、発達障害の専門家の取材など、やるべきことは山ほどある。記者も私も、この事件だけにかかり切ることもできない状況で、すべてが順調にいったとしても、最低二か月はかかるだろう。それでも早い方だと思いつつも、こう答えた。

「二月中には。早ければ、ですが」

輝男さんの顔に一瞬、失望の色が浮かび「そんなにかかるんかい」と残念そうに言った。気持ちは痛いほどわかる。逮捕されて、すでに一〇年以上。満期出所が八か月後に迫っている。それまでに何とか娘を救い出してやりたい、もう一刻の猶予もない、そんな輝男さんの焦燥感がひしひしと伝わってきた。

「いや、お父さん、そうは言っても、書くまでにはいろいろと大変なんです」

そう言ったが、納得してくれるはずもない。父親は「娘は無実です」と新聞で訴えて欲しいだけなのだ。無実の娘を無実だと書くのに、なぜそれほど時間がかかるのだ、という思いしかないのだろう。申し訳ないとは思ったが、ここで変に過大な期待をもたせてしまうのもよくない。

「何とか急ぎます。でも、実際には、もっと時間がかかるかもしれません」

その上で、あらためてお願いした。

「お父さんとお母さんの協力が必要です。まずは、手紙をすべてコピーするので、しばらくお預かりさせてください」

この申し出に、両親は快く応じてくれた。輝男さんが奥の部屋に行き、束の状態になった娘からの手紙を次々に私たちの前に運んできた。

「まだあると思うんやが、きちんと整理していないんで、ひとまずこれだけですわ」

私と角記者は、その場で時系列に合わせてそろえ始めた。日付は封書の消印で確認したり、中の便せんに令子さんが書き込んだ日付で確認したりした。消印がにじんで判然としないものもあり、分類は手間取った。

ようやく年別にまとめたところで西山家を出て、角記者の車で彦根市内にある中日新聞の彦根支局に向かった。預かった手紙をすべて支局のコピー機で複写するためだ。

到着する前、社会部の後輩でもある原一文支局長に電話を入れておいた。原支局長は着任して間もないこともあり、事件のことを詳しく知らないようだった。一〇年以上も前の事件で、地元ですらほとんど忘れ去られた扱いになっていることが、その反応から想像できた。

「冤罪ですか?」

到着早々、原支局長の問いかけに「まだ海のものとも山のものともわからんけど、とりあえず、大量に手紙を借りてきたところ」と答えながら、すぐに角記者と作業を始めた。原支局長は「大きな話になるといいですね」と言って、夕方に支局員の原稿が集中し始めたデスクトップのパソコンの前に戻り、原稿の手直しを再開した。

手紙は、封書一通に便せん四、五枚が多かったが、中には一〇枚にわたって、辛い思いを切々と訴えているものもあった。その日借り受けた一〇〇数十通のすべてを大津支局用と私用に二部ずつコピーし、ホチキスで留め、封書に戻す、という単純な作業を二人で黙々と続けた。気がつくと四時間近いぶっ通しの作業になってしまった。

角記者は、お父さんのことが気になっていたらしく「私はもう一度西山家に行ってきます。お父さんが納得していないようだったので。手紙を返すついでに、ちゃんと話してきます」と話した。私は初対面だったが、角記者が輝男さんに苛立ちをぶつけられるのは毎度のことらしい。その都度、根気よく、納得のいくまで説明しているのが常らしく、家族の十分な心のケアに配慮しながらの我慢強い取材には頭が下がる思いだった。

彦根駅で角記者と別れ、米原で名古屋に向かう新幹線の自由席に飛び乗った私は、すぐに座席の前のテーブルを倒し、パソコンを開いて手紙の打ち込み作業に取りかかった。

手紙はその後、角記者と井本記者、高田記者とも手分けして複写・データ化を進めたことで三五〇通のほぼ全てが整った。二〇一七年の正月明けは、ほとんどこの作業に費やした記憶がある。

彼女は発達障害かもしれない

呼吸器事件では、不当のレベルを超えて違法性が問われるべき次元の捜査が多々あったが、無実の可能性を示し、再審を訴えるには、そこに焦点を当てるだけでは不十分だった。なぜなら「そうは言っても、彼女は自白しているではないか」という指摘が付きまとい、七回もの裁判でその自白の任意性、信用性が認められているからだ。彼女自身が訴えている「刑事を好きになって自白した」という訴えは、初めての人には突拍子もなく聞こえる。しかし、もしも、そこに「障害」という新たな視点が加われば、人々の受け止め方は変わる可能性がある。「うその自白」に追い込まれてしまったのには、彼女なりの理由があるはずだ。障害をキーワードにそれを探り当て、無実の彼女が虚偽自白に至ったメカニズムを解くのが、私たちのミッションだった。

二つの事実が必要だった。一つめは、言わずもがなだが、彼女に「障害がある」という事実だ。この時点では、精神鑑定をできるとは思っていなかったが、医学的な知見を得てその可能性を示すことができれば、と考えた。もう一つは、発達障害が原因で冤罪になった、という事例が他にあるかどうか。すでにそのような事例があるのなら、障害という視点が、より世間の耳目を集めることになるはずだ。

そんなある日、井本記者から私に電話がかかってきた。

「発達障害の研究者から、この障害に関連する書籍を紹介されたんですが、それが、西山さんが取調官の刑事にコントロールされていった心理的な背景とすごく似通っているように思うんです。読んでもらえませんか。どう思うかなと思って。その部分をPDFにしてメールで送ります」

書籍は「アスペルガー症候群 思春期からの性と恋愛」（ジェリー・ニューポート、メアリー・ニューポート著）。メールで送られてきたのは「第七章『片思い』と『病的な関係』」で、アスペルガー症候群の人たちが恋愛対象と遭遇したときの危険な心理的なメカニズムを紹介していた。少し長くなるが、そのくだりを以下に引用する。

「ぼくも含めて、われらが仲間たちは、生まれついてのカモだといえる。まず、最初の友だちさえなかなかできなくて、そのために引っかかりやすくなる人も多い。それにどうやら、ぼくらに会わなければ良い人で通せていたような人たちまで、あまりに無防備なぼくらを見ているうちに、つい、わがまま心を刺激されてしまうこともあるようだ。ぼくも手痛い経験から学んだことだが、『たとえ〝友情〟のためとはいえ、これ以上は譲らないぞ』というラインは、心の中にしっかり持っておかなくてはならない。さもないと、友だちだと思っていた人たちに、身ぐるみ剥《は》がされてしまうことにもなりかねない。彼らはきみから『ちょっとだけ』と借りていったお金で車を買っておきながら、その車で、出資者であるきみを轢《ひ》いて意気揚々と去っていくかもしれないのだ。異性とつき合ったこともなく、この先もモテる望みはなさそうと思っている人は、『もしかしたら、おつき合いに発展するかも？』というえさをまかれたら、たちまちまいってしまう。とりわけ、相手が魅力的で、カリスマ性のある異性となると、さらに危ない」

驚いた。西山さんと取調官のA刑事の関係そのものではないか。手紙や裁判資料で私たちが把握した状況と符合するポイントが、あまりにも多く、まるでこの事件の解説をしているように感じた。

西山さんのケースと重なる部分を以下に挙げてみる。

【符合1】「最初の友だちさえなかなかできなくて、そのために引っかかりやすくなる」

いきなり出てきたこのくだりは、まさしく、西山さんのことだった。彼女は、友だちができないことが幼少期からの悩みで、周囲の関心を得ようとして、ついうそをついてしまう癖が大人になっても治らなかった。両親への手紙には「私は人との接し方がわからないし、自分に自信がありません」と書いている。そんな折りに遭遇したA刑事。彼女はあっけなく〝カモ〟となってしまった。

【符合2】「ぼくらに会わなければ良い人で通せていたような人たちまで、あまりに無防備なぼくらを見ているうちに、つい、わがまま心を刺激されてしまう」

これも、西山さんとA刑事の関係を、はからずも言い表している。A刑事が『良い人』かどうかは知らないが、西山さんは無防備そのものだった。捜査対象になっていながら、優しく接してくれるA刑事に会いたいがために、自ら捜査本部に通う、というのは危険で、無鉄砲な行動以外の何ものでもない。父親が「あまり近づくな」と注意しても、彼女の耳には入らなかった。

後日談になるが、西山さんの無防備な性格は、この二カ月後に獄中で行った精神鑑定で見事に立証された。心理テストでのこと。スピード違反で白バイ警官に停車させられ「学校の前だというのに時速六〇キロも出したりして、一体どこへ行くつもりですか？」という質問にどう答えるか、という設問に、彼女は「すみません。いつもこれくらいスピードを出していてもなにも言われなくて」と書き込んだ。

鑑定した精神科医と臨床心理士は「自分を守ろうとする意識がまったくない」と驚いた。普通なら、交通違反の切符を切られまいとして、やむにやまれぬ事情があるかのような言い訳の一つもするところだ。ところが、彼女は「いつもこれくらいのスピードを出していて」と真っ正直に返答し、常習的なスピード違反の告白がより自分に不利益をもたらすとも気づかずに、自らを窮地に追い込む回答をしてしまっている。

【符合3】「〝友情〟のためとはいえ『これ以上は譲らないぞ』というライン（を持てない）**」**

西山さんは、仲の良い同僚のS看護師を助けるために「私が呼吸器のチューブを外した」と供述してしまった。その後、A刑事がでっち上げたストーリーに合わせてどんどん虚偽自白を重ねた。いずれも友情のためとはいえ〝越えてはいけないライン〟だ。手紙には「私がAを好きになり、それにSさんもかばってしまい　やってもいないことをやったといい、こんな結果になってごめんなさい」と悔いている。

「いつもこれくらいのスピード出していても…」。白バイ警官との応答を見る検査で、西山さんの「無防備」な性格が表れた

【符合4】「彼らはきみから『ちょっとだけ』と借りていったお金で車を買っておきながら、その車で、出資者であるきみを轢《ひ》いて意気揚々と去っていくかもしれないのだ」

最初に、机をたたいて怒鳴る、という「ちょっとだけ」強引な手法で彼女からいとも簡単に「自白」を取れることを知ったA刑事は、アメとムチを駆使してうその自白を引き出すことをエスカレートさせた。有罪に持ち込んで大きな手柄にしたA刑事はどうしたか。法廷を最後に意気揚々と西山さんのもとを去っていったではないか。

【符合5】「異性と付き合ったこともなく、この先もモテる望みはなさそうと思っている人は、『もしかしたら、おつき合いに発展するかも?』というえさをまかれたら、たちまちまいってしまう」

このくだりも、西山さんがA刑事と遭遇した状況と重なる。彼女は両親への手紙で「何でこんなにも嘘の自白をした調書が多いのかとなった時に『男性経験がない』ということを知られることがはずかしいからです」と交際経験がないコンプレックスを打ち明けている。

裁判では、彼女が取り調べ中、A刑事の手に自分の手を重ね、拘置所に移送されるときには「離れたくない」と抱きつき、A刑事がそれに応じて「がんばれよ」と肩を優しくたたいたことが明らかにされている。巧妙に「えさをまかれ」刑事の術中に落ちてしまったのではないか。手紙にも「Aさんの言うとおりにして最悪な結果になってしまって、他人から優しくあまいさそいにのせられて本当に後悔しています」と書いている。

【符合6】「相手が魅力的で、カリスマ性のある異性となると、さらに危ない」

西山さんは、生まれて初めて自分のことを「かしこい」と言ってくれたA刑事のことを、両親に「私の理解者」「好きだ」と話していた。手紙でも「Aさんが大丈夫と言ってくれるのならとAさんの言う通りにしました」「A刑事を心から信用し嘘の自白をしたことは人生において最大の後悔です」と言いなりになってしまったことを告白している。

【符合7】「友だちだと思っていた人たちに、身ぐるみ剥《は》がされてしまうことにもなりかねない」

悲しいかな、結果はそうなった。手紙には「A刑事に好意をもち、きにいってもらおうと必死でした。それがダメでした」と好意をエスカレートさせた揚げ句、あだで返されたことへの後悔が繰り返し出てくる。同時に、手紙ではA刑事から言われた言葉にもふれている。

「『お前のことは俺が一生めんどうをみてやるし、その心の不安もとりのぞいてやる』と言われ、心底A刑事を信用してしまった」

詐欺師さながらに甘い言葉を繰り返され、手玉に取られてしまった様子がうかがえる。

「仕事とはいえ刑事というのは冷たいものですね、家族のありがたみがすごくわかりました」

手紙につづられた傷心の告白は、不憫なことこの上ない。

専門書の一節との符合によって、一つだけ、わかったことがある。「刑事を好きになり、気に入って欲しくて自白した」。裁判では一顧だにされなかった彼女の抗弁は、発達障害の専門的な視点というフィルターを通せば、荒唐無稽とまでは言い切れない、ということだ。私たちは、専門家による分析を急いだ。

無実なのに自白

発達障害という視点で、冤罪の可能性に新たな光を当てようと試みた私たちにとって、最初に手掛かりをくれたのは、西山さんの彦根中学時代の恩師たちだった。西山さんを知る元教師たちは「今なら発達障害だと考える」と明言し、取材は大きく前進した。

その経緯を伝える前に、退職後の恩師五人が二〇一三年二月に「支える会」を立ち上げ、手弁当で教え子のために続けた救援活動を振り返りたい。恩師たちが教え子の無実を信じて闘い続けたことは、他の冤罪事件にはない特筆すべき事柄と思う。

恩師らは、それまで孤立無援の状態だった両親を助け、再審を求める署名集めに奔走した。彦根中の教職員全員と退職者の団体、彼女の同級生、さらには国民救援会にも支援を仰ぎ、全国から約三万人分の署名を集めて、裁判所に提出。七年の歳月を経て、西山さんとともに再審無罪の喜びを分かち合った。

冤罪を解く上で不可欠なものを真っ先に挙げるとすれば、それは、無実を信じてくれる人の存在だろう。無実なのに、信じてくれる人がいない「孤独」ほど耐えがたいことはない。雪冤が果たされた数々の事例を見ると、家族以外に、無実を信じてくれる人の存在が大きく影響している。再審無罪へ、あきらめない気持ちを持ち続けることは、それほど難しい。無実を信じてくれる第三者の支えがないがために、もしかすると、声を出すことをあきらめている人が今もいるのではないか、とさえ思う。

西山さんは投獄された後、自暴自棄になり、何度も「再審をやめたい」と両親に訴えた。そんな彼女の支えになったのが、恩師から届いた励ましの手紙だった。出所後、支援の会でマイクを持たされるたび、西山さんは恩師たちの支えの大きさを語っている。

「中学時代の私は、職員室に行って先生に文句を言って暴れたり、授業中に教室を飛び出したり、迷惑ばかりかけていました。そんな悪い生徒だったのに、先生たちが支える会をつくって同級生たちにも声をかけてくれていることを知って、涙が出そうなほどうれしかった。どれほど感謝してもしきれません」

西山さんは中学校時代に教師たちを困らせたわけを私にこう話した。

「勉強が難しくなり、ついていけなくなったからだと思う。勉強ができた兄たちを知っている先生に『お兄ちゃんたちは良くできた』って言われて傷ついたこともあった。『教え方が悪いんや』って反発し、職員室で文句を言ったり、教室を飛び出したりした」

母令子さんは、娘の素行が原因でたびたび学校に呼び出されていた。

「先生たちには、家でのしつけや、育て方に問題があるのではないかと言われ、いつまた学校から呼び出しがあるか、と毎日、身が縮むような思いでした。お父さんが、先生の前で美香を叱りつけて、頭をたたいたこともあった。二人の兄と同じように育てたつもりなのに、どうして娘だけ落ち着かないのか、まったく思い当たるところがなく、途方に暮れていた」

西山さんの中学時代は発達障害者支援法（二〇〇五年）ができる一〇年ほど前。当時はまだ発達障害という言葉も教育現場で浸透しておらず、親はもちろん、現場の教師たちもこの障害の特性を理解できていなかった。学校での素行の問題は「家庭の事情や親の育て方が原因」と見られるのが当たり前の時代だった。

彦根中学時代の恩師グループが「支える会」を立ち上げた二〇一三年には、逮捕から九年が過ぎ、西山さんは獄中で三三歳になっていた。

その前年、中学時代の教頭だった吉原英樹さんは教え子の西山さんが再審を訴えている新聞記事を読み、その弁護人が井戸謙一弁護士であることを知った。吉原さんの兄の故・吉原稔弁護士は滋賀県内の住民による原発訴訟の発起人で、亡くなった後を井戸さんが引き継いでおり、その縁で人柄もよく知っていた。

「井戸さんが弁護人なら間違いない。協力したい」

そう思い、井戸さんが事件について語る勉強会に出向いた。そこで、教え子が虚偽自白に追い込まれた経緯を初めて詳しく知ることになった。

吉原さんは教師仲間が集まる新年会で、生徒指導を担当していた伊藤正一さんに「教え子の美香のことなんだけど」と冤罪の可能性が高いことを伝えると、二人は「救い出してやらないと。一緒に頑張りましょう」と意気投合し、彦根中時代の気の合う教員仲間三人に声を掛け、五人で支える会を立ち上げた。

五人の元教師はすぐに井戸弁護士の事務所に出向き、事件の全体像を詳しく聞いた。

「証拠が彼女の自白しかない。再審請求書を読めば、その自白の不合理さが十分納得できる」（伊藤さん）

「許せないのは、弱者を強圧的に丸め込んだ典型的な事件だということ。美香の人間としての尊厳を守るためにも、元教員として関わる責任があると思った」（吉原さん）

両親と一緒に街頭に立っての署名活動や、西山さんの同級生らにも声を掛けるなど、地元で支援の輪を広げた。

恩師からの手紙は、和歌山刑務所で孤独な日々を送る西山さんに大きな希望になった。両親への手紙で、伊藤さんからの手紙への感謝をこんなふうに伝えている。

「この前の手紙で自殺してしまいたいと書いてしまったこと、あとから後悔しました。伊藤先生の手紙に『美香がさみしいと思ったらその数百倍も両親はさみしい、美香がくやしくてイライラした時はその分両親は数千倍くやしくてイライラしておられることを忘れないように！』と書いてありました。それをよんで号泣しました。うれしかった。私の家族のこと思ってくれてやる（＝いる）から…」（二〇一三年七月八日）

面会も繰り返し試みた。刑務所側は、事前の予約などの対応は一切しないため、無駄足になる可能性もあったが「とにかく行ってみよう」と車を走らせた。

一回目は、支える会の結成から一年近くが経った二〇一四年二月。滋賀県を車で出発した一行は高速で一路、和歌山を目指したが、大雪のため、高速を降りて下道を走り続け、和歌山県境まで来たところで時間的にも難しくなって断念し、引き返した。

二回目は翌二〇一五年三月。三時間かかる道中を無事、和歌山刑務所にたどり着くことができた。入り口で、面会の許可が下り、金属探知機での持ち物検査も通過したが、面会目前で不許可になった。

吉原さんが無念そうに振り返る。

「おそらくそのドアを開けたら面会できるという状況だったと思うが、直前で突然、やっぱりだめです、となった」

恩師なのに、なぜ認められないのか。理由を聞くと、弁護人、家族以外では相応の日常的な交流があることを証明しないと許可できない、という説明だった。

それでもあきらめず、その年の一一月、三回目となる和歌山行きを敢行した。しかし、今度は刑務所の入り口で不許可。前回の失敗の後、井戸弁護士に「また拒否されるようなことがあれば、その場で電話をください」と言われていたため、すぐに連絡。井戸さんが電話で和歌山刑務所に抗議したが、かなわなかった。

取材班が動きだした時、恩師たちの活動はすでに四年が経過していた。

二〇一七年一月、角、井本両記者が西山さんの障害の可能性を問い合わせるため、伊藤さんと吉原さんに会った。中学校当時の西山さんの問題行動を、障害の知見を得た今の視点でどう見るか。現場経験が豊富な教育者の客観的な視点は、障害を立証する有力な証言になる、と考えた。

西山さんが虚偽自白した経緯について、二人の見方は「あり得ると思う」との見方でほぼ一致していた。

「人と接するのが苦手でうまく伝えることができない。彼女の性格上、やっていないのに認めてしまうので

は、と思った。上からガーンと強烈に言われたら、そのように言ってしまうところがある」（伊藤さん）
「アラームが鳴った、と言うと刑事が優しくなり、職場の不満まで話すようになる一方で、自分のせいで同僚の看護師が厳しい取り調べを受けることになって、今度は『私がやりました』と軽く言ってしまったところは、彼女らしい」（吉原さん）
教え子を知る恩師ならではの的確な指摘だった。当時の行動について、今なら発達障害だと考えるのではないか、との見方も、元教師らの間でおおよそ一致していた。
障害の視点から冤罪の可能性を問う報道に向けて、着実で大きな一歩だった。

うその自白は「生きづらさ」が引き金に

教え子のために「支える会」を立ち上げた恩師たちから、西山さんに発達障害がある可能性を取材できたことは、冤罪の可能性を訴える報道への大きなステップになった。次は、専門家の証言を得ることだった。

警察の不当な捜査が無実の彼女を自白に追い込み、虚偽供述で事件をでっち上げたいかがわしさを訴えることはできる。しかし、裁判で西山さんの自白に「任意性」「信用性」が認められている以上、冤罪を立証するには、そこを突き崩す必要があった。捜査の非をあげつらうだけでは「ひどい捜査だったとしても、やったことを本人が認めたなら、仕方がない」と反論されてしまうからだ。

冤罪の立証には「刑事を好きになったから（うその）自白をした」という自白の経緯を障害の観点から解明しなければならず、専門家の知見が不可欠だった。

角、井本両記者とともに、裁判で明らかになっていた西山さんの特徴的な行動履歴や、両親から聴き取りした幼少時からの生育歴をリスト化し、専門家のための分析資料として作成。その上で、発達障害に詳しい専門家の取材にあたった。

二人が作成し、専門家に示した成育・行動履歴は、要約すると以下のような内容だった。

【幼少期】幼稚園の運動会で周囲の注目を浴びるため、運動会でグラウンドを反対回りに走った。(再審請求書)

【小学生】授業中に立って歩いたり、落ち着かない(父証人調書)注目を集めるため、教室で飼っていた金魚を食べたり、洗剤を食べたりした、親と児童相談所のカウンセリングを受けた(再審請求書)希望して学級委員になったがクラスをまとめられなかった(両親メモ)

【中学生】勉強ができずに、大声を出して授業を妨害し、両親が学校へ呼び出されて注意を受けた(父証人調書)優秀な兄たちと比べられ、自分を卑下するようになった、授業参観に行くとうれしそうにニコニコ後ろを振り向いて小さい子のようだった(母取材メモ)彼女の性格上、やっていないのに認めてしまうところはあると思った、人と交わるのが下手で、思っていることを言えない(恩師取材メモ)

【高校生】比較的安定して過ごした。

【社会人】亡くなった親が遺産を残してくれたと同僚にうそをついた、結婚する予定もないのに自分の結婚式で歌ってほしいと知人に依頼した(父証人調書)「彼氏と同棲している」「いつも彼に弁当を作ってあげている」など事実ではない話を同僚みんなが聞いていた(看護主任供述調書)仕事が雑、必ず二人ペアで行うように指導していた患者の体位変換や、おむつ交換等を一人で勝手に行ってしまう、患者への作業開始、終了等の報告連絡ができない（看護師長供述調書）看護師長から注意を受けると「また、言われた。私ばっかりや」と愚痴っていた、ミスを何度も繰り返す人（同僚看護師供述調書）

これらの行動履歴に基づいて、専門家に分析を依頼した。当時、主にこの取材に当たっていた井本記者から送られてきたコメントのメモを今あらためて読み返すと、専門家の指摘は、その後私たちが知る西山さんの実像と随所で重なっていることがよくわかる。

最初に井本記者が取材したある精神保健福祉士は、成育・行動履歴を一読して「発達のテストをすれば、確実に発達の偏りやデコボコが出てくるとは思います」と指摘し、いくつかの特異な行動が、この障害ゆえの〝誤学習〟によるとの解説をした。

「幼稚園でグラウンドを逆走するなんて、目立とうと思っても普通は度胸がなくて踏ん切りがつかない。この人の場合は『これやってもかまへんやん』くらいに考えている。周りが苦笑いで『わー』とざわついたのを本当の笑いと区別がつかず、良いことをしているんだ、と間違った学習になってしまう」

この解説は、小学校の時に出てくる「金魚や洗剤を食べた」という話にもそのまま当てはまる。これだけ聞くと、誰しもぎょっとするかもしれないが、そのような行動に出た背景には、友だちの輪に入れない子どもの辛さと、その辛さから逃れようとする涙ぐましい思いがあった。

西山さんは、この時のことを今もよく覚えており、笑いを交えて自らこう話した。

「小学校の高学年になっても友だちができず、いつもどうしたら友だちができるんやろうって、悩んでいたんです。ある時、教室の後ろで何人かが集まっていて、私も入れてって言ったら、意地悪な男の子が金魚鉢を指さして『金魚を食べたら仲間に入れてやる』って言ったんですよ。仲間に入れてほしいから『そんなん平気や』ってメダカみたいな小さい金魚をすくって、ぽんと口に入れてごくんて。周りはびっくりしますよね。『わーっ、こいつ本当に食べた』って。でも、私はみんなができないことをして、騒がれてヒーローになった気分になってるんですよ。みんなに認めてもらったような気になってたと思います」

なるほど、そういうことだったのか、と腹に落ちた話はもう一つある。これも、後に西山さんから聞いて分かったことだが、高校時代のことだ。

専門家に示した行動履歴の【高校生】のところは「比較的安定して過ごした」とあるように、高校の三年間だけは、裁判資料、両親の聞き取りから、特異な行動や問題が一切出てこなかった。これが、私には不思議だった。

社会人になってからも安定しているのなら分かるが、そうではないからだ。「なぞの三年間」が、西山さんの進学先が農業高校だったことと関係していることを知るのは、出所後のことだった。

ある時、西山さんに「高校のときは、何も出ていないけれど、どうだったの？」と聞くと、彼女の表情がパッと明るくなり「高校の時はよかったー。私にとっては花の都。あのころは毎日がパラダイス。本当に楽しかった」と言って、とうとうと語り始めた。

「中学校ではお兄ちゃんと比べられたけど、誰もお兄ちゃんのことを知らない。農業高校やから、そんなに勉強しなくてもいい。実習してたらいいいんやもん。鶏をいかにうまく解体するか、とか、上手に捕まえてくるか、とか。私、鶏を捕まえるのが、得意やったから」

生き生きと話したのは、朝の日課だった鶏舎での採卵作業だった。

「卵に手を伸ばすと、おんどりがめちゃくちゃ怒って襲ってくるんですよ。女子クラスやったから、みんな怖がって誰も採りにいけないんです。でも、そういう中でも採りに行くのが、私はうまかった。ささっと卵を集めてくると、みんなが『すごーい』って。もう毎日、ヒーローやったんよ」

西山さん生来の目立ちたがりで無鉄砲なところからくる行動力が吉と出て、クラスの中で重要な役割と居場所をもたらし、毎日が充実していたということだろう。

友だちもでき、個性が裏目に出た小学校や中学校、社会人のときは別世界だった。人は、なんと環境に左右されやすいものか、とつくづく思う。

小学校で友だちができなかった理由を「今ならわかるけど」と言って、友だちづくりに失敗した最初の経験を話し始めた。小学校三年のときのことだという。

「友だちと遊びに行く約束をして待ち合わせしたんです。私が先に待ち合わせ場所についたら、たまたまそこに、約束した友だちとは別の子が来た。私は約束のことを忘れて、別の子と一緒に行ってしまったんです。私は遊びに夢中になり、かなり経って待ち合わせた子がいないことに気づいて『遅いなあ』と思って、待ち合わせ場所に戻ったら『ずっと待ってるよ』と。私は待つことができない子だったんですよ。そりゃ、友だちができなくなりますよね」

小学校の時に授業中、教室を飛び出した理由も「じっとしていられない」ためだった。

「勉強はわからないし、友だちもできない。じっと座っていると、いらいらしてくるんです。わーって言いながら、教室から飛び出すと、先生が後を追い掛けてくる。いらいらを先生にぶつけていたんやと思う。運動場に走って行くと、先生が『こっちに来なよー』って。それがうれしかった。保健室にもよく行きましたみんながいない方がいいやん。静かな雰囲気が好きだった。だって、教室では、騒ぐと、みんなが『西山さんなんかいない方がいい』って言うんやもん」

自分より弱い子にはけ口を求めることもあった。

「特別支援学級に行って、友達になってもらおうとして、くすぐったりした。相手が『やめて』と言ってもやめなかったから、先生は私がいじめているように見えたと思う」

そんな西山さんにみんなが寄ってくることもあった。

「それは体育の授業のとき。私はどべたになるから『一緒に走ろう』って。そういう時だけは、みんなが寄ってくる。だれもビリになりたくないから。でも、それは悲しかった」

西山さんの小中学校時代はもちろん、事件に巻き込まれた当時も、発達障害について当事者の視点で、その「生きづらさ」を社会が共有できてはいなかった。それどころか、事件から一二年が過ぎ、私たちが取材に着手した時点、いや、もしかすると今もなお、当事者の「生きづらさ」は社会でちゃんと共有されているとは言えない気もする。

西山さんの虚偽自白が、発達障害にも起因する部分が多々あるということは、専門家から得た知見とともに、後に本人から長い時間をかけて得た証言を重ね合わせ、より鮮明に見えてきた。

彼女の孤独や疎外感が生みだした心理的な脈絡を読み解く専門家の的確な分析は、発達障害の知識に乏しい私たちの取材を間違いなく前進させてくれた。

待ち焦がれた褒《ほ》め言葉

小学校時代、西山さんは生まれながらの障害に起因する〝誤学習〟を重ねたのではないか。そう指摘する専門家の声は「好きになったから（うその）自白をした」という虚偽自白の経緯を解明する手がかりになった。

西山さんは、両親への手紙で「私は人に話をしてごかい（誤解）をさしてしまうことがあって不安です」「私は人との接し方がわからない」「自分の気持ちを相手に落ち着いて伝えることが苦手です」と書いていた。

相手の意図をうまく受け取ることができず、また、自分の思いもうまく伝えられない。そんなもどかしさをずっと抱えてきた。大なり小なり誰にでもあることだが、西山さんは〝誤学習〟によって、人との擦れ違いがさらに深みにはまるパターンを繰り返してきた。それが発達障害に詳しい専門家の見方だった。

再び、出所後に西山さんが話してくれた内容と重ね合わせながら、読み解いていきたい。

小学校の時に友だちづくりに失敗した西山さんは、友だちができない悩みを抱えたまま中学に進んだ。西山さんと両親にとっての、つらい三年間の始まりだった。

入学すると、卓球部に入った。部活の友だちとは仲良くなったが「だんだん仲良くできなくなっていったんですよ」と振り返る。

小学校の時は、友だちと待ち合わせていながら別の友だちが来ると、約束を忘れて（あるいは、待っていられずに）その場を離れてしまう、といったことの繰り返しで友だちができなかった。中学の時の理由は「うそをつくようになった」ことだと西山さんは言う。

「自分を気にかけてもらいたくて、親のことを『本当の親じゃない』と言ったりしたから。お兄ちゃんと比べられるのがいやで、親が違うことにすれば比べられない、と思ったんです。でも、うそはバレるから、だんだん仲良くできなくなっていった」

　うそをつくきっかけの一つが、優秀な二人の兄と比べられることだった。中学に入学すると同時に植え付けられた兄へのコンプレックスは、次第に深い傷になっていった。

「二番目のお兄ちゃんが三年生で卒業して、一年生で私が入ってくると、お兄ちゃんを教えた先生たちが新一年生の担任になりますよね。一番覚えているのは、勉強のことで『何でこんなにできないんや、お兄ちゃんみたいに』って言われたこと」

　勉強が分からない苦しさ、優秀な兄と比べられるいらだち、友だちができない孤独感で、次第に自分を抑えることができなくなった。

「授業中に反発してうるさくしたし、教室を飛び出したし、職員室に行って、先生の教え方が悪いんや、とも言った。だって、先生がお兄ちゃんと比べるんやもん。授業が中断するから、みんないらいらするでしょ。ますます友だちができなくなって、余計にいらいらして、きーってなる」

　兄の話を持ち出されることは、耐え難いことだったが、親も教師もそのことに深くは気づかなかったようだ。

「お母さんも先生も、お兄ちゃんのことばっかり言ってきた。先生に『教室に戻りなさい』って引っ張られて、セーラー服のスカートを何枚替えたことか。学校に呼ばれてお母さんは困ってたけど、私は『困っているのは、自分のせい。お兄ちゃんと比べて』という気持ちだった」

　兄へのコンプレックスを刺激してきたのは、親や教師だけではなかった。

「お兄ちゃんが優しくてモテたんよ。お兄ちゃんの同級生の女子が、私が中学になった時に『何でも相談に乗るよ』って言ってくれたりしたけど、それも、お兄ちゃんが目当てやから。そういうのが分かると、また腹が立つわけよ」

西山さんは、周囲に何を求めていたのか。

「私は、自分を見てほしかったんですよ。お兄ちゃんと比べるんじゃなくて。先生が飛び出した私を追いかけて来るのも、授業や学校の運営を心配してじゃないですか。でも、私は自分一人を見てほしいわけですよ」

中学時代のことを思い出しながら、こんなことを話した。

「今も学校で、いじめとか大変なことがあるけど、誰か一人、わかってくれる、聞いてくれる先生がいたら、全然違うと思う。そういう先生が一人いてたら、救われる子がいるんじゃないかと思う。私の悩みも一緒に考えてくれる先生が一人でもいたら、違ったと思う」

私が「例えば『君にもいいところがあるよ』と言ってあげるとか？」と水を向けると「そうそう、それ、それですよ。いいなあ。教師に向いてると思うわ」と言った。

さらに「それとか『お兄ちゃんのことは気にしなくていいよ』と言ってあげるとか？」と付け加えると、満面に笑みが広がった。

「それそれ、いいなあ、それを言える人は良い先生になれると思うわ。その言葉を学校では誰も言ってくれなかったんよ」

その言葉を実際に掛けられたのは、中学卒業から九年後、二四歳になった時。生まれて初めて待ち望んでいたその言葉を言ってくれる人物と西山さんは出会う。他でもない、滋賀県警捜査一課のA刑事だった。

「西山さんはむしろかしこい子だ、普通と同じでかわった子ではない」

西山さんはこの言葉をきっかけに、一気にA刑事にのめり込んでいった。

とはいえ、ことは殺人事件。ことの重大性もわからず、やってもないことを認める「うその自白」をするだろうか。殺人を認めれば逮捕され、刑務所行きになることは、誰しも分かることだ。

ところが、二〇一七年一月に井本記者が取材した精神保健福祉士は、障害があれば、そのような自白があり得ることを指摘していた。

「発達障害のケースでは、自分の一年後がイメージできない人もいる。殺したと言っても、その後の想像ができないとか」「『私がやりました』というのが、刑事に対して『あなたと話したい』というメッセージだったのかも知れない」

気をひくための、ちょっとしたうそと、想像力のなさ。発達障害の特性を踏まえた専門家の推論は見事に西山さんにも当てはまった。二〇二〇年二月の再審公判では、事件当時、取り調べでの自分のうかつな発言がもたらす「ことの重大性」を当時はまるで認識できていなかったことを、西山さんは語っている。それが、再審公判での以下の弁護人とのやりとりだ。

弁護人「アラーム音を聞いたことを認めた後に、刑事のあなたに対する態度は変わりましたか?」
西山さん「ものすごく優しくなりました。『兄にコンプレックスを持っている』と話したら『あなたもすごく賢い』と言ってくれました」
弁護人「刑事を好きになったのですか」
西山さん「そうです」

弁護人「そのような思いに刑事は答えてくれたのですか」
西山さん「（個人の携帯番号を教えてくれ、）いつでも電話をかけてきていいと言ってくれました」
弁護人「取り調べで、どうして故意にチューブを抜いたと言ったのですか」
西山さん「新しいことを言えば、A刑事の関心をひきつけられると思ったからです」
弁護人「殺人の犯人になって逮捕されると思わなかったのですか」
西山さん「逮捕ということも分かりませんでした。故意にチューブを抜いたと言えば、どうなるかも考えていませんでした」
弁護人「あなたは毎日、刑事から長時間の取り調べを受けましたね」
西山さん「ルンルンな気分でした。調べがあると房から出してもらえるので、白馬の王子様が迎えにきてくれるという物語みたいに考えてしまいました」

発達障害の専門家の指摘は実に的確だ。と同時に、当時、専門的な知見を持たない警察、検察、裁判所の司法関係者が、専門的な知識を踏まえずに人を裁く恐ろしさを感じずにはいられなかった。

「発達障害」だけではなく

「刑事が好きになったから（うその）自白をした」。裁判官たちに信じてもらえなかった西山さんの訴えが、発達障害というフィルターを通してみれば、けっして荒唐無稽な話ではなく、あり得るという現実が、専門家の話から見えてきた。また、優秀な兄へのコンプレックスを打ち明けた西山さんに刑事が言った「あなたも賢い」という一言に、彼女の氷のような心を溶かすどれほどの破壊力があったのか、ということも次第に分かってきた。

両親に獄中から書き送った三五〇通の手紙、獄中日記、裁判資料に照らしても、矛盾はなく、的を射ていると思った。

しかし、取材に着手した二〇一七年一月の時点で、専門家の証言を軸に「無実の可能性」を訴える報道に踏み切るのは、ためらわれた。なぜなら、専門家たちの証言には、私たちの想定から外れる指摘もあったからだ。

ある専門家を取材した後に電話で報告してきた井本記者の、言いにくそうな口調は、今でも私の耳に残っている。

「いろいろ話は聞けたんですが、一つ問題なのは、『発達障害のある人は、うそはつかない』って言うんですよね」

言葉通りに解釈すれば、西山さんに発達障害があることを証明すれば、逆に自白は「本当のこと」という意味になる。井本記者からメールで送られてきたその専門家のコメントはこうなっていた。

「幼い発想は発達障害の人は持ちがちだが、それを上回る特性として、嘘はつかない。人を殺していないのに『殺してしまった』というのは、障害が発達オンリーなら言わないこと。小さい頃から『嘘はいけない』と言われてきたのを完璧に守ろうとするから、原則、うそはつかない人たちなんです」

この指摘をしてくれたのは、数多くの患者と接した体験がある精神保健福祉士だった。取材した井本記者に対し、西山さんの成育・行動履歴から発達障害の可能性を認めた上での発言だった。後で振り返ると、まだ障害が明確になっていないこの段階で、複数の障害が絡み合っている可能性を見ていたのは、とても鋭い洞察だと思った。現実にこの三カ月後、精神科医による獄中鑑定で、西山さんには軽度知的障害が判明し、さらには愛着障害がある可能性も分かった。

人は「発達障害」という一つの物差しで簡単にくくれるほど単純ではない。しかし、二〇一七年一月の時点では、私たちは西山さんに対して発達障害の可能性しか想定していない。「発達障害オンリーなら、うそは言わない」と言われてしまったことにより、発達障害という物差しだけで虚偽自白のメカニズムを解こうとした私たちの試みは足止めを余儀なくされた。

先に取材をしていた中学時代の恩師たちは、発達障害、虚偽自白ともその可能性をすぐに明言したが、専門家達への取材は同じようにはいかなかった。なぜかと考えると、当然だった。恩師らは、救援活動中に勉強会を重ね、事件の詳細に精通していた。それに比べて、専門家に用意した情報は成育・行動履歴のみ。虚偽自白についての見解を引き出すには、前提となる情報があまりにも不足していたのだ。

専門家のコメントは慎重に扱わなければいけない。都合の良いところだけ拝借して原稿にするようでは、うその供述で事件をでっち上げた警察や検察と変わらない。取材に協力してくれた専門家も、つまみ食いのようなコメントの扱い方には納得しないだろう。

井本記者が別の専門家からもらったコメントは、はっきり言って〝使えない〟内容だった。

メール本文には「個人的には殺人をしていてもおかしくないと思うとのこと。途中で患者さんが来たため打ち切りとなり、深くは聞けませんでした」との〝ただし書き〟があり、添付ファイルを開くと、以下のコメントがあった。

「衝動的になってやった（＝殺した）のかもしれないですねえ。衝動が一瞬のもので、例えばその直前に周りからバカにされたりとか、プライドを傷つけるようなことが前後にあれば、急に衝動的にやってしまうことがある」

お手上げだった。

衝動的な犯行は、警察が当初描いたシナリオだが、チューブを外したときにアラームが鳴らないよう複雑な操作が必要なため不可能と分かり、消えたもので、そのために警察は計画的な犯行を強引にでっち上げた。事件の全体像や詳細を把握していない専門家からコメントを引き出し、虚偽自白のメカニズムを解こうという自分の想定の甘さを思い知るしかなかった。取材は完全に行き詰まった。

膨大な裁判資料を私たちと同じように読み込んでくれる専門家を探し出そうにも、すぐにはアテがなかった。

途方に暮れてしまった私を救ってくれたのは、新聞記者から精神科医に転身していた小出将則君だった。一九八四年四月に私と一緒に中日新聞に入社した「同期」の間柄で、入社七年後に退社し、信州大医学部に合格し、医師になって既に二〇年近くたっていた。その間も彼とは時々連絡は取り合っていた。

実は、協力を頼みやすい彼こそが西山さんの件でも最も妥当な判断を下せる専門家であることに、その時点でも私は気づいていなかった。精神科医の彼が発達障害の患者も専門に診ていることを知らなかった。

電話越し、久しぶりに声を聞いた彼に私は単刀直入に「ちょっと困ったことがあって、相談したいんだけど、今、大丈夫かな」と切り出した。人の良い小出君は「ああ、診察中だけど、手短かにならね。何？」というものように気さくに応じてくれた。

私は「今、とある冤罪事件を取材してるんだけど、看護助手の若い子が患者の人工呼吸器のチューブを外して殺したっていう一〇数年前の事件、覚えてないかな?」と聞いてみた。

小出君は「聞いたことあるような、ないような。それで?」と私に説明を促した。

「その女性が刑務所から両親に手紙でずっと無実を訴えているんだよ」

「やってないってか」

「そう。俺も手紙を読み込んだけど、どうも本当なんだ。間違いなく冤罪だと思うわ。ただ、自白はしたけど、刑事が好きになったからうその自白をしたって言ってるんだよ」

「なるほどね」

「おかしな話なんだけど、手紙を読むと本人なりの理由はちゃんとあるんだよな」

「当時はその子いくつだったのかな」

「逮捕された時は二四歳。それで、調べてみると、彼女に発達障害がある感じなんだよね。行動履歴を見ると、幼稚園の運動会でトラックを一人だけ逆回りで走ったとか、本当の親じゃないってうそをつくとか。でも、発達障害の専門家に聞くと、発達障害だけならうそをつかない、と言われて、困っちゃったんだよ。誰か知り合いでこの分野の専門家を紹介してもらえないかな、と思って」

「何で俺に聞かないんだよ。俺はその分野の専門家だよ」

「あれ、そうだったっけ? 心療内科だろ? 鬱だとかが専門じゃなかったっけ?」

「鬱も発達障害と深い関わりがあるんだよ。俺のところに来る患者さんの症状の多くが発達障害に起因しているといっても差し支えない。医者になって以来、発達障害の患者を何百人も診てきてる」

「それは失礼しました。なんだ、それなら最初から小出に聞けばよかったのか」

「そうだよ。で、まずは彼女が書いた手紙そのものを見せてもらうことはできるの？」

「もちろんお安いご用だよ。ありがたい。手元にあるのは実物ではなく、コピーだけど、それでもよければ。メールで送ろうか？」

「何通か見せてほしい。今度の木曜に名古屋に行く用事があるので、その時に本社に寄って見せてもらうってことでいいよ。時間は午後四時ごろでどう？」

「分かった。資料を用意して待ってるので、よろしく」

とんとん拍子の展開に私自身、驚いていた。灯台下暗し、とは、まさにこのことだった。この問題を専門的な視点での検証に協力してくれる、うってつけの人物がこれほど身近にいたとは。私が発達障害の分野にいかに疎いかが、図らずも露見した出来事だった。

彼が関わることになったこの時から、取材の歯車は一気に動き出すことになる。

見過ごされがちな「グレーゾーン」の人

約束の日、小出君は名古屋市内にある中日新聞本社に自家用車で来た。名古屋市役所の産業医にもなっており、その仕事を終えた帰りだった。夕方、受付係の女性から来客を知らせる連絡を受けた私は、五階の編集局からすぐに一階の正面玄関に向かい、彼を出迎えた。

来客用の喫茶コーナーで、ドリンクの注文ももどかしく、西山さんの手紙のコピー数枚をテーブルの上に並べた。

「平仮名が多いけど、文章そのものから特に違和感を感じないんだけどね」

もの書きの一人として、一言意見を述べたが、小出君は、そんな私に返事もせず、数枚にさっと目を通しただけでこう言った。

「彼女、発達障害もあると思うが、知的障害があるよ」

今でもこの時の衝撃は忘れがたい。耳を疑うとは、まさにこの時のことだった。

「えっ、知的障害?」

驚く私に対し、小出君は努めて冷静に答えた。

「ああ、間違いない。あるね」

信じ難い思いの私は、次々に反論の材料を挙げて問い返した。

「だって、看護助手をやってたんだよ。知的障害があったら看護助手になれないでしょ」

すぐに一蹴された。

「いや、それ、結構勘違いされてるんだけど、看護助手って特に資格は必要ないんだ。簡単に言うと、看護師を手伝う立場で、准看護師とは違うんだよ。シーツやおむつの交換など補助的な仕事が中心で、看護師のように専門的な知識や経験がなくともできるんだ」

今度は「手紙を読んでも知的障害があるようには感じなかったぞ。幼い表現はあるけれど、これだけの手紙を書き続けるって、大変なことだと思うけどな」とも言ってみた。

またもや、一蹴された。

「確かにちゃんとした文章ではあるけれど、ほとんどが、話し言葉で書いてあるよね。そんなに難しい文章じゃない」

納得できず、さらに私は疑問を口にした。

「でも、彼女は結構な読書家なんだよ。両親に手紙を出すたび、毎回何冊もの本の差し入れを頼んでいる。本の感想もたまに書いてる」

それも「本が好きな人は読むさ。分からない言葉や読めない漢字もあるとは思うけど、別に不思議じゃない」と軽くいなされた。

「でもさ、彼女は全部で三カ所の病院に勤めていたんだよ。医療関係者に囲まれていたわけだよな。でも、どの病院からもそんな指摘は上がっていないし、事件があった病院の医師や同僚看護師の供述調書にも一切そんな話はないんだよ。彼女と一緒に働いた医療関係者の誰にも気づかれないなんてことがあるのかな。おかしくない？」

彼は私に臨床での経験豊富な精神科医らしく、こう説明した。

「秦もそうだと思うけど、多くの人は知的障害というと極端なケースを想像しがちなんだよね。でも、そうじゃないんだよ。中間的な人たち、つまりグレーゾーンがあるんだ。社会生活は普通にできるから、周りも障害に気づかない。医療関係者と言ったって、専門で患者を診ていなければ案外そんなもんだよ。本人や家族も気がついていない場合がほとんどなんだ。彼女の場合も恐らくそうだろう。うちのクリニックにも同じような患者さんはいる。実は知らないだけで社会にはグレーゾーンの人はいっぱいいて、その人たちこそが最も社会生活でいろんな問題に直面し、生きづらさに苦しんでいるんだよね」

私がこの分野の基本的な知識を持ち合わせていないことを察した彼は、その場で即席の初心者向け講義を始めた。

「何か書くものないかな?」

校了したA3サイズのゲラ刷りが手元にあったため、テーブルに置くと、真っ白な裏側にボールペンで何やらグラフを描き始めた。

最初のグラフは、裾野が広い左右対称の山の形をした曲線グラフだった。縦軸は人数、横軸はIQだと言ってこう説明した。

「IQという指標で社会全体を見た場合〝普通の人〟と〝障害のある人〟というように分かりやすく分かれているわけじゃないんだよね。80以上を一応、正常の範囲と言っているだけで、80以下も緩やかにグラフの線が下がっていくんだよ。120以上も同じだよね。80以下は70〜79の境界域があり、50〜69の軽度知的障害の範囲がある。そのあたり、つまり50〜80までがだいたいグレーゾーンと言える。ある程度の読み書きや、簡単な計算ならできないわけじゃない。日常会話だって普通にできる。でも、平均的な人たちと同じようにできるかというと、必ずしもそうではない。だから、職場で失敗を繰り返したりすると『なぜ同じ失敗を繰り返すのか』『反省していない』などという言われ方をされてしまう。本人も自分の障害に気づいていないから、他の人と同じようにできない自分に劣等感を持ってしまったり、嫌がらせをされていると誤解する。それが鬱《うつ》につながってしまう場合も結構あるんだ。俺のところに来る患者さんで、そういう人は少なくない。実際にIQを調べてみると、当たっていることが多い」

なるほど、そうだったのか、と思わずうならざるを得なかった。単に私が無知だったにすぎないのだが、世の中は分かりやすく二層に分離しているわけではない。グレーゾーンといわれるそれなりに分厚い層の存在を意識してこなかった、と言われれば、その通りだった。

続いて小出君は、三つの円を、それぞれが部分的に一部で重なるように描いた。一つめの円には「知的障害」、二つめの円には「ＡＤＨＤ」(注意欠如多動症)、三つめの円には「ＡＳＤ」(自閉スペクトラム症)と書いた上で説明を始めた。

「障害や症状は必ずしもこの三つではないんだが、分かりやすくこの三つで説明する。一つの障害だけ、という人はむしろ少なくて、多くの患者さんは、同時に複数の傾向を持っていることが多いんだよ。それぞれの障害の強弱は人によるんだけど、彼女はおそらく、この三つすべての傾向を持っていると思われる。つまり、この三つの円が重なり合った、この部分にいる人だ。まず、間違いないだろう。その三つに加えて、愛着障害もあるだろうね。お兄さんたちへのコンプレックスが恐らく愛着障害を生むきっかけになったと思われる」

彼がそう言った時、私は取材班の井本記者が少し前に送ってきた専門家のコメントに「発達障害オンリーならうそはつかない」とあるのを思い出した。発達障害だけではない、という洞察に、知的障害、愛着障害という複合する障害を具体的に挙げてさらに解釈を深めたのが小出君の見解といえる。

それにしても、西山さんの生育行動履歴と数通の手紙を読んだだけで、ここまで自信を持って見通す見識に、友人ながら驚くとともに、頼れるブレーンとして非常に心強く思った。

「よく、手紙を見ただけで、そこまで分かるもんだねえ」

私が感心すると、彼は再び手紙に目を落として、ある文字を指し示した。

「ここに『楽』という漢字があるだろう?　よく見て。彼女は『白』のところを、一本横の線が多い『自』

と書いているんだ。いくつも『楽しみ』とか『楽しい』とか出てくるが、すべてそうなっている。彼女の場合は、こんなところにも障害が表れてて、こうだと思い込んで書いているんだよね。漢字を書き間違えることくらい、誰にでもあるとはいえ、間違い方もある。『楽』の『白』を『自』と間違えるのは、あまりないよね。そういうところから気づくんだよ。殺していません、と書くべきところで『ろ』が一文字多く、殺ろしていません、となっているのも似ているね」

目の前に立ち込めていた霧が晴れていくようだった。たとえ軽度でも「知的障害」を立証できれば、重大性を認識できずに殺人の自白をしてしまったということを、それだけで説明できるインパクトがある、と思った。

しかし、どうやって立証すれば良いのだろうか。刑務所内で鑑定できれば完璧だが、それが簡単にできるとは、その時は思わなかった。とはいえ、可能性があるなら、前に進みたい。その場で小出君に聞いてみた。

「一緒に和歌山に行って、獄中で鑑定してしてくれないか」

彼の返事は早かった。

「いいよ。クリニックの休みは日曜と木曜だが、木曜は産業医の面談があるので、日曜が都合がいい。木曜でも調整できなくはない」

後は、和歌山刑務所が、獄中での鑑定を受け入れるかどうか。それには、弁護団の協力が欠かせない。主任弁護人で弁護団長の井戸謙一弁護士に刑務所との折衝をお願いし、獄中鑑定がかなえば、取材は一気に前進するだろう。

「鑑定したら、間違いなく知的障害が判明すると思う?」

小出君に念押しした。冤罪の立証には極めて重要なポイントになる。

「間違いない。このあたりだ」

彼は再び手元の曲線グラフに目をやり、ボールペンでグレーゾーンのあたりを指し示した。

職場で深めた孤独感

司法が見過ごしてきた障害という視点から冤罪を解く、難解なミッションは、小出君という発達障害を専門とする精神科医を協力者として得てから、一気に加速した。

小出君に名古屋市内の中日新聞本社で初めて西山さんの手紙を見てもらったのは二〇一七年二月九日。その晩、そば好きの小出君と市内のそば店で旧交を温めながら、西山さんがうその自白を重ねた理由を障害の視点でどう説明できるのか、本社での続きを話した。

小出君の強みは、何と言っても何百人に上る発達障害の患者を診てきた実績だった。別の専門家から「発達障害だけならうそはつかない」と記者が言われたことをあらためて話すと、彼はこう言った。

「うそをついて誰かを傷つけたり、詐欺師のような他人を陥れる悪意のうそは言ったりしない。だが、『発達障害だからうそをつかない』とは一概に言えない。自分の気に入った人に『こう言いなさい』と言われれば、そう言ってしまう場合がある。特徴としては、その場の関係を優先するところ。空想でうそをつくってしまう人も、わりといる。自分が信じていることや、信じている人に合わせようとする傾向もある」

数多くの診療体験に基づく言葉には、説得力があった。

「さっき会社でも簡単に説明したけれど、発達障害とは、生まれつき脳の特性に偏りがあり、定型発達者とは異なる考え方や行動パターンを有することで、病気ではない。しかし、鬱などの原因には往々にしてこの障害が絡んでいたりする」

この問題についての知識が不足している私に、最低限の基本をレクチャーしておいた方が良いと感じたのだろう。そば店で発達障害のにわか講座が始まった。

「発達障害は大別して、知的能力障害とそれ以外に分けられる。つまり、知的障害も発達障害に含まれるんだ。知的障害以外で一番多いのがＡＤＨＤ。日本語で言うと注意欠如多動症だ。それに次ぐのがＡＳＤで自閉スペクトラム症。スペクトラムとはあいまいな境界ながら連続していること。つまり、特性に明確な境目はないってことさ。人懐こく、不注意かつ衝動性のあるＡＤＨＤに比べてＡＳＤはこだわりが強くて融通が利かず正義感が強いところがある。人によっては感覚過敏や、逆に感覚鈍麻もある。ちなみにアスペルガー症候群はＡＳＤに含まれる。他にＬＤと言われる学習障害もある。映画俳優のトム・クルーズやスティーブン・スピルバーグ監督が自らＬＤを告白して話題になったよね。誰もが自分の身近に障害のある人がいると知るべきなんだが、本人も周りも気づいていないことが、実は多いんだ。会社で同僚とうまくできない原因が実は発達障害にあるってことも珍しくはない。鬱になり、そこから心療内科につながって初めて自分の発達障害を知る、なんてことはうちのクリニックでもよくあることなんだよ」

発達障害があるがゆえに職場でうまく協調できない、という話はここ数年、メディアで取り上げられてはいた。だが、それが鬱につながることも珍しくない、という深刻な実情についての認識は不十分だった。冤罪問題でありながら、実は現代社会がまだ十分に対応しきれていない問題がこの事件に複雑に絡み合っている、とは想像もしていなかった。

にわか講座は続いた。

「ボールが投げられない、逆上がりができないなど極端に不器用なところがある発達性協調運動障害もある。さっき会社で紙にいくつかの円を部分的に重なるように描いて説明したように、これらの障害は往々にして合併する傾向があるんだよ。西山さんもいくつかの障害を複合している可能性がある」

話を聞くうちに、西山さんが職場でミスを繰り返していた、という看護師たちの供述調書を思い出した。上司だった看護主任の供述調書で「配茶のときに床やテーブルにお茶をこぼし、拭かずに行ってしまう。指導は素直に聞くが、改善が見られず、同じ事を繰り返す」という記述だ。指導を素直に聞くのに、改善が見られないのは、なぜだろう、と引っ掛かっていた。同僚看護師の供述調書には、「西山さんは『ミスを繰り返す人』で注意を受けるたびに『何で私ばっかりや』といつまでも愚痴っていた」というような記述もあった。私は小出君に、これらの調書の内容を簡単に説明し、どう思うか意見を求めた。

小出君は「今の話からすると、仕事のミスの原因は不器用や不注意といった障害の特性と関係していることが容易に推察できるよね。西山さんの障害に同僚の誰も気づいていなかったんじゃないかな」と答え、こう分析した。

「本人も周りも気づいていない、となると、人間関係が悪化しやすい。上司や同僚は不誠実だと誤解しがちになる。実際はそうではない。注意されても直らないのは、意識が上の空になってしまうだけで、本人としては仕事を精一杯やっているつもり。でも、そこが理解されない。そうなると、職場の人間関係がおかしくなってしまう。背景に障害が絡んでいることはままあるのに、気づきや知識がないと、人格攻撃に向かってしまう。医療の現場でも起こり得る。このケースはおそらく、そうだろう」

西山さんは両親への手紙に「辛かった。イジメられて…」とつづっていた。

一生懸命やっているつもりなのに、不器用であるがゆえにお茶を上手に注げなかったり、不注意であるがゆえに、お茶をこぼしたことに気づかなかったり、意識が上の空になって上司の話が右から左になったりした結果、誤解されやすかったとすると、上司の看護師との間になぜそこまで深い〝溝〟ができたのかが、見えてくる気がした。

患者が死亡した後も、西山さんと上司との関係は改善しなかった。数カ月後、西山さんは事件のあった病院を辞めて、別の病院に職場を変えた。しかし、心に深い傷は残った。その傷を癒やしたのが、滋賀県警捜査一課が送り込んだ、当時三〇歳すぎのA刑事だった。

「あなたはむしろかしこい子だ、普通と同じでかわった子ではない」。その言葉が西山さんを癒やし、そして舞い上がらせた。人生で初めて頼りになる味方を得た思いになり、心を寄せた。

呼ばれてもいないのに何度も捜査本部にA刑事を訪ね「調子にのってぺらぺらと言わないでいいこと、たとえば、病院に対することを言ったりした」（獄中手記）という。

A刑事に病院での不満をぶちまけた結果、どうなったか。逮捕後、犯行動機を探しあぐねていた警察に、彼女がこぼした愚痴や不満は、おあつらえ向きの動機に仕立てられていった。

起訴状にはこう書いてある。

「看護師らの自己（＝西山さん）に対する処遇等に憤まんを募らせていたところ、そのうっ積した気持ちを晴らすため同病院の入院患者を殺害しようと企て（中略）殺害したものである」

警察と検察の作り話を一審の裁判官は「犯行の動機は、看護師らからたびたび勤務態度を叱責され、孤立感を深めるとともに、看護助手が不当に冷遇されているなどと不満を募らせ、その不満の気持ちを晴らそうなどと考えたというのであるが（中略）このような殺人の動機は、短絡的なものではあるが、決して了解できないものではない」と安易に認めてしまった。

孤立感を深め、不満を募らせたのは事実だが、それを「犯行動機」と結び付けたのは、A刑事らに他ならない。実際の西山さんは、全く違う。人間関係が悪化するたびに、むしろ自ら去る道を選ぶ。そんな繰り返しだった。高校を出てすぐに勤めたスーパーも、人間関係が原因で居づらくなり、自ら辞めている。最初に勤めた病院でも、厳しい上司がついて居づらくなり、辞めた。転職先が事件のあった湖東記念病院だが、結局、自ら職場を去った。問題が生じたときの西山さんの行動パターンは自ら身を引くことで、仕返しには向かうことはなかった。

西山さんの職場での辛い状況を招いた背景には発達障害が絡んでいた。そのことに、どこかの段階で誰かが気づいていれば、上司との関係が悪化することはなかっただろう。職場で西山さんが置かれた辛い状況があり、その揚げ句に退職した。にもかかわらず、職場を去った後に事件に巻き込まれていったことが、あまりにも不憫だった。

西山さんの冤罪事件は、単に警察が冤罪をでっち上げた、という話にとどまらない。発達障害についての知識を共有できない社会が、どのようなことをもたらすか。その負の側面を示す好例であるとも言える。

だとすれば、報道も、障害のある人々の生きづらさと向き合い、障害についての情報共有と相互理解の大切さを問いかける契機にしなければならない。小出君のレクチャーを受けたことで、この事件に取り組む意義をあらためて深く自覚することになった。

そば店での話は再び、西山さんの虚偽自白と発達障害との関連に戻り、小出君が発達障害とうそとの関係を詳しく説いてくれた。

「確かに発達障害がＡＳＤのみの人はうそをつかない傾向は強い。取材した記者に『発達障害の人は、うそはつかない』と言った専門家はおそらくＡＳＤのことを言ったんだと思う。ＡＤＨＤは調子がいい面があるので、むしろうそをつくこともある。うちのクリニックに『子どもがうそをつくから心配』と母親に連れられてきた子を調べるとＡＤＨＤだったってことも現実にあったからね」

障害があったであろう西山さんは、友だちができず、孤独感を深め、Ａ刑事と出会い、心を寄せ、言われるがままにうその供述を重ねていった。専門家の視点で障害というフィルターを通して事件を見つめ直すと、それまで謎めいていた事件の断片が少しずつ結び付き、バラバラだった点と点が線になりつつあった。障害をキーワードに、事件の新たな輪郭が見え始めた。警察と検察がでっち上げ、裁判所が唯々諾々と承認し続けた「虚構の真実」に対抗し、それを突き崩すロジックの構築へと、徐々に近づきつつある手応えを感じていた。

過去にも発達障害の人が冤罪に

私は小出君に自分が考えている戦略をありのままに伝えた。

「発達障害と虚偽自白との関係を説明しようとしても、読者も分かりにくいと思うんだよ。冤罪のケースで警察がひどい自白の取り方をすることを、普通の人は知らないからね。発達障害だからといって、自分から『やりました』と言ったのなら恐らくそれが真実で、今ごろ撤回するのは、罪を逃れるためだ、と誰もが思ってしまうんだよな」

小出君が「まあ、そうだろうね」と相づちを打つのを見ながら、話を続けた。

「だが、軽度といえども、誰も気づいていなかった知的障害には、その状況を一変させるインパクトがある。誰もが『えっ』となるはずだよ。『自白したんだから真犯人だろう』という思い込みから解放され、白紙の状態から事件を見直すべきではないか、という状況が生まれる。西山さんが、刑事を好きになってしまい、その弱みに乗じた刑事が自分の思い通りに自白させて、都合よく事件をでっち上げた、ということを信じてもらうには、それしかない気がする。知的障害という前提条件が加われば、多くの人が曇りのない目で、もう一度事件を見てくれるはず。知的障害がある西山さんが自白偏重主義の司法の犠牲になった、という構図は、司法の実態を知らない人に対しても分かりやすく響くと思う」

元記者である彼も、すぐに「報道する上では、そこがポイントだな」と同意した。

「彼女を調べれば、たぶん軽度知的障害の範囲に入ると思う。米国精神医学会を中心に世界で用いられる診断基準のＤＳＭ-５によると、軽度知的障害は『社会的な判断は年齢に比べて未熟であり、そのために他人に操作される危険性、つまり、だまされやすさがある』と明記されている。当時二四歳だった西山さんが簡単に刑事の口車に乗せられてしまった根拠として、説得力がある」

ただ、知的障害の可能性が浮上したからと言って、発達障害を軽視したわけではない。その時点で、発達障害が原因で冤罪事件に巻き込まれた事例を、私たちはすでに把握していた。知的障害と発達障害は、冤罪を解く立証の両輪と考えていた。

その事例は、同じ編集委員の席にいる先輩記者の安藤明夫編集委員に教えてもらった。安藤編集委員は医療ジャーナリストで、特に発達障害をめぐる社会問題に精通しており、ブレーンとして心強い存在だった。

西山さんの冤罪をどう解くかで、まずは類似する発達障害がらみの事例がないか調べる必要があると思った私は、真っ先に安藤さんに「発達障害が原因で冤罪に巻き込まれた事件、知らないですか？」と聞いた。即答だった。「あるよ。俺が取材した話、教えようか」。すぐに自分の署名記事を会社のデータベースからダウンロードして印刷し、手渡してくれた。

二〇一〇年七月二二日に朝刊の生活面に掲載された記事だった。

冤罪の発達障害者　国家賠償を請求　混乱状態で『盗撮犯』に
特徴踏まえた捜査必要　『障害　把握する手だてを』

駅構内で女性を盗撮したとして起訴され、控訴審で無罪が確定したアスペルガー症候群の横浜市の二〇代男性が今月一三日、国と東京都を相手取り、計一一〇〇万円の国家賠償を求める訴えを横浜地裁に起こした。冤罪事件はどうして起きたのか？発達障害と司法をめぐる問題を考えた。

男性は二〇〇八年六月、東京都内の地下鉄駅構内で、女性のスカート内に携帯電話のカメラを差し入れたとして、警視庁で任意の取り調べを受け、同庁と東京地検が自白調書を作成。一審判決では、都迷惑防止条例違反で罰金三〇万円とされたが、二審の東京高裁は自白調書の信用性を否定。無罪を言い渡し、今年二月に確定した。

一審の判決直前に男性はアスペルガー症候群と診断され、受け答えが苦手で混乱状態に陥りやすいなどの特徴が明らかになった。

七月一三日の会見で、原告側の野呂芳子弁護士は、男性が容疑をかけられた経緯を次のように説明した。

【発端】　携帯電話に内蔵してあるロボットの画像を見ていたところ、前にいた女性客に激しい勢いでとがめられ、なぜ怒られたのか分からないままパニック状態になり「すみません」と言った。その言葉がどんな結果を及ぼすか想像できなかった。

【誤解】　駅員が男性の携帯電話を調べ「画像はどうしたんだ」と尋ねたため、ロボットの画像のことを聞かれたと思い「消しました」と答えた。通報で駆けつけた警官に対し、駅員は「男性が盗撮を認め、その画像を消去した」と説明をした。アスペルガー症候群の人は、相手の意図を酌み取ることが苦手。

【取り調べ】　「やっていない」と言っても全く取り合ってもらえず、「いいかげんにしろ」などと怒鳴られたことで、強い不安とあきらめの気持ちを抱いた。警察官が調書を読み上げ「ここにサインしてください」と言われ、しなくてはならないと思った。

高裁は警視庁と東京地検の調書が不自然に食い違い「捜査官が誘導したか作文した疑いがぬぐえない」として無罪を言い渡した。野呂弁護士は「事実関係の裏付けをすれば、簡単に容疑が晴れたケース。障害の問題に限らず、思い込み・自白偏重捜査の違法性を問いたい」と強調した。男性は、今も地下鉄に乗れないなど、精神的なショックが大きいという。

記事には、発達障害を研究する辻井正次・中京大教授のコメントも添えられ「発達障害の人は、相手の意図を読み取ることが苦手。自分の言っていないことでも、言い含められてしまったり、強い口調に対して、意味が分からなくても『ごめんなさい』と言ってしまったりするリスクがある。警察の取り調べでは、簡易に知的障害を把握できるような手法を取り入れることが必要。発達障害の可能性がある場合には、十分に配慮するなど、今後、十分な取り組みが求められる」と、本人が突然の事態に対応できないことへの理解と、司法界に対して対策の必要性を訴えている。

安藤編集委員の記事には、アスペルガー症候群についての説明記事もあり「知的障害も言葉の遅れもないが、社会性の欠如、コミュニケーション障害、興味の偏りなどの問題を持つ。脳の機能障害による『広汎性《こうはん》発達障害』の一つ。各都道府県の発達障害者支援センターが相談窓口になっている」という内容だった。

お察しの通り、記事には、西山さんの事件といくつもの共通点があった。

【一】一審の判決直前に男性はアスペルガー症候群と診断された→西山さんと同様、事件当時は自身の障害には気づいていなかった。

【二】パニック状態になり「すみません」と言った。その言葉がどんな結果を及ぼすか想像できなかった→西山さんも「チューブを外した」と言ったことで、自分が殺人犯になるとは思っていなかった。

【三】「ここにサインしてください」と言われ、しなくてはならないと思った→相手の意図をくみ取るのが苦手で、調書を犯行の裏付けにしようとの取調官の意図に気づかなかったのは西山さんも同じだった。

【四】高裁は警視庁と東京地検の調書が不自然に食い違い「捜査官が誘導したか作文した疑いがぬぐえない」と無罪を言い渡した→西山さんの調書でも不自然な供述の変遷が多数あり、警察、検察が供述を誘導し、調書を作文したことは明らかだった。

【五】記事にはないが、男性は供述を誘導、調書を作文されただけでなく、犯行を認める上申書（いわゆる自供書）を書かされていた。そこも西山さんと同じだった。

国家賠償訴訟は二〇一二年一〇月、横浜地裁が警視庁の違法捜査を認め、東京都に一一〇万円の賠償を認める判決を出した。これに男性側と都の双方が控訴し、東京高裁で再び同様の判決が下り、確定した。

野呂弁護士がその後、事務所のホームページに掲載したコラムによると、東京高裁は自白調書は警察官の創作であり、上申書は「警察官が内容を指示して、何度も男性に書き直しを重ねさせたうえで完成させたもの」と認めた。

男性のアスペルガー症候群は知的障害を伴わない。それでも、無実なのに有罪の自白調書をでっち上げられ、無実なのに犯行の自白を自ら書かされてしまう。それが、日本の密室捜査の現状なのだ。

野呂弁護士は言う。

「発達障害によっては取調官に迎合しやすい傾向があり、より冤罪の危険性が高いと言えます。ですが、捜査段階から自白を偏重し、事実にきちんと向き合わない司法が続く限り、冤罪は誰にでも起こり得ることだと言えます」

西山さんのケースでは、供述調書が三八通、自供書は五六通にも上る。その異常とも言える数字は、彼女の障害に付け込んで、警察と検察が誘導を重ねた証しとも言えるだろう。

アスペルガー症候群の男性の記事を書いた安藤編集委員に聞いてみた。

「こういう冤罪って、他には起きてないんですかねえ」

安藤さんは言った。

「いや、相当あるだろうね。表に出てきていないだけだと思うよ」

氷山の一角どころか、氷山の一角さえ水面上に表れていないのが、もしかすると、この問題の現実なのではないだろうか。男性の事件との多くの符合から、私は西山さんの事件も発達障害が冤罪と深く関わっている、との確信を深めていた。

愛着障害という名の「心の渇望」

取材班の新たなブレーンとして加わった元記者で精神科医の小出医師は獄中で鑑定することを快諾してくれた。

本社からそば店に移動し、鑑定に向けての話をしているとき、小出君からリクエストがあった。

「まず、事件の流れが分かる裁判の資料を送ってほしい。事前にしっかり勉強しておかないと」

資料といっても、複雑な経緯を読み込んで理解するとなると、何時間もかかる。多忙な開業医でありながら、労を惜しまず資料を読み込んでくれるのは、ありがたく、彼の本気度が伝わってくるリクエストだった。

小出君は続けた。

「鑑定の前に実家で両親の話も聞いておきたい。母子健康手帳や幼い頃からの写真、小中学校の時の通知表も調べたい。事前にご両親に伝えておいてもらえないかな」

ボランティアながら、鑑定をする以上は本格的な手順で進めたいのだろう。仕事に臨もうとする姿勢は敏腕で鳴らした記者時代と変わらなかった。

思い出すのは、目白の闇将軍と言われた田中角栄元首相が六六歳の一九八五年二月末、脳梗塞で入院した時のこと。入社二年目で病院前の張り込みを命じられた小出君は二カ月後に元首相が極秘退院していることを独自にキャッチ。他の全社がもぬけの殻の病室を病院の外から注視している中での、圧巻のスクープだった。平成改元の際の天皇陛下お言葉全文も他社を出し抜いて特ダネにした。嗅覚の鋭さと行動力は、同期入社の中でも群を抜き、脱帽の連続だった。

お互いが予定表を見ながら、滋賀県彦根市にある西山家への訪問は二月二六日（日）か、翌週の三月五日（日）の両日を候補日にすることになった。

夕方に中日新聞の本社で手紙を前に話し始めてから、市内のそば店へと流れて続いた談義は深夜にまで及んだ。小出君はアルコールは一滴も飲まない。私は、一緒にいる相手が飲めば飲む、飲まなければ飲まない。この時は夕方からしらふで四、五時間ぶっ通しで話し込んだ。中身の濃い打ち合わせのおかげもあってか、その後の展開はとんとん拍子だった。

翌日、二〇一七年二月一〇日、私と小出君とのメールのやりとりから、進展ぶりが分かる。一〇日の送受信トレーに残っているメールを見ると、最初に私から「事件の参考資料」とのタイトルでいくつかのデータを添付して送っている。

【二月一〇日九：三二】秦→小出

昨晩は遅くまでありがとう。添付資料は、以下の通りです。（一）西山受刑者の言行録→取材や公判記録に基づく（二）記事検索→おおよその事件の概要を示した当時の新聞記事（三）勉強会採録→弁護団の考え方を示す勉強会の内容（四）主な手紙の抜粋。とりあえず、以上です。

【二月一〇日一五：二八】小出→秦

確かに資料受信しました。連休のうちに読んでおきます。空けておくのは二月二六日、三月五日の両日曜日だったね。どちらか決まり次第教えて下さい。

【二月一〇日一八：五〇】秦→小出

了解しました。記者に指示してあるので、週明けには返事があると思います。これで、法（井戸弁護士）医（貴兄）報（我々のチーム）の三位一体《さんみいったい》に向けて進めそう、と心強く思っています。よろしく！

「法、医、報による三位一体」は、前夜、小出君と話している時に、彼から出た言葉だった。言い得て妙、というか、なるほど、うまいこと言うなと思ったものだ。三位一体とは、キリスト教の言葉から転じ、異なる三つのものが緊密に結びつき、心を合わせて一つになることを意味している。

警察と検察がでっち上げた「虚構の真実」をジャーナリズムの力だけで突き崩そうとしても、現実にはそう甘くはない。障害という視点で切り崩すには医学の力が不可欠だ。小出君という、その道のエキスパートが加わったことによる戦力アップは計り知れない。だが、七回の裁判で認定された虚構の真実という分厚い壁を破るには、それだけでもまだ十分とは言えない。舞台はあくまで法廷。例えて言えば、報道は場外乱闘を仕掛けているにすぎない。一定の打撃にはなっても、裁判所によって再び有罪認定が下される可能性はある。その可能性を消すことができるのは、法廷に立つ弁護人しかいない。すでに、弁護団長の井戸謙一弁護士は、記者達に協力的な対応をしてくれていた。

小出君と夜まで打ち合わせした翌日は、「秦—小出」間のメールと同時進行で、私から角記者に獄中精神鑑定にチャレンジするという新展開を伝えている。

【二月一〇日一四：四三】秦→角

昼過ぎに井本君から電話をもらった際に伝えましたが、前に話した精神科医で私の同期入社の小出将則氏の協力を得られることになりました。現在、関係資料および、手紙のすべてに目を通してもらっているところです。知見を示す上で必要なこととして、以下のリクエストがあります。（一）母子健康手帳や本人の写真（二）両親との面談（三）捜査中の○○刑事と西山美香さんとの間の具体的なやりとり。この中で、一と二については、彦根に出向いて西山家を訪問する件で快諾を得ています。候補日としては、二月二六日（日）、三月五日（日）で、調整して頂けないでしょうか。ご両親には「供述を誘導された美香さんの心理分析をする上で必要な面談」と説明してもらえれば、と思います。よろしくお願いします。

【二月一〇日二〇：五三】角→秦

父輝男さんに電話したところ、小出医師の訪問は快諾いただけました。二六日は大丈夫だそうです。ただ、詳しい時間を伺っておりませんでしたので、時間帯はあらためて連絡すると伝えてあります。輝男さんは、今月に入ってから県警、大阪高検、大津地検へと要請活動に回り、事実上あしらわれたので落ち込んでいるようです。小出医師の訪問については「協力いただける方には協力いただきたいです。ぜひお願いします」と話していました。高田記者は、今月に入ってから受刑者宛の手紙を投函済みです。

角記者からのメールの末尾に書いてある、手紙の投函は、獄中鑑定と同時進行で進めていた「無実の立証」

のカギとなる西山さんへの直接取材。これも、報道が日の目を見るためには重要なステップだった。仮に獄中鑑定ができ、冤罪を主張できる段階に至ったとしても、確定判決に真っ向から異を唱える報道を敢行するとなれば、独自に本人に取材したあかしがどこかに欲しい。「本人に取材していないではないか」。そうは言われたくない。獄中の西山さんとの文通は、重要なチャレンジだった。手紙は、女性同士の方が西山さんの抵抗感が少ないと考え、大津支局の高田記者に任せていた。

小出君に関係資料を送った五日後、彼から新たなリクエストがあった。

【二月一五日八：四四】小出→秦

送付資料全て目を通しました。この前の印象は変わらず、精神医学的には軽度知的障害を伴うＡＤＨＤで間違い無いと思いますが、兄との比較など、愛着障害の要素もおそらくあるので、言動にＡＤＨＤの典型的でない部分があらわれていると考えます。それをより確かめるために、二六日はお母様に本人の評価を心理検査でチェックしてもらう予定。（三つほどの簡単な検査で、通常なら二〇分からせいぜい三〇分でできるものです）。それと、本人の手紙は、やはり、本人の字体そのものを直接見たい。裁判記録など他の資料と合わせ、滋賀行きの前に準備できますか？

小出君の返信にある「愛着障害」は、これまでだれも着眼していない視点だった。別の専門家が「発達障害オンリーなら、うそは言わない」と指摘した「うその自白」を重ねたなぞを解く新たなキーワードだった。西山さんに刑事が言った「あなたも賢い」の一言が、なぜ、彼女を盲目的に追従させたのか。単なる「迎合性」では片付かない、彼女の心の奥底にあった「愛着障害」という名の渇望。それは、優秀な兄へのコンプレックスに苦しみ続け、知らず知らずのうちに、兄と同様に親や教師に認められたい、という思いと、それがかなえられない苦しみから育まれてしまったものだろう。

小出君からのメールを確認した私は、自宅に保管してあった約三五〇通の手紙を綴じたファイル九冊を、結婚式で使う引き出物用の丈夫な紙袋に入れ、すぐに電車でJR尾張一宮駅近くにある彼のクリニック「一宮むすび心療内科」に持参した。

診察中だったが、患者さんに少し待ってもらいながら、小出君は西山さんの母親にお願いする心理検査について説明した。

「刑務所での本鑑定の前に、母親に『娘ならどう答えるか』という想定で、娘の代わりに発達検査を受けてもらう。母親は誰よりも娘のことを分かっているからね。それなりの傾向が出るもんなんだ。そこまでやって本番に臨みたいね」

人の命に関わる医業に転じ、その完璧主義は記者時代より磨きがかかっているように感じた。

獄中鑑定、西山さんとの文通という〝独自ネタ〟をもとに、冤罪を立証する報道ができるかどうか。カギを握る重要な二つのミッションが同時進行で動いていたその時、想像もしていなかった事態が起きていた。

滋賀県彦根市の西山さんの実家と連絡を取り合っている大津支局の角記者から、事態の急変を知らせるメールが届いたのだ。獄中の西山さんが、自殺を図ったという、衝撃的な内容だった。

再審請求が大津地裁に棄却され、悲しみに暮れる父西山輝男さん（左から２人目）と母令子さん（左）＝2015年9月

Ⅲ　獄中鑑定

―「供述弱者」とは―

獄中で自殺未遂

角記者から事態の急変を知らせるメールが届いていたのは二〇一七年二月一四日の深夜、私が気づいたのはメールを開いた一五日朝だった。

【二月一四日二三：二四】角→秦

憔悴しきった西山さんの父親から電話があり、夕方に急きょ訪問しました。添付の手紙に詳しいですが、美香さんが自殺を図ったこと、再審をやめると言っていることなど、いくつか重なったようです。美香さんはおそらく昨日（一三日）から一カ月の懲罰に入ったようです。

思いもしない出来事に言葉を失った。

そのころ、角記者に対する父輝男さんの信頼はすでに厚く、何か相談事があると電話がかかってきた。その日も「ちょっと、来てくれへんか」と頼まれ、角記者は他の取材の合間を縫って、支局のある大津から高速で約一時間をかけ、彦根市内の西山家に駆けつけていた。

輝男さんが苦渋に満ちた表情で打ち明けた。「娘につい、言い過ぎてしもうてな」。輝男さんの隣で、妻の令子さんが「あんなことお父さんが言うたからやん。井戸先生を信頼して任せたらええやん」とたしなめていた。娘が自殺未遂をする、というただならぬ事態だけに、この夜の西山家の空気は重かった。

西山さんが自殺を図るきっかけは、輝男さんが、第二次再審弁護団の井戸謙一弁護士を解任する、と言いだしたからだった。

服役期間の満期が刻々と迫り、輝男さんには「それまでに娘を救い出したい」という焦りが募っていた。一年五カ月、裁判所から何の音沙汰もない状態が続いていた。それは、放置している裁判所の責任であって、弁護団に責任はない。だが、訴訟方針をめぐる行き違いも重なり、業を煮やした輝男さんが井戸弁護士に「正義感はあるのか」となじり、解任すると言いだしたのだ。

井戸弁護士の手腕あってこその再審無罪という結末を知っている今振り返れば、この時の輝男さんの行動は常軌を逸している、と思われても仕方がない。しかし、それは一人娘が無実の罪で投獄されるという、筆舌に尽くしがたい苦難を一〇年以上にわたって強いられている中で起きたこと。まともな精神状態を保つことが困難な状況であれば、かけがえのない味方の存在を見失ってしまうことは、誰にでもあるだろう。

取材で輝男さんとの付き合いが長い角記者も「お父さんは、当時と今とではまるで違う」と言う。

「まだ美香さんが獄中にいた当時、お父さんから呼び出されては、理不尽な言われ方をしたこともたびたびあり、こちらもつい感情的になることもありました。でも、今になって振り返ると、お父さんも怒りのもって行き場がなかったんでしょう。つくづく、冤罪ってむごいな、と思いますね」

それは、西山さんについても言えることだ。再審無罪になってからの西山さんの精神状態は、不安定だったそれ以前とはまったく違う。自殺未遂も、無実の罪で投獄されるというむごい現実の中で起きていることを前提に考える必要がある。

再び二〇一七年二月の出来事に戻る。

井戸弁護士をなじった輝男さんは、刑務所での面会時にそのことをありのまま娘に話し「解任」することを伝えた。だが、その言葉は井戸弁護士への信頼が絶大な娘の予想もしない反応を招いてしまった。

「読んでみてくれへんか」

呼び出されて駆けつけた角記者に、輝男さんが、獄中から届いた二通の手紙を手渡した。一通は両親、もう一通は井戸弁護士に宛てた手紙だった。父親に宛てて書いたところを読むと、西山さんが井戸弁護士をいかに信頼していたかが伝わってくる。

「お父さんへ

二月一日は、面会に来てくれて、ありがとう。お母さんは、私のせいで車イス生活になってしまって自分でできることが限られていて、不自由な思いをしているので、これまでいろんなことをがまんしてきました。

でも、どうしても一月一六日の面会の時に、井戸先生に対して、お父さんが「正義感はないのか」と言ったこと、私はゆるすことができませんでした。

だれに対してゆったのですか？　井戸先生が正義感のない人なら、私の弁護士は、してくれません。裁判官もやめることもなかったです。井戸先生は、日本でゆいつ（※唯一）原子力発電所をとめなさいと言った裁判官です。でも高裁でひっくりかえり、そして、あの原発事故です。井戸先生は、自分に責任があると、裁判官や司法に絶望し、次は弁護士としてたすけられないかと、依願退官された方です。ずっとずっと三二年間、地方の裁判官をしておられました。一回目（※地裁での一審のこと）が大切だからです。この一回目がどれだけ大切か、お父さんが一番よく知っていることだと思います。

今、弁護士として活動してくれています。私の事件、大変難しいのに、弱音をはかず、あきらめもせず、ただ、しんしに向かいあってくれています。その姿をまぢかで見て、私は信頼していますし、弁護士を信頼しないと、だれを信頼するのですか？

私は、一審の弁護士さんを信頼すること、信用することができませんでした。それだけ、○○刑事のことを大切に思ってしまったのです。こんなこと思ったらいけないのに…。

長引いてしまっているのは、私が一番悪いのです。だれも悪くありません。そら、一審の弁護士に対してうらむ気持ちは分からなくはありません。でも、今の弁護団の先生方はみんな頑張ってくれています。

（中略）なんで自分がさがしてきて依頼した弁護士を信用できないのですか？ 長引いているから？ 裁判であたりちらすところがちがいます。

（中略）「正義感がない」と言ったこと少しでも悪いと思ったのであれば、あやまって下さい。○○先生の時みたいに辞任されたらどうするのですか？ うまくいくこともいかなくなりますよ」

西山さんが訴えているように、「井戸先生が正義感のない人なら、私の弁護士は、してくれません」は、その通りだった。再審の刑事弁護を引き受けている弁護士の多くがそうであるように、井戸弁護士もこの事件を「誰かがやらなければ」という思いで、引き受けていた。この時、まだ私は井戸弁護士に直接会っていなかった。それでも、西山さんが獄中から両親に書き続けた手紙で、その厚い信頼関係は伝わってきた。中でも、くじけそうになる彼女を弁護人として懸命に支える姿が目に浮かぶ一文が強烈に印象に残っていた。

「井戸先生が来てくれました。一時間の予定でしたが一時間半も私の話を聞いてくれました。泣いて泣いて仕方なかったけど、やっぱり再審あきらめないようがんばります」（二〇一六年九月一三日の手紙）

井戸弁護士の事務所のある滋賀県彦根市から和歌山刑務所までは、在来線と特急、タクシーを乗り継いで往復七時間かかる。多忙な中で、帰りの列車をさらに遅らせることになっても、西山さんの心の安定のために傾聴を優先させせのだろう。思いやりのある人なのだな、という印象を強く持ったものだ。

後日、このことを井戸弁護士に聞くと「いや、美香さんとの面会は、とにかく彼女が言いたいことを一気に話すから、それを聞いてからでないと質問できず、どうしても長くなってしまうんです」と笑っていたが。

ここで、井戸弁護士の経歴と、西山さんの主任弁護人を引き受けるまでのいきさつを振り返っておきたい。井戸弁護士もまた、支える会を立ち上げた中学時代の恩師、伊藤正一先生ら五人の元教師とともに、西山さんを雪冤に導く上で欠かすことのできない役割を果たした一人だった。

井戸弁護士は一九五四年大阪府堺市生まれ。東京大教育学部四年の七五年に現役で司法試験に合格し、卒業後の七九年四月に神戸地裁に判事補として任官。金沢地裁では二〇〇六年三月、裁判長として、原発運転の差し止め請求を初めて認める判決を出した。東日本大震災で福島原発事故が起きる五年前のことだった。

三二年間勤めた裁判官を辞めたのは二〇一一年三月末。原発事故直後だが、すでに退官を決意しており、タイミングが重なったのも不思議な巡り合わせだった。

退官後は、かつて大津地裁彦根支部に勤務経験があったことから、彦根市内に事務所を構え、「町医者的な弁護士になって、よろず相談所のようなことをしてみるのもいいのではないか」とマチ弁を志した。

実際、井戸弁護士の日常はそんな毎日だ。事務所では二男拓哉さんが事務員を務めているが、かかってくる電話に井戸さん本人が直接出ることも多い。弁護士事務所には、困りごとがあっても何をどう説明していいのかわからない状況で電話を掛けてくる人が少なくない。取材中、対応に苦慮しながら、電話の相手に丁寧に説明している場面を何度も見た。

その一方で、退官直前に起きた福島原発事故で広がる反原発のうねりは、民間に舞い降りてきた原発訴訟の〝賢人〟を放ってはおかなかった。

関西電力大飯原発（福井県）など若狭湾にある原発運転差し止め請求訴訟の弁護団長だった吉原稔弁護士に請われて弁護団に名を連ねることに。当初は「裁判官時代の経験を使って原発訴訟の弁護士をやるのは何だかアンフェアな気がして、最初は断っていた」という。その後、病に倒れた吉原弁護士を継いで弁護団長に就くと、新たな「公務」で多忙を極めるようになった。

事務所に西山さんの父輝男さんが訪ねてきたのは、そんな折だった。

第一次再審請求は相次ぎ却下され、輝男さんは第二次に向けて動き始めた。だが、引き受けてくれる弁護士が見つからず、ついには滋賀県の弁護士会の名簿で「あ行」から順番に電話をかけていった。何人かに断られ、なんとか「話を聞くだけになるかもしれませんが」と面会に応じてくれたのが井戸弁護士だった。西山さんの母令子さんが振り返る。

「主人はいろんな弁護士さんにお願いしては断られ、困り果てていたのですが、名簿順に電話したおかげで井戸先生と巡り会える事ができたのです。なんと幸運なことかと、今振り返っても巡り合わせの偶然に感謝しています」

それが、二〇一二年五月のこと。西山さんの運命の大きな転換点だった。二〇一七年、私たちが獄中鑑定に動きだした時期に起きた、西山さんの自殺未遂という、再審への絶体絶命の危機を救ったのも、やはり井戸弁護士だった。

〝誰か〟がやらねば…　再審を引き受けた弁護士の思い

人生が、人との出会いによって左右されるのだとすれば、刑事は暗転へと導いた人物であり、逆に、逮捕から八年目の二〇一二年、新たな弁護人となる井戸弁護士との出会いは、真っ暗闇の人生が好転へと向かう転機になった。

井戸弁護士は、父輝男さんが訪ねてきたときのことを、こう振り返る。

「事務所におみえになったので、一応、話を聞いてみたんです。ですが、警察が殺人事件だと思っていない段階で自分から殺人の自白している、ということだった。それでは、とても無理だと思い、最初はお断りしたいと思っていました」

しかし、可能性がないとわかっても、すぐに扉を閉ざさない。そこが、裁判官を辞めて「よろず相談所を」とマチ弁を志した井戸弁護士らしいところだった。断る前提でいながらも「冤罪を主張して再審を望んでいる以上、誰か弁護士がつかなければいけない」と考えると門前払いはできなかった。そこで「とりあえず記録を預かって、読んでみることにした」という。

ひと言で「記録を読む」といっても資料は膨大な量だ。第一次再審請求で再審の道が閉ざされたこの時点で、すでに六回の裁判を重ねている。そんな事件ともなれば、公判記録は段ボール箱で数箱にもなる。読み始めれば何日、いや何週間がかりにもなる。

原発訴訟に関わる一方で、事務所では法律相談に来る人と丁寧に応対している多忙な日々。まだ弁護人になる前の段階で、このような負担を受け入れる人は、そうはいない。この間は、まったくのボランティアになるからだ。仮に弁護人を受けるとしても、日弁連の支援に指定されていない冤罪事件となると、十分な訴訟費用は望めない。むしろ、持ち出しになるのが当たり前の世界だ。記録の山に向かうのは、弁護士としての社会的な使命感でしかなかっただろう。

裁判記録を読み進むうちに「捜査段階から問題の多い事件だということが分かってきた」と言う。

「これは、冤罪じゃないか」

そう確信したのは、西山さんが刑事に「アラームは鳴ったはずや！」と脅されて「鳴りました」と言わされた後の場面だった。

西山さんに「鳴った」との供述を強引に言わせた滋賀県警は、業務上過失致死での立件を目指し、当直責任者だった同僚のS看護師の取り調べを強めた。S看護師が厳しい追及に苦しんでいると知った西山さんは「本当のことを言わなければ」と自ら警察署に出向く。「本当は鳴っていません」。井戸弁護士には、必死に撤回を求めているその場面が、殺人事件の犯人としては「あり得ない行動」と映った。

「そのまま『アラームが鳴っていた』ことにすれば、業務上過失致死事件になるわけです。確定判決が認定したように『消音ボタンでアラーム音を消して患者を殺害した』犯人であれば、捜査の目を自分からそらすために『鳴っていた』と言い続け、捜査を高みから見物していればよかったはず。わざわざ自分から『実は、鳴っていない』などと打ち消す必要はない。それなのに彼女は撤回を懇願している。これは真犯人の姿ではない」

公判資料を読み込んで冤罪を確信した井戸弁護士は「救い出してやらなければならない」と弁護人を引き受けることを決意する。とはいえ、一人で手に負える案件ではない。「馬力のある若手が必要」。そう考えて思いついたのが、司法修習生の時からよく知る池田良太弁護士（京都弁護士会）だった。すぐに声を掛けて、二人で和歌山刑務所の西山さんに会いに行くことになった。それが、西山さんとの初対面になる。

「本人から直接話を聞いて、訴えていることにうそはない、とあらためて思いました」

池田弁護士と二人で、無実の心証を固めた。そこに、輝男さんを通じて大阪の若手弁護士二人も加わり、二〇一二年九月、獄中の西山さんは、第二次再審請求を申し立てた。

弁護団が井戸体制になった最初の裁判、第二次再審請求審の一審は二〇一五年九月に大津地裁で棄却された。弁護団は大阪高裁に即時抗告。以来、高裁から何の音沙汰もないまま、ただいたずらに一年以上の時が過ぎていった。弁護団は抗議したが、事態は進まなかった。

西山さんが刑務所内で自殺未遂をする、という衝撃的な〝事件〟が起きたのは、そんな状況が続いていた二〇一七年の年が明けて間もなくのこと。棄却から一年四カ月が過ぎ、私たち取材班が獄中鑑定への準備を進めている、まさにその時だった。

二月一四日深夜に届いた風雲急を告げる角記者からのメールには、こうも書いてあった。

「ここのところ落ち着いていたそうですが、（二月）一日の面会で父に『出所後、精神科病院に措置入院させる』と言われ、精神的に不安定になったようです」

なぜ、輝男さんはそのようなことを言ったのか。一言で言えば、一人娘を無実の罪で獄にとらわれた父親としての、焦りだった。

二〇一七年が明けたこの頃、娘の満期出所まで残り八カ月。「それまでに、何としても無罪を証明し、娘を救い出してやりたいんですわ」。それが輝男さんの口癖だった。その一念ですでに一二年の歳月を過ごしてきた父親としては、何も手を打たないわけにはいかなかった。焦りを募らせる輝男さんと弁護団の方針にすれ違いが生じたことをきっかけに、弁護団の解任に動くとともに、それに納得しない娘を折れさせるために「措置入院させる」と言ってしまったのだ。

弁護団の井戸謙一弁護団長（中央）

そこまでして輝男さんが押し通したかったこととは何なのか。そこには積もりに積もった積年の〝怨念〟のようなものがあった。井戸体制の弁護団とはまったく関係のないことなのだが、このとき、一三年目に入った戦いで、輝男さんには警察に対する怒りとともに、二〇〇四年に逮捕された当初の弁護団に対し「裏切られた」という思いが胸の中で強く渦巻いていた。

逮捕されて間もないころ、取調官の刑事から「裁判での心証が良くなるから」と勧められ、納得できなかったが弁護人にも背中を押され、遺族に謝罪に行かされた。法廷で無罪を主張する一方での謝罪はかえって遺族の怒りを買うことになった。逆に重罰を求める意見書が遺族から提出される結果になり、なおさら弁護団への不信感が増した。

確かに当初の弁護団は、死亡を発見した看護師による「呼吸器のチューブが外れていた」という虚偽供述に振り回されて、弁護方針が混乱したようだった。加えて、西山さんは裁判が始まるまで、弁護人より警察を信用してしまった。「殺人でも執行猶予はある」とA刑事に言われたことを信じ、面会で弁護人に「そんなことありえない」と言われても信用しなかった。それが弁護団の混乱に拍車をかけた面もある。

一審は最悪の結末となり、控訴、上告も棄却。いつしか輝男さんに「弁護団がひそかに警察、病院と同調し、初めから娘に責任を押し付ける意図が働いていたのではないか」とのあらぬ疑念が芽生えるまでになっていた。再審では、「あの苦い思いを味わいたくない」との思いが募り、意見が食い違えば「解任」も辞さず、という姿勢を崩さず、そのために離れていった弁護士もいた。

しかし、井戸さんに絶大な信頼を寄せている娘は当然、解任に納得するはずもない。「娘のため」と解任を急ぐ父親には、それが許せなかった。親の声に耳を傾けず、刑事の言いなりになった当時と同じ愚を犯している、とも見えたのかもしれない。「措置入院」。その言葉がつい出てしまったのだ。

そもそも、措置入院とは、自傷他害のおそれがある精神障害者を都道府県知事（または政令指定都市の市長）が強制入院させる制度で、輝男さんが実行できることではない。それでも、西山さんは、過剰反応してしまった。過剰反応するわけがあった。

逮捕される一年前の二〇〇三年、男性患者（七二）が死亡して間もなく行われた、警察の捜査で、西山さんが精神的におかしくなった時のことだ。勤務中、歩行できなくなり、ベッドで「S（看護師）さんが危ない」「警察に私がいかなくては」などのうわ言をくり返す尋常でない症状が現れた西山さんを病院側が精神科のある病院に案内し、そこで、ひどい経験をしていた。自殺未遂の後、井戸弁護士に宛てた手紙で忌まわしい体験を生々しく書き記している。

「私は一度、事件後、たいほされる前に精神科病院に入院した。こわかった！　あばれればとりおさえられ、あげくのはて、『ちんせいざい（※鎮静剤）』で注射され、三日間ねた！！　もうあんなところへ行くのなら死んだ方がいい」

そこまで娘が動揺するとは、輝男さんも予想できず、何げない一言が娘を追い詰める結果になってしまったのだ。

冤罪は、本人だけでなく家族を追い詰め、その精神状態を常に不安定にさせ、正常にものごとを判断する力を奪う。全ては冤罪というむごい現実が引き起こしていると理解すべきだろう。

再審無罪になった後、西山さんにこの時のことを聞くと「あの時は、お父さんも、なかなか裁判が進まず、いらいらしていたんだと思います」と振り返り、あらためて精神科病院での苦い体験を語った。

「患者さんが亡くなった後、警察の連日の取り調べで私とS看護師の精神状態がおかしくなって、病院の事務長と母と三人で別の病院の精神科に行ったんです。入院となったんですが、エレベーターにも部屋にもカギがついていていて、それを見て怖くなってしまって。出たいと思って暴れたんです。そのことを父は覚えていて『言うこと聞かないなら』とお仕置きの意味で言ったと思うけど、あの体験はトラウマ（心的外傷）になっていた」

精神的に追い込まれたのは、その忌まわしい記憶のためだけではなかった。

「刑務所には精神的に不安定な人もいて、叫び声が聞こえることもあった。そういう声を聞くうちに、どんどんいらいらが高じてくるんです。それで自殺願望が出てしまい、鉄格子にシーツを巻き付けて、首をかけた。それが、ちょうど食事のタイミングで、雑役当番の受刑者の方が配食に来て気づき刑務官に報告したんです。すぐに保護室に連れて行かれました」

自殺未遂は刑務所という特殊な環境がもたらしたことでもあった。

「娘を救いたい」――父の焦り

刑務所内で自殺未遂を起こした二月初めの短期間に、彼女は三通の手紙を書いている。

これは、それまで西山さんが両親に送っていた手紙とはまったく異質の内容だった。

一通目は、弁護団の池田良太弁護士に「再審をやめたいので、その手続きを教えてほしい」という訴えだった。池田弁護士は「請求人はお父さんではなく美香さんなので、美香さんから信頼されている限り解任も辞任もありません」と返信している。

両親と井戸弁護士に宛てた手紙では、事態は緊迫していた。特に井戸弁護士には、精神的に追い詰められた状況が具体的に書いてあった。そのまま紹介する。

「このたびあれだけ支えて下さったのに、ちょうばつ（懲罰）になってしまいすみませんでした。一月一六日、父が私に『井戸先生に、正義感があるのか、と言ったらびっくりしていた』と笑いながら言ってきた。私はその時けんかするわけにもいかず、がまんした。でも我まんも限界に。一人になって考えぬいたら精神的におかしくなった。でも二四日に池田先生が来てくれて話したら、私さえ信頼しているのであれば辞任も解任もしないし、気持ちいいことはないが気にしないので、美香さんはここの受刑生活を大切にしてくださいと言ってくれました。そして、がんばった、でも限界…」

続いて「全部で調査五件」とあり、懲罰の対象となった自分の問題行動を列挙している。

「一つ目、工場で働けなくなり、精神的に辛くて怠業。二つ目、頭ぐりぐりになり、とびらに頭うちつけ、保護室収容後、自傷で。三つ目、自分にイライラし、自殺しようとしたが失敗し、シャンプー、とびらになげつけ、粗暴な言動。四つ目、担当（※刑務官）にイライラ、大声で保護室収容。五つ目、その道中、イライラの原因職員にあたり（つかみかかる）暴行。だれもけがしていないのが良かった。この五件で、今はちょうばつしんさ会まちで、たぶん一ケ月ぐらい（懲罰で）座ると思います。私はもうむりです。再審することが…」

今振り返っても、空恐ろしい場面だが、このとき、再審は風前のともしびだった。

私たちは、西山さん一家がまれに見るほど仲の良い親子だということを当時も今も、よく知っている。父輝男さんが母令子さんの車椅子を押しながら往復七時間の道中を毎月二回も娘を励ますために通い詰めた事実が、その愛情の深さを裏付ける。そんな絆の強い家族をいとも簡単にばらばらにしてしまうのが、冤罪というむごい事実だということを、この出来事はよく表している。

裁判を闘う上で、信頼する弁護人と父親との板挟みになる苦しみ。その果てに西山さんはどうしたか。出した答えは、自死と再審請求の取り下げだった。大切な二人の間で板挟みになったときに、自暴自棄と身の破滅に向かってしまうのは、虚偽自白の直前に西山さんがとった行動であり、後の獄中鑑定で判明した発達障害のＡＤＨＤ（注意欠如多動症）に由来する特性でもあった。

Ｓ看護師を助けなければいけないが、Ａ刑事も裏切れない。大切な二人の板挟みになった西山さんは自暴自棄になり「自分のせいにするしかない」と最後は身の破滅につながる言葉を自ら口にした。それが「私がチューブを外した」だった。

「チューブを外した」と言った日、二〇〇四年七月二日の午前中、病院の精神科で「不安神経症」の診断を受けていた。小出医師は「ADHDの人が不安神経症になった状況はうつ状態と同じ」と指摘。「その場合、自暴自棄になりやすい」と言う。西山さんはA刑事によってうつ状態に追い込まれ、自暴自棄になってしまった、とみることができる。

当時、西山さんを診察した医師が作成したカルテには、虚偽自白する直前の西山さんの言葉が残されている。A刑事を裏切るまいと、最終的に「アラームが鳴った」という〝うそ〟とS看護師を守りたいが守れない苦しみが錯綜する、もはや意味不明の言葉だった。

「実はアラームが鳴っているのを聞いた。看護師さんが鳴っていないというので合わせていた。嘘を続けられなかった。自分は弱いのか？」

アラームが鳴ったことにすれば、A刑事を裏切らなくて済む。だが、S看護師を守ることはできない。どうすれば良いのか。その答えは一つ。自分がチューブを外したことにする。それがうつ状態で思い付いた破滅的な答えだった。それが殺人の自白になってしまう、などとは夢にも思っていない。まして、A刑事が調書に「殺した」と書くとも。調書を見せられ「殺してません」と抗議したが「外したなら、殺したのと一緒やろ」と言われ、反論できなかった。

「刑事が好きになって、うその自白をした」

公判で誰にも信じてもらえなかった西山さんの言い分には「Sさんとの板挟みになり」という重要なポイントが抜けていた。その状況がADHDという障害の特性と相まってパニックを引き起こし、苦し紛れに「自分のせいにすればいい」という破滅的な判断を導いた。

しかし、「外した」と言っただけなのに、刑事が調書に「殺した」と書き、法廷では事実を精査せず、検察の言いなりで自白偏重に凝り固まり、障害の可能性を見ようとしない裁判官に「普通では考えられない」と一刀両断にされてしまったのが、ことの真相だった。

男性患者の死亡に気づいたS看護師が「チューブが外れていた」と保身のために嘘をつかなければ。A刑事が西山さんを脅して「鳴った」という虚偽供述をさせなければ。その供述を撤回しようとした西山さんを追い返したりしなければ。たとえ捜査に不都合でも「鳴らなかった」という真実を受け入れていれば。無責任な出来事が重ならなければ、西山さんが「私が外した」と言うこともなかっただろう。関係者の嘘と不誠実にまみれた経緯の果てに、十五年九カ月にもわたって冤罪の苦しみを強いられたのは、理不尽という他ない。

本来なら、西山さんを脅して嘘を言わせ、真実を語ろうとする口を封じ、調書をねつ造したA刑事の〝罪〟こそ問われるべきだろう。そこに、ADHDの西山さんが巻き込まれたことを、不運の一言で済ませることはできない。

なぜなら誰しも、正解が行き詰まったときに、不合理な答えを出すことは起こり得るからだ。

小出医師は言う。

「例えば、通勤途中の地下鉄駅の構内で火災が発生した、とする。非常事態だよね。誰でもパニックになる。そんなとき、その場に出口があったとしても、全員がそこから出るとは限らない。人によっては、いつも自分が職場に行く通路を進んでいつもの出口を目指すかもしれない。つまり、通い慣れている、という〝安心感〟を優先してしまう。その選択が危険でも、とっさに誤った判断をしてしまう場合がある。パニックになった時、人は誰もが臨機応変に柔軟で合理的な思考ができるとは限らない。ストレスの大きさによっては、不合理な判断をしてしまうもんなんだ。後になって『なぜ、あの時、あんな判断をしてしまったんだろう』って後悔することは、誰にでもあるよね。取調室は普通の人には想像もできない非日常的な環境だということを考えると、けっして人ごとではない」

西山さんは、取調室で刑事と向き合う非日常の空間に置かれ、矛盾を追及され続けるうちに破滅的な答えを口にしてしまった。そうなりやすい傾向の性質を持つ人だった、とはいえるだろう。だが、同じ状況になったとき、いったい、どれほどの人が正常な神経を保ち、合理的な思考を保ち続けることができるのか。取調室の中で破滅までの距離は、誰であろうと五十歩百歩なのである。

「再審をやめたい」

親が子を思う気持ちには、誰しも心を動かされる。一〇年以上もわが子のために両親が刑務所に通っていれば、その姿に心打たれる刑務官も当然いる。途中からは、車椅子の妻を夫が押す大変な道中。誰かの心が動けば、それが、何らかの形になって大きく物ごとの流れを左右することは、ままあることである。

二〇一七年二月、両親との面会を境に、西山さんが突然荒れ出し、ついには自殺を図ったことに刑務官たちは戸惑っていた、とみられる。入所当初は冤罪の苦しみを刑務官にぶつけ、懲罰房行きを繰り返した西山さんも出所まで一年を切り、落ち着いて服役していた当時の状況を思えば当然だろう。

両親との面会後、しばらくすると工場の作業をしなくなり、シャンプーをドアに投げ付け、壁に頭をぶつけ、自傷行為がついにはシーツを鉄格子に掛けて首をつる自殺未遂にまで発展した。刑務官にもつかみかかり、わずか数日の間に手の付けられない状態になったのだから。

西山さんの記憶を元に、当時、刑務所内で起きたことを再現する。

懲罰房送りになると、窓のない畳部屋で終日座ったまま、何日も過ごすことになる。その前に聞き取り調査があり、刑務所幹部らによる懲罰審査会を経て房内で「座る」期間が決まる。

調査の後、四、五〇代の落ち着いた男性刑務官が話しかけてきた。

「西山さん、なぜ、こんなことをしたの？」

傍らに女性刑務官を伴った男性刑務官は穏やかな口調だった。入所当初は「〇〇番」と番号で呼ばれていたが、その頃はルールが変わり「西山さん」と名前で呼ばれるようになっていた。西山さんはありのまま打ち明けた。

「お父さんとけんかして、もうしんどくてたまりません。信頼している弁護士さんを解任すると言われ、それなら、このまま死んだ方がましだ、と思ったんです」

その刑務官は、諭すように話し続けた。

「ご両親は、毎月面会に来てくれてるよね。死んでしまったらどうなる？ご両親はものすごく悲しむよ。ここまで頑張ってくれているお父さんの気持ちになって、考えてあげないと」

西山さんが自暴自棄になり再び自死を試みるようなことになれば、刑務所側も管理責任を問われる。だが、刑務官としての立場で言っているだけではなく、本心から心配してくれていることが伝わってきたという。

「普段、刑務官が受刑者にあんな優しい言葉をかけてくれることはない。親身に話してくれた。私も思わず素直になって聞いていたと思います。五分や一〇分ではなかったと思う。三〇分近かったような気がする」

西山さんも次第に心が落ち着いてきたという。

「自分のことも大事にせな。そんなんで、刑務所の外に出たときにどうするの？ 外に出てからの人生の方が長いんだから」

その刑務官は、西山さんが両親に差し入れてもらったばかりの本がすぐ脇にあることに気づき、親の思いをこんこんと説いた。

「この本もお父さん、お母さんが買ってくれて、差し入れてくれたんだよ。だから、西山さんは、この本は、どんなにいらいらしても投げなかったじゃないか。シャンプーはドアに投げたけど。お父さんとお母さんの気持ちを大事にしないといけないことを、自分でも分かっているはず。それなら、お父さんとの関係も、もっと大事にせなあかんやん」

刑務官の話は、両親が毎月面会に来てくれていることにも及んだ。

「面会だって、わずか三〇分しか時間がないけど、その三〇分のためだけに、遠いところを時間をかけて来てくれている。それをわかってあげな。お母さんは散髪をお父さんにやってもらっているんやろ？ 自分のためにお金を使わず、その分を娘のために、あれやこれやと差し入れしてくれている。そういうことも考えなあかんのと違うのかな」

刑務官から諭され、西山さんは「はい」と素直に答えることができたという。

「話を聞いてくれたからやと思うんです。私の場合は誰かに自分の気持ちを聞いてもらうことで落ち着くんです。ただ頭ごなしに叱られるだけだったら、ますますイライラするけど」

両親に感謝してもしきれないことは、よく分かっていた。親に感謝するように、との言葉は他の刑務官らにも「しょっちゅう言われていた」と言う。日々顔を合わせていた女性刑務官は、何度もこう言ったそうだ。「こんなにも本をいっぱい差し入れてくれる両親、他には誰もいない。あなただけ。毎月、自分の好きな本を書いているようだけど、それをわざわざ書店で探して買ってきてくれるなんて、感謝せなあかんよ」

刑務所内で刑務官が西山さんの気持ちを静めているころ、獄中から自暴自棄になった西山さんの手紙を受け取った井戸弁護士も、重大な事態が差し迫っているとみて、すぐに動いていた。

手紙を受け取ってすぐに西山家に行って輝男さんに直談判し「いくらなんでも『措置入院』は言い過ぎ。美香さんに言ったことは撤回し、二度と言わないと約束してくれますね」と念を押した。その上で、励ましの手紙を速達で刑務所の西山さんに送っている。「措置入院なんて絶対にさせませんから、安心してください」。手紙は西山さんが懲罰房に入るころに届いた。

西山さんは振り返る。

「お父さんは、身元引受人にならない、出所しても家に入れない、と面会で言ったんです。井戸先生はそのたびに『心配しなくても、身元引受人にはぼくがなるし、うちに泊まればいい。部屋も余っているから大丈夫』とまで言ってくれたんです。そこまで親身になってくれる弁護人は他にいません。手紙をもらって安心しました」

懲罰審査会で正式に三週間の懲罰が確定し、西山さんは懲罰房に入ることになった。閉ざされた空間で誰とも会話せず、ただ一人、じっと座っているのは、ADHDの西山さんには苦痛なことだが「手紙のお陰でかなり心が落ち着いた」という。

だが、懲罰房に入る前に西山さんが出した一通の手紙が、刑務所内で大きな問題になっていた。手紙は、大阪高裁に宛てた「再審請求審の取り下げ書」だった。

自死の危機は脱したが、その一方で再審取り下げの手続きを進めていたのである。父との衝突から「再審請求を続けることが家族を引き裂き、結局は自分を苦しめる」と悟り、自分で下した結論だった。

手書きの取り下げ書は、切手を貼った大阪高裁宛の封書とともに、刑務官に預けられ、和歌山刑務所からの発送を待つばかりになっていた。

そのまま、他の受刑者の郵便物とともに発送の手続きに入ってしまえば、獄中鑑定に向けた取材班と弁護団の計画も再審そのものも水の泡、となってしまう。

ある刑務官の存在

後日、井戸弁護士は振り返る。

「再審の取り下げ書を自分で書いて刑務所に発送をお願いしていた、という話は、出所後に美香さんから聞かされたんです。その刑務官が預かり、止めたと聞きました。そのまま発送されていれば、そこで再審は終わっていたでしょうね。今考えても、背筋が寒くなる話です」

懲罰になる前、西山さんは、弁護団の池田良太弁護士と井戸団長に手紙で「再審を止める方法教えてください」と頼んでいる。手紙を受け取った二人はすぐに返信しているが、気弱になる西山さんを励ますのみで、取り下げる方法を教えてはいない。そのため、西山さんは自分で一筆したためた。表題に「再審取り下げ書」と明記。事件の内容と自分が再審請求人であることを説明した上で「再審を取り下げますので、よろしくお願い致します」と書き、署名して指印を押し、担当の刑務官に渡した。

西山さんが苦しんだのは、井戸弁護士と父との板挟みになったことだけが原因ではなかった。何年かかっても、証拠開示すら進まない再審の現実に絶望したことも大きい。懲罰処分を受ける前に井戸弁護士に宛てた手紙では、検察、裁判所への怒りと絶望を、こう書いている。

「こんなふうに家族をばらばらにした裁判所、検察、ゆるせない。なんでしんしに向き合ってくれない!! 証拠開示ぐらいしてくれたらいい! まちがいがでてきても、あやまってくれたら別に何も言わない」

再審を求めても現実には一歩も前進しない。それどころか、再審を求め続ける限り、家族がバラバラになる。自暴自棄になっての勢いや思い付きだけで取った行動ではないだろう。西山さんには、再審を取り下げることが、自分のためにも家族のためにも、その時点では最良の選択だと思えたのだ。

井戸弁護士は「取り下げ書は特に規定はなく、本人の意思が示され、指印が本人のものであることが確認されれば、認められるでしょうね。もしあの時点で高裁に届いたとすると、指印が本人のもので間違いないかどうかの確認を刑務所に問い合わせることがあるかもしれないが、間違いないと分かれば、通ってしまったんでしょうね」と言う。

封書はなぜ発送されなかったのか。

懲罰室に入る前、大阪高裁宛の手紙を刑務官に預けると、すぐに例の刑務官と担当の刑務官から問い合わせがあったという。

男性刑務官が聞いてきた。

「再審を止めるというのは、大変なことだよね。この手紙を出すことは、弁護士さんにちゃんと相談してるのかな?」

西山さんは正直に答えた。

「いえ、相談はしていないです。もう再審を止める、ということは伝えてあります。これ以上、再審を続ければ、家族はバラバラになってしまうし、私も精神的に耐えられない。だから、止めようと思っています」

西山さんの声にじっと耳を傾けていた刑務官は、自死を試みて取り乱したときと同じように、諭すように言った。

「でもね、ここで自分が勝手に止めたら、応援してくれた人たちはどう思うやろ。突然知らされて、みんなびっくりしちゃうし、がっかりするんじゃないかな。両親だって残念に思うはず。ずっと西山さんのために支えてきてくれてるのだから。とりあえず、この手紙はこちらで預かっておくから、懲罰が終わったら、もう一度ゆっくり話すことにしましょう」

西山さんは親身になってくれる刑務官の言葉を素直に受け入れた。

三週間の懲罰が明けた時、再び刑務官が再審取り下げ書について聞いた。

「もう一度よく考えてからでも遅くないいんじゃないのかな」

その助言を西山さんは受け入れた。刑務所側の確認がとれていないため実際の経緯は不明だが、幸いにも封書は発送されなかった。取り下げ書の件は西山さんが弁護団とも一切相談することもなく送付を決断し、また、誰とも相談せずに引き下げたため、この出来事は出所するまで家族、弁護団、支援者の誰一人知らないままだった。

再審が一時、風前のともしびとなっているなどとはつゆ知らず、私たちは獄中鑑定に向けての準備を着々と進めていた。

二〇一七年二月二六日、かつての同僚で精神科医になった小出将則医師と私、そして角記者は、滋賀県彦根市の西山家にいた。

小出君は、西山さんが両親に送った手紙のほぼ全てに目を通し、事件の経過も把握。その上で、娘ならこう答える、との想定で母親に心理検査を受けてもらい、本鑑定前の見立てを得るという周到な手順を考えていた。この日を迎える前にはすでに「裁判資料も分析した上で、先日伝えたように、軽度知的障害を伴う注意欠如症、愛着障害が併存、というのが現時点での診断。上っ面だけだと、パーソナリティ障害と（誤って）診断される可能性がある」との分析を私にメールで送っていた。

午後一時、西山家に着くと、父輝男さんと母令子さんが、あらかじめリクエストした資料を用意して待ってくれていた。アルバム、小中学校の通知表、文集の作文、絵画作品などだ。

小出君は、両親に西山さんの幼少期の成育状況や、学齢期に入ってからのことを細かく聴き取り、アルバムや通知表を念入りに調べていた。

「通知表の担任の評価欄に何度も『やさしい』『思いやりがある』と出てくるので、基本的にはそれが彼女の性格だろうね。やはり小中学校の担任はよく見ている。あと、中学校の友だちと一緒の写真で、一人だけカメラと別の方を向いている写真が目についた。ちょっとしたことだけど、注意力が散漫になりやすいADHDの傾向が表れていると思う」

続いて、令子さんに〝身代わり〟で受けてもらった心理検査に入った。

Q　うっかりミスをする。

Ａ　はい。よくあります。
Ｑ　集中し続けることできない。
Ａ　それもあります。
Ｑ　話しかけられたときに聞いてないように見られる。
Ａ　そういうときもあります。半々ですね。
Ｑ　義務をやりとげられない。他のことをやったりして。
Ａ　あると思います。
Ｑ　段取りがよくない、整理できない
Ａ　あります。
Ｑ　なくしものをしてしまう。
Ａ　それはあります。私も一緒ですが、そこは似ています。

そのような形での質疑が続き、その結果、米国精神医学会の診断基準ＤＳＭ-５に準拠する基準で「ＡＤＨＤでも特に不注意優勢型の可能性が高い」との判定。その他の聞き取りを踏まえ、総合的な分析では「精神医学的には軽度知的障害を伴うＡＤＨＤと愛着障害が併存していると思われる」となった。

この段階で小出君がまとめた事件と障害との関連性は以下の通りだ。

【一】机をたたいて脅した刑事の高圧的な取り調べで「アラームが鳴った」とうそを言わされた場面は「恐怖」に屈しやすいＡＤＨＤの傾向が表れた可能性

【二】一定期間「鳴った」とうそを維持したのは、愛着障害が刑事への思慕へと転化した可能性

【三】自分が呼吸器の管を抜いた、といううその自白は、ADHDの「状況に迎合する」特性と、知的障害による「事態の重大性が認識できない」ことが複合した可能性

【四】その後、刑事に誘導されて供述が変遷したことは、ADHDによる迎合性、愛着障害（刑事への思慕）、知的障害（重大性が認識できない）が複合した可能性

病院への腹いせに無抵抗の患者を殺害した、という警察と検察が描き、裁判所が認定した凶悪な人格とはまったく別の人物像が、浮かび上がってきた。

後は、実際に獄中での鑑定が認められるかどうか。この日の結果は弁護団と協力して刑務所を説得し、許可を得る上で欠かせない重要なステップでもあった。

災いを転じて福となす

災いを転じて福となす、という言葉がある。不幸な出来事を一転して幸福の種に変える、あるいは不幸な出来事がおのずと幸福の種に転じることを言うが、獄中鑑定の実現はまさにそんな展開だった。

二〇一七年二月、獄中鑑定への準備を進めていた私たちは、西山さんが自殺未遂を図ったという突然の知らせに言葉を失った。しかし、その自殺未遂騒動が、取材班の獄中鑑定の実現にプラスに働こうとは、夢にも思っていなかった。なぜ、自殺未遂が獄中鑑定実現に向け「災い転じて福となす」だったと言えるのか。順を追って説明したい。

二月二六日、滋賀県彦根市の西山家で、元記者で精神科医の小出医師が、母令子さんに娘になり代わって

もらっての心理検査を実施した翌週の三月五日、私と小出医師、角記者の三人で井戸弁護士の事務所を訪ねることになった。

角記者が検査結果をメールで送った上で、電話をかけた。母親に娘に成なり代わってもらって心理検査をしたことに「そんなことができるんですか?」と驚いた様子だった。

「検査結果にも目を通しました。刑務所にまで出向いてやっていただけるというのは、大変ありがたい」

すでに前向きな返答を得ており、あとは具体的なことを詰めていくだけだった。

井戸弁護士の事務所に到着早々、自己紹介もそこそこに小出君が精神科医師としての見方を話した。

「西山さんには発達障害と軽度知的障害があるでしょう。彼女と同様の障害がある数百人の患者を診てきた経験で、ほぼ間違いないと言えます」

井戸弁護士は真剣な表情で彼の話に聞き入った。

小出君は、西山さんがうその供述を重ねた、いわゆる自白の信用性にかかわるところについて、発達障害の知見から説明した。

「嘘には利益を得るための嘘と、そうではない嘘がある。同じ嘘の言葉でくくられるものであっても、発達障害の子が相手に話を合わせて言う嘘は、根源的に異なるものとみるべきなんです。例えば、嘘の理由を言って学校をサボる、というケース。誰にも身に覚えがあるような話ですが、この場合の嘘には利益目的がある。彼女が事件の中で話している嘘は、そのような一般的な嘘とは違う。自分の利益のために嘘をついているのではなく、その場の状況や相手に迎合した結果、嘘をついてしまう。詐欺のように、自分の利益のために相手をだますというような、悪意のある嘘とは根本的に違うということなんです」

さらに精神医学の視点以外にも、この事件には医学的にみておかしな問題が散見されることを付け加えた。

「確定判決を読むと、西山さんは『人は三分で窒息死する』という前提で犯行に及んだことになっている。三分で窒息死するかどうかも疑問だが、何より、そのようなことを彼女が知っていることはありえない。両親に出した手紙の中に『自分でどうやって首絞めたら死ねるかなあ』と書いているぐらいなので。また、そもそも植物状態の人が『目を見開き、口をハグハグ』させながら死ぬことがあり得ない」

井戸弁護士はこの意見に深くうなずきながら言った。

「三分間の問題も、ハグハグの件も引き続き弁護団として主張していきます。虚偽供述の問題は供述心理学者の鑑定を提出してありますが、それとは異なる精神医学の視点からのアプローチは大変ありがたいと思っています。そこは弁護団は想定していなかった。専門医の立場からの意見をぜひ伺いたい。獄中で精神鑑定が実現すれば、鑑定結果を自白の信用性に関わる新証拠として提出したいと考えています」

小出君は、すでに最高裁で棄却された第一次再審弁護団が提出した脇中洋大谷大教授の供述心理鑑定書を読み込んでおり「あれだけ緻密に分析した鑑定書をなぜ、裁判所が見向きもしないのか、不思議で仕方がないんですよ」と話した。

その後、刑務所への申請をどのように進めるか、という話に移り、井戸弁護士が見通しを語った。

「弁護団から、再審の証拠資料として、臨床心理士による精神鑑定が必要、との意見書を刑務所へ提出しましょう。意見書は、医師から弁護団あてに一筆書いて頂き、その意見書をもとに弁護団が刑務所へ申請します。刑務所からはおおむね一週間から一〇日で返事がくると思います」

小出君は「正式な鑑定は、医師と臨床心理士が二人で行うことになります。直接検査を実施するのは、臨床心理士です。臨床心理士は、私の方で確保しようと思っています」と説明した。

とんとん拍子に話が進んでいた。

私は紙面化への考えを説明した。

「取材班としては、獄中での鑑定を非常に重要だと考えています。報道できるかどうかがそこにかかっている、というレベルで重要です。今の時点で、小出君の見解は、軽度知的障害、発達障害がある、とみていますが、少なくとも何らかの障害がある、という鑑定結果が出れば、報道上も冤罪の可能性を訴えることができると考えています」

その上で、発達障害の視点でのアプローチによって、司法が社会の変化に追いついていないがゆえに冤罪が生まれたのではないか、との問題意識を伝える報道の意義を説明した。

井戸弁護士は「裁判官による尋問、取調官による取り調べに際しても、発達障害を理解したスキルが必要だという非常に重要な問題提起にもなるでしょうね」とうなずいた。

私が「刑事裁判では、実務の現場で発達障害への配慮はなされているんでしょうか」と元裁判官でもある井戸弁護士に聞くと「そういう話を聞いたことがない」との返答だった。

私は報道が複数回に及ぶとの見通しと、これまで法廷で認定された事実と、西山さんの手紙に書かれている事実が一八〇度違い、手紙の内容の方が信用できることも付け加えた。

「裁判では、数週間程度の供述だけをもとに事実認定してるが、供述の変遷は激しく、警察が西山さんを犯人に仕立てようとした意図的なもので素人感覚でも信用するに値しない。なぜこんなものが法廷で認められたのか不思議で仕方がない。その一方で、一三年間彼女が書き続けている手紙の内容には矛盾がなく、これを真実と読まずして何が真実なのか、という内容。そこを比較しながら、捜査でつくられた虚構の真実を突き崩したい。法廷では裁判官を納得させる必要があるが、私たちは読者に『そういうことだったのか』と納得してもらえるレベルに達することが大切。そのために、医学的なアプローチがカギになる」

獄中鑑定に向けての手続きと、事件のとらえ方についての意見は、ほぼ出そろった。「獄中鑑定が実現する可能性はどの程度あると思いますか」。私の質問に井戸弁護士は「再審に必要だ、ということですんなり通ると思うんですけどねえ」と楽観的に見通しつつ、西山さんの様子についての不安を口にした。

「実は、懲罰中に再びトラブルを起こしたようで、当初の期間がいったん満了した後に、再度懲罰に入るようなんです。弁護人は懲罰中でも再審請求に必要な範囲で面会できるので会っているんですが、最近は幻覚・幻聴に悩まされている様子があって、お父さんとの一件以来、あまり思わしくない」

深刻な話だった。「落ち着いてくれないと、鑑定どころじゃなくなる心配もありますね」。ため息交じりに私が言うと、みんなが沈黙した。成り行きを見守りつつ、手続きを進めるしかなかった。

しかし、この時期、西山さんに不安定な状態が続いたことこそが、私たちの鑑定にとってプラスに働いたとは、その頃は知るよしもなかった。

実は、刑務所側も精神的に不安定な状態が続く西山さんの処遇について、不安を感じていたとみられる。万一、再び自殺未遂など起こされては、刑務所の管理責任が問われかねない。再審請求中の受刑者で、塀の外に弁護人をはじめ多くの支援者がいることを考えると、深刻な問題だった。

そんな折に弁護人から届いた精神鑑定の申請は、渡りに船でもあった。刑務所側は、刑務所入りした当初から問題行動を繰り返し、懲罰を重ねてきた西山さんに何らかの精神障害がある可能性があると感じていたふしがあり、自殺未遂騒動によって、受刑者の管理上も、精神状態を正しく知る必要がある、という状況に迫られていた。

再審無罪になった後、当時のことを西山さんが明かした。

「後になって、刑務官からそう聞かされました。刑務所の中でも、精神鑑定を受けさせた方が良いのではないか、という意見が多く出た、と。実際、反対の人もいたそうで『本当にやる必要があるのか』とも聞かれたんです」

私たちが獄中鑑定に動きだしたのと同じころ、刑務所内での西山さんの精神状態が悪化し、問題行動を重ねたことは、獄中鑑定の実現に向けてまたとない機会を与えてくれたとも言えた。まさに、災い転じて福となす、だったのである。

許可された獄中鑑定

刑務所での精神鑑定ができるのか、正直なところ半信半疑だった。実現できれば一気に報道へと加速する。できなければ、報道する上での重要な手立てを失う。

三月五日に弁護団長の井戸弁護士の事務所で行われた打ち合わせでは、刑務所に申請する手順について井戸弁護士から提案があった。まずは、小出医師から弁護団宛に「再審のために精神鑑定が必要」との意見書を提出し、その意見書を同封して弁護団が申請するという手順だ。すぐにその作成に取り掛かった。

八月二四日の出所まで半年を切っていた。獄中で鑑定し、出所前に記事化するには時間の余裕はあまりない。「すぐに書こう」。井戸弁護士の事務所を出た後、そう言って、小出君、角記者とJR南彦根駅近くのショッピングモールに移動し、パソコンで作業ができそうな喫茶コーナーに入った。遅めのランチのサンドイッチを食べながらすぐに取り掛かった。記者二人と元記者の三人で「こんな感じかなあ」「あれも付け加えておこうか」「そこは専門用語で書くならこう」などと言い合いながらワードで作成し、井戸弁護士にメールで送信。すぐにに修正が入った形で返信されてきた。さらに一往復ぐらいして、翌日できた意見書は以下の内容だった。

平成二九年三月六日
湖東記念病院事件弁護団長
井戸謙一　弁護士　様

精神科医　小出将則
一宮むすび心療内科院長（精神保健指定医[redacted]号）

意見書

殺人罪で和歌山刑務所に服役中の西山美香受刑者（三七歳＝当時）の再審請求事件について、意見を述べます。

私は、西山受刑者についての裁判資料、手紙等を検討し、両親の聞き取りを実施しました。その結果、彼女の発達、知能について障害が疑われる明らかな所見があるとの結論に至りました。この事実は、再審請求事件において非常に重大な新証拠となりうるため、正式な検査を速やかに実施すべきです。疑われる障害は、知能障害、発達障害（注意欠如症＝ＡＤＨＤ、自閉スペクトラム症＝ＡＳＤ）、反応性愛着障害です。

私は今年二月二六日、滋賀県彦根市の西山家において、受刑者の両親と面談し、成長過程のさまざまなことを聞き取り、また、母親を被験者とした発達検査を実施、さらに、小中学校時の通知表、作文類、また、本人が両親に当てた一三年間に及ぶ手紙を分析し、ほぼ確定的に上記の障害を類推しています。より検査の正確性を期すため、刑務所での検査に当たっては、以下の条件が必要です。

①通常のアクリル板越しの面談ではない、個室での検査場所の確保
②臨床心理士と精神科医の立ち会いの許可
③刑務官の退席（許されない場合は西山受刑者の視野に入らないような措置）
④三時間程度の時間の確保（間に昼食一時間程度を挟む）

以下は検査の種類です。
〈知能検査〉ＷＡＩＳ‐Ⅲ〈発達検査〉ＰＦテスト、ＳＣＴ、ＡＳＲＳ、ＡＱＪ〈性格検査〉ＴＥＧ

以上

事務所での面会から九日後の二〇一七年三月一四日、井戸弁護士から私と小出君に「刑務所側が許可することになった」とのメールが入った。

刑務所側の条件は、以下のような内容だった。

【1】鑑定のため医師、臨床心理士、弁護人の立ち会いを認める
【2】面会時間については配慮する
【3】場所は通常の面会室で刑務官の立ち合いのもと、アクリル板越しでの実施とする

メールを見た瞬間、思わず独り言で「本当ですか！」と声が出た。獄中鑑定が実現できるかどうか、半信半疑だっただけに、喜び以上に驚きが大きかった。

うまくいったのは「再審の証拠として必要」とする弁護団の要請という形をとったことだ。しゃくし定規な刑務所にしては、即決に近いスピーディな返答が、その前向きな対応を物語っていた。

許可は出たが精神鑑定の方法をめぐり、手順の詳細についての詰めの協議は続いた。刑務所というのは、規則にがんじがらめになっているところで、精神鑑定を認めたからといって、ご自由にどうぞ、というわけにはいかない。

検査には規定の用紙があり、被験者の西山さんに書き込んでもらう必要がある。

しかし、仮に小出君が当日その用紙を持参した場合、たった一枚の用紙でもアクリル板越しに手渡しすることは禁じられる。用紙一枚といえども、小出君から西山さんに渡すためには「差し入れ」の手続き、戻してもらうためには「宅下げ」（差し入れてもらった物品を自宅に戻すという意味）の手続きが必要になる。

刑務所側と折衝した井戸弁護士によると、いずれにも手続きのために三〇分から一時間近い所要時間を要する、という。それでは検査にならない。そのため、検査用紙は事前に井戸弁護士から刑務所に郵送し、検査後、その場では渡さず、後日、西山さんから郵送してもらう、という何とも面倒な方法をとることになっ

た。

完全な形ではなくても、獄中鑑定ができる、というだけで大きな前進であり、細かなところで争っても時間がもったいない。譲歩できる限りは譲歩して、後は正式な日程が決まるのを待つしかなかった。日程が確定した、との連絡が来たのは三月二二日だった。

小出君と井戸弁護士、刑務所の三者の都合が合う四月二〇日に確定し、面会時間は、昼食をはさんで三時間（一〇時半〜一二時、一三時〜一四時半）。一般の面会時間が三〇分に限定されていることを考慮すると、異例の配慮がうかがえる。知能検査の「ＷＡＩＳ-Ⅲ」は、ブロックが使えないため、一部を省略する簡易法になった。

刑務所側の対応に、小出君もおおむね納得した様子だった。

「医者が所見を出す上では、何より患者と直接会う必要があるが、その上で、最低限必要な検査の時間が取れたことは大きい。三時間なら、まあ十分だと言える」

小出君は、井戸弁護士を通じて検査用紙を和歌山刑務所に送るとともに、獄中の西山さんへ一筆したためた。

「前略　西山美香様　愛知県一宮市で心療内科医をしている小出です。井戸先生から聞かれていると思います。四月二十日、和歌山にお邪魔し、臨床心理士の○○さんと一緒に、お話をうかがいます。いくつか「心理検査」をしますが、あなたの無実を示すための検査です。でも緊張せず、いつも通りの気持ちでのぞんでもらえればよいです。井戸先生から送られた検査用紙は、当日まで開けずにあなたが保管していて下さい。面会室でやり方を説明するので心配はいりません。それでは木曜日、お会いできるのを楽しみにしています。体に気をつけてお過ごし下さい。応援しています。草々　三月末日　小出将則拝」

西山さんは、この手紙を受け取り「優しい文面で、お会いできるのを心待ちにしていました」と振り返る。

実現するかどうか、半信半疑だった獄中鑑定は思いのほか順調だった。アクリル板越し、という条件下ではあったが、ほぼ満額に近い回答だった。

そんな折、裁判で新たな動きがあった。

私たち取材班と弁護団が獄中鑑定に向けて和歌山刑務所と折衝している最中の三月一四日、井戸弁護士に裁判所から呼び出しがあったのだ。第二次再審弁護団は一審で棄却された後、一年五カ月もの間なしのつぶて状態に置かれていたが、まるで私たちの動きとタイミングを合わせるかのように、裁判が動きだしたのだ。

二四人の裁判官が見逃した自然死の可能性

その日、井戸弁護士が大阪高裁刑事部に呼び出された。高裁が弁護団と検察に提示したのは、死因の問題だった。死因について、判決では司法解剖鑑定書の判断を採用。鑑定書は「発見時に人工呼吸器のチューブが外れていた」ことを前提に死因を「酸素供給途絶」、つまり、窒息死としていた。

弁護団は、西山さんが「チューブを外した」と述べた調書は警察のでっち上げだと主張していたが、死因については痰《たん》詰まりや、呼吸器のチューブが何らかの原因で外れた可能性もあると考え、窒息死の可能性を否定してはいなかった。同時に自然死の可能性も主張していたが、死因を裁判の争点にすることには積極的ではなかった。呼吸器の不具合、自然死、そのどちらの可能性もあるとしておいた方が弁護方針を立てやすいからだ。

弁護団が主要な争点にしていない問題が裁判所の主導で一気に再審請求審の焦点に浮上するということは、極めて異例の展開だった。

高裁はなぜ、死因に着目したのか。

弁護団の説明によると、司法解剖鑑定書には、患者の血液データの中でカリウムの値が「1・5ミリmol／ℓ」という異常に低い値を示したことが記されていた。カリウムの値が「1・5」まで低下すると、人の心臓は正常に働かなくなり、不整脈を起こしてほぼ確実に死に至る。つまり、死亡直後のカリウムの値が「1・5」だった、ということは、窒息死ではなく、病状の悪化から不整脈を起こして死亡したことを意味する。植物状態の末期患者なら、けっして珍しくはない臨終といえる。

高裁がこのカリウムの異常値から不整脈の可能性に着目したことは、鑑定医が患者の死亡を自然死と判断すべきところを、誤って事件死にしてしまった可能性に踏み込むという点で、衝撃的なことだった。

とはいえ、この動きが再審開始への一歩につながるとまでは、まだ言い切れなかった。裁判所は、弁護団には不整脈で死亡した可能性を証明するように促すと同時に、窒息死と主張している検察に対しては不整脈で死亡した可能性を否定するように促した。検察側に軍配が上がれば、再審の望みが断たれ、弁護側が窮地に陥る可能性もある。弁護団には「裁判所は自然死の可能性を否定し、再審の芽を摘む考えではないか」という警戒感も広がっていた。

井戸弁護士は、裁判所での協議の内容を一枚の紙にまとめ、西山さんの両親に説明した。「裁判所との面談のご報告」と題したその紙を、角記者が両親から受け取った。そこには、裁判所に呼び出された後、何があったのかが詳細にまとめられていた。

裁判所との面談のご報告

一【事前の連絡内容】　事前の連絡では、裁判官が証拠について緊急に聞きたいことがあるので、主任弁護人だけでいいので来てほしいとのことでした。したがって、主任（裁判官）の杉田判事と私が面談するのだろうと思っていました。

二【実際の面談の持ち方（事実上の三者協議）】　現実には、裁判所は、合議体（すなわち、裁判官三人）が出てきて、検察官も呼ばれていて、事実上の三者協議でした。私が、それなら、他の弁護人にも来てもらうのだったと抗議したところ、後藤真理子裁判長は「今日は、裁判所の意向をお伝えするだけなので」と弁解していました。

三【裁判所の話の内容】

(一) 提出されている証拠から、T氏が致死性の不整脈によって死亡した可能性について問題意識を持っているので、この点について、補充的に主張・立証をする意思があるかを尋ねたい。するか否かを三月中に回答してほしい。する場合は、その後一カ月（すなわち四月末まで）でしてほしい。

(二) 抗告審の審理が遅れたことを申し訳なく思っている。今後は、迅速に進めたい。

(三) 証拠開示を検察官に命令・勧告することは考えていない。

(四) 弁護人からは、新たな主張・立証を準備しているとの話があるが、争点が拡がると審理が遅れる。裁判所の問題意識は、「致死性不整脈」の問題に限られている。

(五) 今後三者協議の場を持つか否かについては、補充主張の内容次第では持つ必要があるかもしれないが、その必要がなければ考えていない。

四【裁判所の雰囲気】　協議は、後藤裁判長が仕切っていました。主任裁判官に任せていたのでは審理が進まないので、裁判長が前面に出てきた感じです。それなりに記録を読み込んでいることが窺《うかが》えました。

五【全体の印象】　裁判所が、（チューブが抜かれたことによる）酸素供給途絶以外の死亡の可能性に関心を示していることは、希望を持たせるものだと思います。弁護団としては、四月末までに主張・立証の補充をしますが、その後、裁判所が三者協議を持つ必要がないと判断すれば、早ければ、六月〜七月に決定が出る可能性が出てきました。　以上

ところで、司法解剖とは事件死の可能性がある場合、指定された鑑定医によって行われる解剖のこと。その内容の詳細、死因など所見が示された司法解剖鑑定書は、重要な証拠の一つになる。通常、警察は報道機関に見せず、この段階でも取材班は鑑定書を入手できていなかった。

法廷で新たな動きが生じたことで、急きょ鑑定書を入手し、内容をつぶさに調べてみると、そこには驚くべきことが書かれていた。

鑑定医の滋賀医大の法医学教室の教授（当時）が作成した鑑定書には、高裁が指摘した通り「カリウム値1・5ミリmol／ℓ」のデータが明記され、そこにははっきり「不整脈を生じうる」と注釈が書き込まれていた。現物のコピーだが、かっこ書きされたこの一言は、強烈に目に焼き付いた。つまり、鑑定書には間違いなく〝自然死した可能性〟が明記されていた。鑑定医はデータを見た瞬間「異常な数値」と気づき、医師として本能的にその数値が持つ意味を打ち込んだのだろう。だが、その一方で「チューブが外れていた」という捜査

官に耳打ちされた誤った情報に引きずられ、窒息死の結論ありきで不整脈の可能性をスルーしてしまった。鑑定書のどこにも検証した形跡がなかった。

それだけではない。驚いたのは、窒息死の原因について「人工呼吸器停止、管の外れ等に基づく酸素供給欠乏が一義的原因」とはっきり書いてあったことだ。「管の外れ…が原因」。つまり、司法解剖はしたが、死因の特定は「死亡発見時に管が外れていた」という情報だけが根拠になっていた。

判決文と鑑定書は、死因に直結する最も重要な事実について、まったく逆の指摘をしていたのだ。許されない矛盾だった。鑑定書は有罪立証の柱になっており確定審の判決は、破綻している。鑑定書と判決が極めて重要な事実で食い違い、それが一三年にもわたり、七回もの裁判で見逃され続けてきた。そんなことが現代の日本の裁判で起きていることが信じられなかった。

すぐに一審（二〇〇四年）の法廷での鑑定医の証言を調べた。驚くべきことに、鑑定医は法廷でも「外れていた」と明言していた。

弁護人　解剖時に「人工呼吸器（の管）が外れていた」と聞いてましたね。
鑑定医　新聞に載っていましたから。警察官からも説明は多分あった。
弁護人　他の原因は全く考えられない？
鑑定医　外れていたのを（看護師が）発見したということでしたら、（窒息死の原因は）その可能性が非常に大きいというふうに私の方は判断しました。

鑑定医が看護師の嘘を信じて死因を窒息死にしたことは、もはや疑う余地がなかった。

死亡を発見した看護師の供述は死亡直後「外れていた」となっていたが、西山さんの逮捕から一〇日後には「実際のところは外れているかどうか目で確認していません」に変わっていた。西山さんの犯行にするため、警察が「アラームを聞いていない」という関係者の供述とのつじつま合わせをしたということだろう。鑑定書との矛盾を放置したまま、都合がいいところだけ、つまみ食いをした、というあまりにも稚拙な捜査の進め方だった。

それにしても、検察官にしろ、裁判官にしろ、鑑定書をちゃんと読めば、窒息死の原因として明記された「管の外れ」が大問題であることは、一目瞭然のはず。一審から計七回の裁判で裁判官席に座った二四人もの裁判官が、ただ漫然と見逃し続けるとは…。

裁判官たちは、取調官の刑事が作文した「殺した」の供述調書だけを信じ、西山さんがいくら無実を訴えても、まともに証拠を読もうとすらしなかった。そうとしか思えない。検察の主張に従ってさえいればいいという日本の刑事裁判のあしき風習と、自白偏重主義にあぐらをかく多くの裁判官たちの嘆かわしい実態を目の当たりにする思いだった。

弁護人も気づかなかった障害

獄中鑑定の当日、名古屋から新幹線で向かった元記者の精神科医、小出医師と臨床心理士の女性、そして私は、JR大阪駅のホームで井戸弁護士と合流した。大津から来ていた角記者とも落ち合い、和歌山に向かう特急列車くろしおに五人で乗り込んだ。

果たして、鑑定でどんな結果が出るのか。小出君はその緻密な事前リサーチから「軽度知的障害と発達障害は間違いない」と話していた。だとすれば、それは私たちの報道、弁護団の法廷戦術に新たな展開を生むだけでなく、西山さんのこれからの人生に大きく影響する。障害が判明すれば、その障害と向き合って生きることが、新たな人生の課題になるだろう。無実の罪を晴らす上では大きなプラスになっても、障害という事実を突きつけられた場合の心理的な負担が待ち受ける。二四歳で逮捕された西山さんはすでに三七歳。まだ会ったこともない彼女の胸中に思いを巡らせても、簡単に答えは出なかった。

特急列車では即席の会議ができるよう、四人掛けにできるシートを予約しておいた。

「今月中に裁判所に提出する予定の上申書です。A刑事が特別な存在になっていった経緯がよく分かります」

井戸弁護士が一枚の便箋をかばんから取り出した。手書きされていたのは、見覚えのある西山さんの字。最初の取り調べでA刑事に「アラームが鳴ったはずや」と脅された場面と、その後、言いなりになった理由が書いてあった。

「上申書　大阪高等裁判所刑事第二部御中　…（略）…写真をならべておいて、机に顔を近づけるような形に頭を押しつけてきました。こわくてたまらなかったけど…（略）…しかし、事件のことは横において私のプライバシーのことを聞いてきました。私は幼い頃から兄が優秀で比べられ自分自身にトラウマがありました。他の人は兄と比べて、私はだめ人間みたいに言ってきたのに、A刑事は『西山さんはむしろかしこい子だ､普通と同じでかわった子ではない』。心を許していこうと思ったじんぶつでしたので何でもA刑事の言うことを聞いていました。言われるままに『Tさんをどのように殺したか』と自白してしまいました。しかし、嘘をついてしまっているので、私は自白していますがつじつまがあっていません。私が自白しているのですが、A刑事が考えて言わされているのだから、あまり覚えていません。……（以下略）」

井戸弁護士は、約一カ月後に三者協議が行われることになったと明かし「その一回で終われば結論は七月に出る可能性がある」と見通しを示した。

「彼女は友達をつくるにはお金や物をあげるしかないと思っていて、子どものころは家のお金を持ち出してまで友だちをつくろうとしたそうです。だが、A刑事とは、そういった利害関係がないのに、どんどん親しくなった。初めて人間関係で信頼が生まれた相手だった、と話していました」

直近の面会で聞き取ったことを井戸弁護士が付け加えると、小出君は「前にもお話ししましたが」と前置きして話し始めた。

「彼女の嘘は人を陥れる嘘ではない。そこを裁判官たちは何も分かっていない。嘘をついているから信用できない、と頭っから犯人視しているから、こんなおかしな判決が繰り返される。人を裁く立場にありながら専門的な知識が不十分という認識がない。これは恐ろしいことです」

スタートの午前一〇時半よりかなり余裕を持って和歌山刑務所に着いた。正門を進み、面会室のある建物の入り口を入ってすぐの待合室に入った。井戸弁護士、小出医師、臨床心理士の三人が金属探知機を通って、面会室に通じる扉の向こうに消えてった。私と角記者は午前中の面会時間が終わるまで、外で待つことになった。

面会室では、小出君と臨床心理士の女性が西山さんと初めて対面した。

面会室。井戸弁護士が西山さんに「懲罰は大丈夫でしたか?」と問いかけると「大変でした」と苦笑した。

直前の自殺騒動からは立ち直っているようだった。

「先生、致死性不整脈の話はどうなっていますか？」

大阪高裁での再審請求審の話を自分から持ち出した。三月一四日に裁判所側からの呼び掛けで三者協議が開かれ審理が動きだしたことを前回の井戸弁護士との面会で知らされていた。事件に関係する新聞記事を切り抜いたファイルも面会室に持ち込み、審理の進展を井戸弁護士に熱心に聞いた。

雑談の後、いよいよ精神鑑定が始まった。午前中は心理検査。西山さんは握りしめるように鉛筆を持ち、真剣に取り組んだ。質問を直接行うのは臨床心理士の女性で、小出君は鑑定の進行をチェックしながら、西山さんの言動を医師の目で慎重に観察した。

午前中の検査が終わると、昼食のために面会室から出てきた小出君らと合流。近くのうどん店に入った。小出君はすぐに手帳にペンを走らせながら検査データを計算し、ＩＱの数値をはじき出した。「予想どおりだよ」。そう言って示された数値は、軽度知的障害に該当していた。井戸弁護士もその結果に「意外ですね。高い方だとは思っていなかったですが、障害の範囲に入るとは思いも寄らなかった」と驚いていた。

昼食後、午後の検査に入り、午後三時ごろ、すべての検査が終わった。

面会室の外では私と角記者が、今や遅しと待っていた。出てきた小出君の顔を見るなり、問い掛けた。

「どうだった？」

小出君の答えは「思ったとおり」だった。午前中に判明した軽度知的障害に加えてＡＤＨＤ（注意欠如多動症）の発達障害が明確になった。

井戸弁護士はいつもの冷静な雰囲気とは違い、少し気が高ぶり顔が上気しているように見えた。弁護人を引き受けてから五年、何度も面会室で接してきた井戸弁護士でも障害に気づくことはできなかった。結果について、あらためて「正直、驚きました」と話した。鑑定中、細かな質問と答えを間近で見聞きし、常識問題の質問でつまずいたり、答えに詰まったり、という思ってもみない場面に「あっと思った」という。

西山さんは収監されて以来、両親に何百冊に上る本の差し入れを頼む読書家で「冤罪」という漢字も手紙には正確に書く。自分の裁判に関する難しい法律用語もどんどん覚える努力家の一面もあり、記憶力もいい。そんな様子に接してきただけに井戸弁護士が「意外だった」と受け止めるのも無理からぬことだった。

掃除や配食などが職務で資格も必要がない看護助手として医療現場で働いていた西山さんは、多くの医師や看護師と接してきた。だが、医療者でさえ誰も障害に気づかなかった。多くの弁護人とも接してきたが、その性格分析は「迎合しやすい」ということにとどまっていた。

このことは、専門知識と診断経験がない人が、日常生活に大きな支障がない軽度知的障害や発達障害に気づくことは、極めて難しいということを意味している。それは私たちが障害のことをよく理解していない、ということに他ならない。多くの人が障害を「自分にはあまり関係のない問題」という先入観を持ってしまっているのが、世の中の現状だと言えるだろう。

西山さんのように、障害が軽度で見た目にはわかりにくい「グレーゾーン」のケースは、生きづらさを感じながらも日常生活や仕事で大きな支障はない。だが、ひとたび取り調べという〝非日常〟の空間に置かれ、なおかつ犯人視されるという異常な状況の中では、ひとたまりもない。

検査を終えた小出君はこう言った。

「彼女の場合、何も武器を持たずに戦場で敵と戦わされるのと同じだっただろうね」

供述弱者——司法の闇に埋もれる犠牲者たち

供述弱者——。ごく一部の専門家が主に少年や外国人を想定して使っていた言葉は、この事件の再審をめぐる報道をきっかけに、司法の闇の中の〝知られざる〟犠牲者を象徴する言葉として広がっていく。浮かび上がったのは、軽度知的障害や発達障害などがある人たち。一見しただけではハンディがあるようには見えず、本人や家族も気づいていないケースが多い。西山さんの事件は、供述弱者が冤罪に巻き込まれた典型的なケースとして、その後、注目されていくことになった。

知能、発達、愛着障害に関連する全ての検査が終わった時点で、許可された午後三時までに二〇分ほどの時間が残っていた。面会室で小出君は初めて事件のことを直接西山さんに聞いた。その質問には隠されたある目的があった。

小出医師「事件当日のことを覚えていますか？」

西山さん「はい。看護師のSさんと巡回でおむつ交換していたら（死亡した）TさんのところでSさんが『あっ』と言った。私はその時は病室の奥のベッドの○○さんのところにいた。いつも私は奥のベッドから回るので。Sさんは『呼吸器のじゃばら（チューブ）が外れていた』と言った。Sさんは当直で仮眠中だったもう一人の看護師のKさんに指示して、痰《たん》の吸引を始めた。私は『えっ』と思った。なんで心臓マッサージをしないのかなって。そういうときは、いつもはまず、心臓マッサージをするから。それでも黙って見ていた」

小出医師「はっきり覚えているね。動転して記憶が飛んでることはない？」
西山さん「はい。覚えてます」
小出医師「この事件の場面に限らず、記憶が飛ぶという経験をしたことは？」
西山さん「ないです」

実は、会話の中で彼は西山さんに「解離性障害」がある可能性を調べていた。解離性障害とは、記憶がすっぽり抜け落ちたり、自分の行動に現実感や実感がない状態に陥ったり、自分が自分でないような感覚になったりする症状。中でも解離性同一性障害は、いわゆる多重人格で、自分の中にいくつもの人格が現れ、ある人格が表れているときには別の人格のときの記憶がない、という症状が現れる。

もちろん、私たちはすでに「西山さんは無実だ」という確信を持っていた。だが、同時に西山さんが殺人を実行したとの想定で、すべての可能性を考え、その芽を摘んでおくことも必要だった。想定し得る可能性として残ったのは「本人がやったことを全く記憶していない」という解離性障害だった。

「面談できれば解離の可能性は確認できる」

精神鑑定が許可された時点で、小出君はそう言った。私はその確認を彼に託した。

鑑定を終えて面会室から出てきた小出君にＩＱと発達障害の鑑定結果を聞いた後、せき込むように「解離はどうだった？」と聞いた。彼は「大丈夫。解離はない」と答え、こう続けた。

「彼女には時間軸に沿った明確な記憶があった。記憶の脱落や整合性のとれない説明もない。事件以外の場面でもそのような兆候はなかった。両親の聞き取りも合わせ、間違いない」

安心する一方で、つくづく、冤罪の立証ほど理不尽なことはない、と思わざるを得なかった。本来、立証を尽くさなければならないのは、有罪と決め付けた側のはずである。ところが、警察と検察の捜査では事実誤認や致命的な矛盾がさらけ出されているにもかかわらず、平然と有罪の主張を繰り返し、裁判所も安易に認め続けてきた。逆に、無罪を証明する側が直面するのは、ないことを証明することほど難しいことはない、という現実だ。巨額の公費で行った捜査と裁判の不始末の事後処理を強いられているようで、理不尽なことこの上ない。

解離性障害の可能性を確認するやりとりの後も、面会室では小出君と西山さんの会話が続いた。取材班は三五〇通余の手紙と裁判資料、家族や恩師らを通じての取材でしか西山さんのことを知らない。小出君から伝え聞く彼女の言葉には、知られざる彼女の等身大の姿が見えてくる貴重な内容があった。

小出医師「友だちは多くないよね」

西山さん「はい。どうしたら友だちができるのか分からず、お金を渡したら友だちになってくれるかなと思って渡したこともありました。あと、小さいころ、近所のおばちゃんが『兄ちゃん二人は良くできたけど、この子はちょっとなあ。ＤＮＡの型を調べてみた方がええんと違うか』とお母さんに言ったことがあった。お母さんが反論しなかったから、すごく傷ついた」

ＤＮＡの件は初めて聞く話だった。後に母令子さんに聞いたが「全く覚えていない」と驚いていた。おそらく〝たわ言〟として相手にせず、記憶にもとどまらなかったのだろう。近所のおばちゃんの〝たわ言〟は幼い西山さんの心に深い傷を残し、その後も長く尾を引く罪深い一言になった。

さらに会話は続いた。

小出医師「ものごとにこだわる方かな?」
西山さん「はい。何か一つ決めたらやり遂げないといやです」
小出医師「今のこだわりは?」
西山さん「井戸先生です。一生懸命やってくれるので信用できます」

こだわりを聞かれて知人の名を出すところは、人間関係を重視する西山さんの特徴と言えるだろう。井戸弁護士と比較する形で「一審の時は弁護士と信頼関係がなかった。弁護士に『否認していたら印象悪い。罪を認めれば九年ぐらいになる』と言われた。控訴のときも『忙しいからなかなか来れない』と言われ、一生懸命やってくれなかった」と打ち明けた。

井戸弁護士は「それが事実なら美香さんのお父さんが一審弁護団を許せないという理由は分からなくもない。無実を確信できなかったのだろうか」と当時の状況を推し量った。

人間関係では信頼できるかどうかを最も重視する西山さんは、事件の渦中、信頼の対象は取調官の刑事だった。それがあだになった。

小出医師「A刑事に対する当時の気持ちは?」

西山さん「好意というより、よき理解者。初めて友達ができたときの感情。この人を信用した方がいいと思った」

その後の会話では、責任感の強さとあわせ「正義感が強い」という意外な素顔が浮き彫りになった。

小出君に事件直後のことを聞かれた西山さんは「最初に私を取り調べた刑事さんには『患者さんが亡くなったことには責任を感じています』と話しました」と言った。手紙にも患者の死亡について「巡回中に（異変に）気づかなかった自分に責任がある」とたびたび書いていた。

過剰とも言える自責の強さは、虚偽自白の直前のうつ状態の中で「自分のせいにすればいい」という誤った判断を導いた。一方で、それは人に頼まれたことや自分の仕事には責任を持つという西山さんの良い面とも言える。小出君はこう分析した。

「検査でわかったＡＤＨＤ（注意欠如多動症）の特性としては、集中力が持続しなかったり、感情にムラがあったり、急に予定変更をするとパニックになる、などがあるが、彼女の場合はＡＳＤ（自閉スペクトラム症）の傾向も実は出ているんだよ。その特徴として、人によっては正義感が強く出るケースがある」

不正義は許せない、という特徴は、後に国賠訴訟を決断する西山さんの重要な動機にもなった。それとともに、もう一つの彼女らしい性格を私たちは後に知ることになる。それは、小学校の通知表に担任教師たちが書いた「（他人に）優しい」という一面だった。自責の感情が強い傾向のある西山さんは、自分の苦しみよりも自分の周りの人が苦しんでいる状況に耐えられない。

出所後、苦しみながらも再審への道をあきらめなかった彼女が、繰り返し私たちに訴えたことがある。それは、両親への思いだった。

「再審を続けることは本当に苦しい。だから、何度もやめたいと思う。自分のことだけだったらやめられる。でも、冤罪のせいで一番苦しんでいるのが両親なんです。だから、両親のためを思うと、やめられないんです」

苦しむ人のために間違っていることをただしたい。そんな彼女の行動原理は、二〇二〇年三月の再審で晴れて無罪になった後も変わらない。出所後から、冤罪被害を訴えながら再審が果たされない人たちのために街頭で署名活動をしたり、講演に応じたり、という救援活動を続けているのも「助けたい」という思いがその背景にある。

西山さんの軽度知的障害と発達障害、愛着障害は、事件で刑事たちにその〝弱み〟に付け込まれ、彼女は冤罪という苦しみを強いられた。だが、その特性は必ずしも負の側面ばかりではない。彼女の生来の性格は、冤罪被害者を支援するという役割を受け入れた後、逆に〝光〟となって不遇な境遇の人たちを照らそうとしていくことになる。

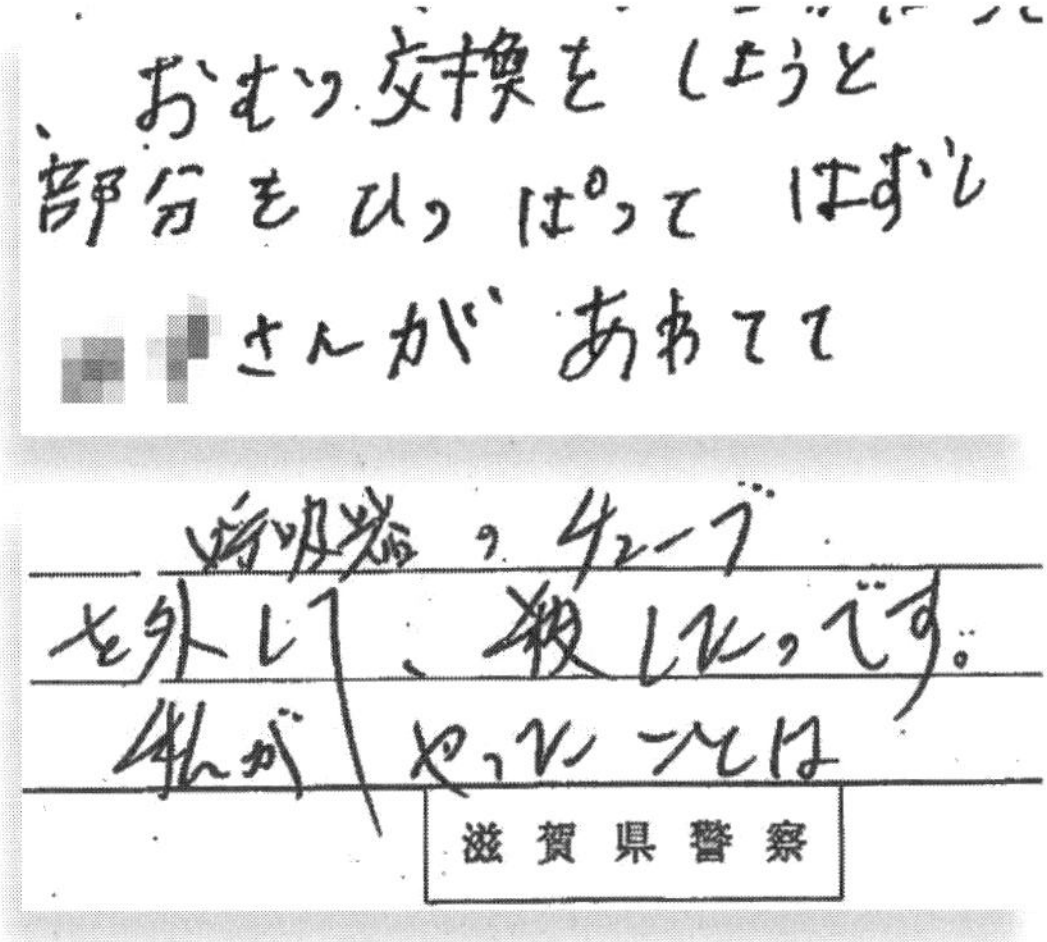

、おむつ交換をしようと
部分をひっぱってはずし
[redacted]さんがあわてて

呼吸器のチューブ
を外して、殺したんです。
私がやったことは
滋賀県警察

（上）自供書には「（チューブを）はずし」とあるが「殺した」はない＝一部画像処理
（下）直筆文にない「殺した」の文字が、刑事が書いた供述調書に出現する

Ⅳ　冤罪をほどく

「ゲラを見せてほしい」

精神鑑定で判明した軽度知的、発達（ADHD＝注意欠如多動症）、愛着障害の判定は、冤罪を解く報道のためには不可欠なピース。それを手に入れ、いよいよ西山さんの冤罪を訴える報道をスタートする最終段階に入った。

掲載を決断した段階で、やるべきことがあった。掲載前に当たらなければならない相手がある。真っ先に、西山さんの父輝男さんと母令子さんに伝えなければならないのは当然だ。精神鑑定の結果を記事にすることについては了解を得ていたが、記事がいつどんな形で出るか、手紙についてはどんな部分を抜粋するのかを説明しておく必要があった。掲載が目前に迫り、角記者が滋賀県彦根市の西山家を訪ねた。

「記事は次の日曜日に掲載されます。手紙の中から『殺していない』『再審をしてほしい』『当時は刑事との関係で気に入られようと必死だった』などの訴えを引用させてもらい、美香さんの思いを世間の人に知ってほしいと思っています」

角記者の説明に、父輝男さんは「ほんまのこと書いてもらわなあかんでなあ」とうなずいた。母令子さんは「よろしくお願いします」と任せてくれた。

西山さん本人の意向については令子さんが代弁した。

「面会で中日新聞が取材していることや、手紙を読んでいることなどは話しています。特別な反応はないですが、嫌だとか、悪い印象をもっているようなことは口にしていない。大丈夫だと思います」

他に報道することを事前に伝えておく必要があるのは、死亡した男性患者Tさん（当時七二）の遺族だった。

遺族は角記者があたることになった。たとえ取材に応じてもらえなくても誠意を持って対応する必要がある。どう受け止めるかも聞いておきたかった。

角記者が直接自宅を訪ねると、女性が出てきて応対した。

「中日新聞の角と申します。突然すみません。被害者の方のご自宅はこちらで間違いないですか？」

遺族だと確認した後、事件の再取材をしており、冤罪の可能性が高いと近く報道することを手短に伝えた。

「冤罪の可能性がある、という記事が突然載ると驚かれると思いますし、きちんとご遺族の方にも説明したいと思いまして」

角記者の説明に対して女性は丁寧に謝意を示す一方、取材を受けるかどうかを家族と相談した上で連絡するという趣旨のことを話した。

翌日、女性から角記者の携帯に電話があった。取材には応じない、ということだった。

角記者は「西山さんの再審の訴えに耳を傾けてもいいんじゃないか、との記事を書くことになります。その趣旨にご理解いただきたいと思っています」と伝えた。

その気持ちは伝わったようだが、角記者は、女性の口ぶりからすでに一三年も前の事件にどう対応してよいのか戸惑っているようにも感じられた。女性は、代理人の弁護士の名前を出し、必要があればそちらに連絡してほしい旨を伝え、電話を切った。

取材に一切応じない、という対応も無理からぬことだった。自分の父親が病院で殺害された、という衝撃的な出来事に翻弄《ほんろう》され、一〇年以上たって、今度はその犯人とされた人が実は冤罪だった、事件ですらなかった、と言われても答えようがないだろう。

事件でもない患者の死亡を警察が事件化したことで平穏な日常を奪われ、塗炭の苦しみを味わうはめになり、その後の人生を翻弄され、狂わされたのは西山さんと家族だけでなく、遺族も同じだった。

滋賀県警キャップの井本記者は事件当時に西山さんの取調官だったA刑事との接触を試みた。直当たりという手もあるが、私と打ち合わせた上で、正面から取材を申し入れることにした。長期的な報道を覚悟していたので、腰を据えて進めた方が良い、との判断だった。直当たりは不発に終わればそれっきりになってしまう。やろうと思えばいつでもできる手法だった。

掲載が数日後に迫った段階で、井本記者はA刑事がその時点で所属していた県警機動捜査隊に出向き、上司に報道の趣旨を説明。その上で「当時の取調官だったAさんと直接話をさせてもらいたい」と申し入れた。上司は「こちらで勝手な判断はできかねるので、広報官、捜査一課と話をしてから考えさせてもらいたい」と話し、結局、広報官が対応することになった。

前県警キャップの角記者と井本キャップの二人が広報官のところに行った。二人が広報官に伝えたのは、以下の要点だった。

・湖東記念病院事件について、独自取材で判明した新事実などから、再審への道は開かれてしかるべきだという方向で近く報道する。
・新事実は西山受刑者の特殊な事情で、当時の捜査本部が把握していなかったと思われるが、その詳細はAさんが取材に応じるなら直接伝えたい。
・Aさんが当時、別の事件で男性を誤認逮捕し、懲戒処分を受けた件についても触れる可能性があり、その件も直接話を聞きたい。

これに対し、広報官は「記事が出れば苦情電話も予想される。対応を準備するためゲラ（試し刷り）を見せてほしい」と要求してきた。もちろん、見せることはできない。断ると、それ以上しつこく言ってくることはなかった。

広報官は「取り急ぎ組織で対応を検討するので待ってほしい」と答えた。

待つこと三〇分ほど。広報官から井本記者に連絡があり、再び出向くとこう話した。

「記事を止めることは当然できないが、Aの過去の処分などにまで触れられるのは違和感がある。現役の警察官としてコメントできることはないので、Aへの取材の場を設けるのは難しい。報道の趣旨の説明も、こちらからしておく。仁義を切ってくれただけで十分」

広報官とのやりとりは、それで終わった。

しばらくすると、角記者の携帯に、かねて親しくしている県警のある幹部から電話が入った。こちらの動きに探りを入れてきたようだった。

幹　部「なんやら聞いたけど、記事書くんか？」

角記者「湖東記念病院事件のこと？　耳に入れるのが早いですね」

幹　部「おれにはいろんな情報が入ってくるからな」

角記者「機捜隊経由ですか？」

幹　部「それは言わん。取り調べた刑事のことも出るの？」

角記者「Aさんですか？　被疑者に好意を持たれた経緯は、記事の内容として外せないですわね」

幹　部「なんでそんなこと知っとるん？」
角記者「それ、みんな知ってますよ、担当記者なら。そもそも当時の裁判でも出てるし、最近の再審の動きの中でもさんざん出てるじゃないですか」
幹　部「ふーん。結構、大きな記事になるんか？」
角記者「とりあえずは毎週日曜日の掲載で三週連続です。取材でいろいろ新たに分かったこともあって。それで再審してもいいいんじゃないか、っていうトーンですわ」
幹　部「載る前にゲラ見せてくれや。話はそれからやな」
角記者「それは逮捕状を見せてくれっていうぐらい不可能な話ですよ。ははは」

警察が逮捕状を見せるなどあり得ないことだ。その常識を引き合いに、それと同じように「ゲラを見せるなどあり得ない」というこちら側の常識を伝えたつもりだったが、幹部は記事内容に探りを入れるのを止めなかった。

幹　部「逮捕状？　見せようか」
角記者「ははは。絶対うそですよね」
幹　部「うそじゃないよ」

角記者は今後の取材をシャットアウトされるのは避けようと「こちらとしては、変に受け取られて誤解してもらいたくないのと、きちんと継続的にコンタクトできればうれしいと思っています」と伝えた。

幹部も「まあな。別に記事書いたからって、あんたのことを嫌いにはならんけど」と応じつつ、「ゆっくり酒でも飲まんと話もできんなあ」と酒席を設けてでもこちらの手の内を知りたい、という口調だった。

幹部とのやりとりはそんな程度で終わったが、角記者は、何とも言えない違和感があったという。

「載る前にゲラを見せろなんて、普段はそんなこと言う人じゃないんですよ。やっぱり、どこかで自信がないところがあるのかもしれないですね」

二〇一五年五月以来、二年にわたってこの事件を追ってきた角記者は、県警の幹部や捜査関係者たちから繰り返し「あの事件で捕まった看護助手は、本モノ（の犯人）や」と言い含められてきた。その自信が「書く」というひと言で腰砕けになっていったような違和感。「やはり不安をもっていたのか」。警察取材が長い記者らしい独特のカンだった。

初めて知った障害「もしかしたらとは…」

精神鑑定で判明した障害の事実にショックを受けながらも、それが冤罪を解く報道に不可欠な事実だということを西山さんの父輝男さんと母令子さんは理解していた。冤罪を訴える報道を一日千秋の思いで待ち望んでもいた。とはいえ、新聞で公表する前に、本人にも掲載の了解を確認する手立てを考える必要があった。

刑務所は恩師さえ面会させなかったのだから、マスコミは論外だろう。四カ月後の出所までは待てない。両親に次の面会時に伝えてもらうことをまずはお願いし、鑑定をした小出君にも、鑑定結果を本人に知らせに行く時に確認を委ねることにした。

もしも西山さんの了承が得られなければ、鑑定結果を報道できない。だが、彼女の障害が事実であることに変わりはない。仮に鑑定結果をこの時点で報道できないとしても、いずれは法廷で明らかになる。それまで〝隠し球〟として温存しつつ、無実を訴える三五〇通余の手紙と広範囲に積み重ねた周辺取材をベースに報道を続けることは十分可能と考え、報道をスタートする決断をした。

鑑定結果が出てから四週間後、角記者の署名記事で西山さんの冤罪を全面的に訴える記事が掲載された。障害の可能性を示す恩師の証言を取り上げたものの、獄中での鑑定には触れなかった。

西山美香受刑者の手紙（上）　無実の訴え一二年「私は殺ろしていません」

自白を唯一の証拠に、有罪とされる事件は数多い。逮捕後二〇日余の取り調べでの自白を裁判で否認しても、無罪になる例はむしろ少ない。では、ここにある無実の訴えを獄中から一二年間書き続けてきた三五〇余通の手紙を、どうとらえるべきか。もはや一顧だに値しないのか。そんなはずはない。

（中略）

裁判では、警察も否定できない事実が次々に明らかにされた。彼女が取り調べ中にA刑事の手に手を重ねた。刑務所に移送される直前に抱きつき「離れたくない。もっと一緒にいたい」と訴えた。A刑事も拒まず、「頑張れよ」と肩をたたいた。A刑事の求めで、検察官あてに「もし罪状認否で否認してもそれは本当の私の気持ちではありません」という上申書を書いた。二転三転を繰り返す供述調書は三八通、「書かされた」上申書、自供書、手記は五六通。だが、一審で有罪、控訴、上告とも棄却され懲役一二年の実刑が確定した。自ら「殺しました」とうそをつくはずがない、という常識からだ。

だが、それは本当に彼女に当てはまる〝常識〟だったのか。中学時代の恩師から気になることを聞いた。当時教頭だった吉原英樹さん（七三）は「思っていることをうまく言えない。今なら発達障害の傾向を疑うかもしれない。知的な面での不安も感じていた」。生徒指導だった伊藤正一さん（六九）は「人と接するのが苦手で、いつも一人でいた。やっていないのに認めてしまうことはあると思った」と話した。

「私は○○さんを殺ろしていません」

手紙に繰り返し出てくる、送り仮名の「ろ」が余る彼女特有の訴えが、目をくぎ付けにする。

【後文】発達や知的障害に対する司法の無理解が問題視されている。苦手な受け答えでの誤解がもとで、実際に冤罪《えんざい》事件も起きている。西山受刑者の捜査・裁判でも障害の可能性は一切検討されなかった。事件を再検証する。（角雄記）

（二〇一七年五月一四日、呼称、年齢は掲載時）

掲載から四日後の五月一八日、私と小出君は再び和歌山刑務所に向かった。獄中の西山さんに、鑑定結果を伝えるためだ。刑務所の入り口にある控室に待機する私を置いて、面会室に入った小出君は西山さんと約一カ月ぶりに再会した。

「鑑定結果を伝えに来ました。軽度だけど知的障害があります。発達障害のＡＤＨＤ、注意欠如多動症も範囲に入っていました」

西山さんはわずかに視線を落として言った。

「そうですか…。もしかしたら、そうじゃないか、とは感じてました」

言葉少なだったが、ショックが静かに伝わってきたという。

鑑定を終えて面会室から出てきた小出君に、私は報道についての西山さんの返答がどうだったか、その答えを待った。

「確認した。冤罪を訴えるために、中日新聞が鑑定結果を報道したいと言っていますが、どうしますか、と。西山さんは『お任せします』ということだった」

冤罪を晴らすためとはいえ、自分も気づいていなかった障害を公にする。西山さんにとっても難しい判断だっただろう。自分で明確な〝答え〟にたどり着けないままの「お任せします」という言葉だったのかもしれない。

西山さんから鑑定結果を報道することについての了承を得られた三日後の五月二一日、第二弾の記事が出た。そこでもまだ獄中鑑定については触れなかった。障害という決定的な新事実を示す前に、誘導された供述調書とはまったく異なる手紙の内容、加えて捜査の不当性を伝えておく必要があった。

西山美香受刑者の手紙（中）　強要されたうそ　自白の「自発性」疑問

（略）裁判での否認を受け入れなかった理由を二〇〇五年一一月、一審大津地裁の判決はこう書く。「身柄拘束を受けない状態で／自ら殺人の事実を供述し／自白には極めて高い自発性を認めることができる」。しかし、彼女はその後もずっと「殺ろしていません」（原文のまま）と刑務所から両親に書き続けている。なぜ「自白」したのか。

（略）重要なのは、殺人という致命的な「うそ」の自白をする出発点は、人工呼吸器のアラームが「鳴っていた」と言ったうそだったことにある。その理由を、弁護士あての手紙で「なっていいひん（＝いない）もん（を）なったとは言えんと抵抗してましたが／（A刑事が）机をバンとしたりイスをけるマネをしたり」と書き、大阪高裁にあてた再審の上申書では「（死亡した患者の）写真をならべて／机に顔を近づけるような形に頭を押し付けてきました。こわくてたまらなかった」と訴える。

（略）Aの好意を受け続けようとして一カ月近く「鳴った」と言い続けた彼女は、当夜の当直責任者の看護師に「（アラームを）聞き逃した」という追及が日ごと激しさを増していると知って責任を感じ、供述を撤回しようと「実は鳴っていません」と書いた手紙を携え、何度も警察署を訪ねている。

「自白」の一週間前には午前二時一〇分という尋常ではない時間に手紙を届けた。だが、警察はがんとして「撤回」を受け入れず、「居眠り看護師による過失致死」事件に向かって突き進んだ。袋小路に陥った彼女は「鳴っていた」ことにして、同僚を救うしかなくなった。それが「自分のせいにする」ことだった。

殺害の自白をする二日前に書いた自供書にはこうある。

「やけくそで布団をかけたら、なんかジャバラ（呼吸器の管）がはずれたような気がした」

自白した日の自供書ではこう変わる。

「呼吸器のジャバラの部分をひっぱってはずしました」

同じ〇四年七月二日、A刑事が書き上げた供述調書は最終的にこうなった。

「呼吸器のチューブを外して殺した。私がやったことは人殺しです」

これを判決は「極めて高い自発性がある」と決め付けるが、そうだろうか。「アラームが鳴った」という誤ったことを半ば暴力的に言わされ、強要され続けた「うそ」を前提にした自白は「自発性」を論じるに値するのか。夜も眠れないほど悩み、取調室で自滅していくように出た言葉を「自ら供述した」と額面通りには受け取れない。

「アラームはなっていたとうそをついたらどんどんうそになってわけのわからなくなってしまいました」（〇五年八月の両親への手紙）

自白する日の午前中、彼女は病院の精神科を訪れた。「不安神経症」と診断した医師との問診で、驚くべき言葉がカルテに残されている。

「実はアラームが鳴っているのを聞いた。看護師さんが鳴っていないと言うのであわせていた」（略）

最後の言葉は「うそを続けられなかった。自分は弱いのか？」。うそと本当が倒錯した問いをカルテの最後に見た専門家は言う。

「うつ状態。いつ自暴自棄になってもおかしくない」

自白の供述は、診察の数時間後だった。（角雄記）

（二〇一七年五月二一日、呼称、年齢は掲載時）

記事にあるように「呼吸器のチューブを外して殺した。私がやったことは人殺しです」という自白には、ストレートで強烈なインパクトがあった。報道した時点では彼女が誘導され、自ら語ったことだと取材班の誰もが思っていた。それが、まさか、A刑事による〃ねつ造〃だとは想像もしなかった。真相を聞かされたのは、彼女が出所してすぐのことだった。

「なぜ自分から『殺した』と言ったんですか？」

私の質問に西山さんはこう答えた。

「私は『外した』とは言ったけど『殺した』とは言ってないんです。でも（取り調べた刑事の）Aさんに『外したなら殺したのと一緒のことやろ』と言われて反論できなかったんです」

刑事が書いた供述調書には、最初からふに落ちないところがあった。

調書には「殺した」とあるのに、同じ日、彼女に書かせた自供書には、決定的なそのひと言がなかった。自白に頼るケースでは、自供書を書かせて裁判での心証を有利に得ようとする傾向があり、娘殺しの汚名を着せられた東住吉事件の冤罪被害者、青木恵子さんも、逮捕直後に心が弱り切った状態で書かされた自供書が有罪判決の決め手になってしまった。

取調官なら、決定的なその一言は自供書を書かせるときに外せないはずだ。西山さんに書かせた上申書、自供書、手記などが五六通もあるのに、肝心な逮捕直後の「殺人の自白」という決定的なひと言をなぜ書かせなかったのか。西山さんの話で、ようやくその疑問が解けた気がした。

無防備な〝少女〟が落ちた〝わな〟

軽度知的障害という結果は、供述を誘導されたことを説明する上では説得力を持つが、実態はもう少し複雑だった。

西山さんは、自分が「アラームが鳴った」と言わされたために、厳しい取り調べを受けているシングルマザーの同僚看護師に申し訳ないと思い、自分が悪者になって彼女を守ろうとした。「チューブを外した」は、そんな考えでとっさについたうそだったが、それが殺人の自白になるという連想ができなかった。それも、彼女の障害に起因することだった。獄中の精神鑑定では「ある出来事と関連して起きる出来事を予想する判断力が特に弱い」という強い傾向が示されたのだ。

愛着障害ゆえに取調官に入れ込んでしまった場面もあれば、理解力の乏しさゆえに簡単に操られ、誘導された場面もあった。何より、自分を守る防御力がほとんどなく、人を疑うことが苦手な無垢な人柄が災いし、その傾向は、獄中での検査結果で明確に表れていた。自分を守る防御力がほとんどなく、人を疑うことが苦手な無垢《むく》な人柄は、自分を初めて認めてくれた刑事への思慕が高じて深みにはまり、その後の刑事の術中に果てしなく落ちていくはめになった、と言っていいだろう。

心理検査のうち、P-F（ピクチャーフラストレーション）スタディという、ストレスがかかる場面を絵で表示した状況への反応を見る検査で、西山さんの特徴がわかりやすく示されたという。絵は、一方の人があることを発言し、それに対して自分だったら何と答えるか、という想定で、吹き出しの中に書き入れるテストだ。

二本目の記事で紹介する白バイ警官との問答の他にも、例えばこんな問答があった。

【質問】「君はうそつきだ。君にはそれがよく分かっているはずだ」
【西山さんが書いた答え】「すみません。とっさに嘘をついてしまいました」
【解説】「この答えを見て〝あっ〟と思った。これほど自分を守ることができていない人は珍しい。そんなことを言ってしまったら後で自分が不利になって大変なことになるということが想像できていない。この設問の答えで多いのは『私はうそつきではありません』という答え方。同じテストで数百件の事例を見ているが、ほとんどない」（小出医師）「かなり珍しい答え方だと思います」（臨床心理士）

説明を聞いた井戸弁護士は「子供並みの防御力のなさの上に、迎合性があったということ。捜査機関の思うがままのストーリーが作られ、かんたんに乗せられたということでしょうね。それが良く分かりました」と納得した様子だった。

小出君は、こう言った。

「この冤罪は何としても解かなければいけない。西山さんのためでもあるが、似たような障害のある人たちが、少しでも生きやすい社会になるように。それだけ社会的に広がりのある事件だと思う」

「無実の訴え一二年／私は殺ろしていません」という五月一四日の初報、「強要されたうそ／自白の『自発性』疑問」という二一日の第二報に続いて、第三報「無防備な〝少女〟に再審を」は、全面的に再審開始の決定を求めるメッセージになった。

西山美香受刑者の手紙㊦発達・知能検査「無防備な少女」に再審を

刑務所の面会室。アクリル板越しに発達障害の傾向を見る検査の設問で、精神科医と臨床心理士は、その回答に目を奪われた。「学校の前だというのに、時速六〇キロも出したりして一体どこへ行くつもりですか？」。白バイ警官に運転者が答える場面で、彼女は「すみません。いつもこれくらいスピード出していてもなにも言われなくて…」と書き込んだ。「家族が病気で、とか何か弁解するのが普通。何とも無防備な答え」「不用意なひと言で、さらに窮地になることが想像できていない」。ともに数百人以上にこの検査をした経験から「自分を守ろうとする意識がまるでない答え」と口をそろえた。「殺ろしていません」（原文のまま）。三五〇余通の手紙で両親に訴えてきた元看護助手（資格不要）西山美香受刑者（三七）＝殺人罪で懲役一二年、和歌山刑務所に服役、再審請求中＝の発達・知能検査を、私たちは弁護団と協力し四月中旬、行った。恩師や家族の取材から、不自然な「自白」に何らかの障害が関係しているのではないか、と考えたからだ。

「男性の気を引きたいというだけの理由で虚偽の殺人を告白することは通常考えられない」

二〇〇五年、大津地裁は判決でそう断じた。もしも、障害を伴う未熟な被告であれば「通常」の前提はまるで変わるはずだ。

（略）臨床の現場で多くの発達・知的障害の人に接してきた小出将則医師（五五）＝愛知県一宮市、一宮むすび心療内科院長＝は、両親との面接、すべての手紙、小中学校の通知表、作文を調べた上で臨床心理士の女性（五〇）と西山受刑者の発達・知能検査に臨んだ。結果は軽度知的障害と判明。不注意や衝動性がある注意欠如多動症（ＡＤＨＤ）が明確になり、こだわりが強い自閉スペクトラム症（ＡＳＤ）も「強い傾向」が示された。

小出医師は「ある程度の知的レベルがあるがゆえに、周りが気づかず、〝通常〟の扱いを受けてしまうゾーン。同じような人は多い」。検査に立ち会った第二次再審の主任弁護人、井戸謙一弁護士は彼女と何度も面会し、手紙のやりとりを続けるが、結果は「意外だった」と言う。原審、第一次再審請求審の弁護人の誰ひとり「障害」に言及していないことが、見た目や普段の会話から判断する難しさを裏付ける。

（略）植物状態だった患者＝当時（七二）＝の人工呼吸器のアラームは鳴らなかった。しかし、彼女は刑事に威圧されて「鳴った」と言った。優しくなった刑事を好きになり「鳴った」と言い続け、同僚の看護師が「居眠りして聞き逃した」疑いで厳しく追及された。助けようと、供述の撤回を何度も警察に求めたが拒絶されて追い詰められ、うつ状態になり「私が殺ろしたことにしようと思った」（〇六年四月、両親への手紙、原文のまま）と打ち明ける。

大人でさえ判断を誤りかねない状況に、もし「パニックになりやすい傾向のある子ども」が置かれたら…。知的障害を伴う発達障害は「パニック状態で判断力を失い、自暴自棄になりやすい」と小出医師は言う。だとすれば、うその「自白」が何をもたらすかの想像力を欠く「無防備な少女」が捜査機関の筋書きに乗せられ、その「うそ」を根拠に裁かれた可能性がありはしないか。

発達障害者支援法が施行されたのは一審大津地裁判決と同じ〇五年。その一〇年後、第二次再審請求を棄却した大津地裁の決定は「自白の信用性は、裁判官の自由な判断に委ねられるべき」だと説く。自白偏重の古い体質を改め、支援法への深い理解を踏まえていなければ、その自由は独善にすぎない。彼女の障害は決して「まれ」ではない。同じ困難に苦しむ人は誰の隣人にもいる。一刻も早い再審を求めたい。（角雄記）

（二〇一七年五月二八日、年齢は当時）

その後、四〇回に及んだ「西山美香さんの手紙」（出所後に呼称を「受刑者」から「さん」に変更）は、二〇一七年五月一四、二一、二八日に上中下で報道した記事が起点になっている。この三回を冤罪を主張する根拠の総論として、以後、警察、検察の捜査の不当性や裁判官の事実誤認など、司法の問題点を各論的に詰めていくことになった。

県警に広がった波紋

冤罪の可能性と再審開始を主張する連載は、滋賀県警内部に激しいハレーションを巻き起こした。三回の連載記事が掲載されて間もなく、当時県警キャップだった井本記者に親しい県警幹部がこう言った。

「〇〇さんがえらく怒っているそうや。一度、顔を出しておいた方がええんとちゃうか」

その幹部が出した名前の人物は事件当時、呼吸器事件の捜査に関係し、一三年後の二〇一七年の時点では県警の幹部になっていた。井本記者は顔見知りのこの幹部のもとに出向いた。来訪を伝えてもらい、しばらくすると部屋の奥からその幹部が「あれはないわ、ほんま、あれはない」と大きな声でうなるように独り言を発しながら、憤まんやる方ない様子で井本記者に向かって歩いてきた。

井本記者は「お騒がせしてます。ご意見を聞きたいと思いまして」と丁重に切り出した。幹部は「いやー、ひどい書き方やわー。わしらが何も考えんとやってるみたいやんか。判決だって出てるのに」と猛烈な抗議を展開した。

井本「そうですか。どの辺が特に気になったか教えてください」

幹部「気になったのは二点。障害のことと自然死のこと。俺らかて、自然死かどうかなんて一番最初に考えるやん。医療過誤なんて、めちゃくちゃ難しいんやぞ。協力してくれる医師も少ないし、話を聞かせてくれたと思ったら『調書は嫌です』なんて断られることはざら。一つの事件にすごい人と労力がかかるんや。自然死なら、自然死でした、でしゃんしゃんで終われるんやからそうするわ」

井本「でも、そう判断する前提条件がうそでしたよね。看護師の『チューブ外れてた』とか」

井本記者に指摘されると、幹部は言葉に詰まりながらも「少なくとも、自然死の可能性について全く考慮せず、っていうような書き方は気になったわ」という主張を繰り返した。

続いて井本記者は「でも、障害のことは知らなかったですよね」と獄中鑑定で判明した西山さんの軽度知的、発達障害について切り出した。この部分を捜査員たちがどう見ていたのかは、最も知りたいところだった。

幹部は言った。「そんなこと（＝障害の有無）は捜査しているに決まってる。責任能力に関わるやんか」

井本「捜査って…検査したんですか？」

幹部A「そりゃ、高校の先生に話を聞いたり、もっと前のことも聞いたりしたはずや」

障害を把握していたというなら、精神鑑定に関する何らかの検査をしたかが重要になるが、聞き込みをした、という以上の話ではないようだった。井本記者は、その時点で感じていた素朴な疑問をぶつけた。

井　本「障害があったらあんな犯罪、無理じゃないですか。だって、自白さえなければ誰も気付かなかった完全犯罪ですよね」
幹部A「そうや、完全犯罪や。俺らだって、業過（業務上過失致死）で調べてたのに『本人がいきなり〝殺した〟って言った』ていうからめちゃめちゃ驚いたで。それなのに、あの記事を読むとあたかも俺らが『お前がやったんやろ』『殺したって言え』くらいの勢いで自白させたみたいやんか。一般の人にはそう見えるで。確定判決だって本人がやったって認めてるんやからな」
井　本「僕らは本人（西山さん）が（アラームが鳴ったという）うそを言ったことでつじつまが合わなくなり、パニックになって口走ってしまった、と考えているし、そう書いているはずですけどね」
幹部A「ともかく言いたいのは、自然死と障害。この二点を警察がまったく何も考慮せずに突き進んだようなことはなかった、ってことや」

記事が出て間もないタイミングで、取り付く島もない、という状況だった。全面的に冤罪を訴える内容を目にしてかなり頭に血が上っていたのだろう。気になるのは、捜査が行き詰まった状況で突然、西山さんが自白し「めちゃくちゃ驚いた」と話したことだ。その後に記者たちが当たった捜査関係者たちはいずれも異口同音にそう語っているのだ。
大橋貴史記者は、事件当時に捜査本部にいた元捜査員にあたった。その人物もすでに県警の幹部になっていた。

大　橋「記事、ご覧になりましたか？」
幹部Ｂ「見たよ見たよ。申し訳ないけど語るに落ちるって感じだな。ちょっと偏ってるんちゃうか」
大　橋「偏ってる？読んでみてそう感じましたか」
幹部Ｂ「偏見に満ち満ちたような書きぶりだったよ」
大　橋「実際逮捕されたときはどう感じたんですか」
幹部Ｂ「ビックリしたよ。ワシあれで刑事やめようと本気で思ったぐらいや。なんでそこまで考えが至らなかったのかと。逮捕されて霧が晴れるような気分だったよ。話を聞いてたときから、ずっと疑問に思ってることがあってな。殺してたって聞いてすべてがつながった感覚だったなあ」
大橋「疑問に思ってることと言うと…」
幹部Ｂ「最初に大部屋に西山と看護師数人を集めたことがあってな。ほかの看護師は平然としてるのに、西山一人だけ泣いてんねん。当時は責任感が強くて、いい子なのかなって思ったよ。それが、だんだんとひどくなんねん。取り調べでわめき散らしてな。こっちは業務上過失致死でやろうと思ってた。西山を逮捕するなんて微塵《みじん》も考えてなかったのに、話してくれないんや。上の看護師に対しての不満は普通に話してたのに、いざその日のことになるとあんなんやろ。目の前で起こったことを話してくれればいいだけやで、って言っても全然ラチがあかないしな。だから、不思議でしょうがなかった。逮捕されたと聞いて、自分で殺したから話せなかったのかって合点がいったよ」
この元捜査員も、西山さんの自白に衝撃を受けた、という点は前の元捜査員とまったく同じだ。ショックを受けた後、それまでの捜査で西山さんから感じた違和感を犯人像と結び付けて自らを納得させていくプロセスも似ている。

人は想像もしていなかった出来事に遭遇すると軽いショック状態の中で、たとえ事実と懸け離れたことでも思わず信じてしまうことがままある。想像もしていなかったがゆえに、困惑し、反論もできず、ある種の思考停止状態が起きる。そして「それは本当のことだ」と信じるしかなくなったとき、自分が真実を見落としたプロセスをたどろうとし、その過程で感じた〝違和感〟と結び付けようとするのではないだろうか。

ただ、大橋記者が取材した元捜査員の幹部は中日新聞が「障害」に焦点を当てた報道をしたことで、一三年前は西山さんの自白で「霧が晴れた」と感じたことへの疑問が芽生えたようだ。

大　橋「当時は発達障害があるって考えなかったんですか?」

幹部B「当時はそんな言葉もない時代や。普通に看護助手してたんやで。業務も怒られながらも普通にやってたらしいしな。そんな発達障害を疑う余地もなかったわ」

大　橋「発達障害だったってことで合点がいくことは?」

幹部B「それも一方であるんや。いや、今同じことが起こったなら、そう考えていたと思う。一般人ならその主張が正しいと思ってるんじゃないか。客観的に見てだけど、な。そういえば、優しすぎるし、人を殺すような子ではないって考えたことがあるのは事実や」

元捜査員としての〝公式見解〟はあくまで記事の内容の全面否定で、井本記者が聞いた幹部とまったく同じだった。だが、事件から距離を置き、判断する条件を「今同じことが起こったなら」「一般の人なら」「客観的に見て」と仮定した場合、現時点での見解は一八〇度変わり「その（冤罪の）主張は正しい」になり得る、というのが〝本音〟のようだった。

突然の自白に衝撃を受けたが、今なら見方は変わる、という反応は他にもあった。井本記者から県警キャップを引き継いだ成田記者が当たった捜査関係者は、西山さんが警察署を自ら訪ねてきたときに感じた違和感を語り始めた。

成田記者の取材に応じた元幹部は捜査本部詰めではなかったが、捜査の中枢にいた捜査員らと事件当時に頻繁に話しており、客観的に事件を見ていた。

指定された喫茶店で待ち合わせ、取材は二時間ほどになった。元幹部は「最初は捜査本部内では『医療過誤かもしれません』という話だったんだが」と言った上で、患者の死亡から一年近くがたち、捜査が袋小路に入った二〇〇四年春ごろのことを語り始めた。それは、西山さんがA刑事に会うためにたびたび捜査本部があった愛知川《えちがわ》署を訪ねてきた場面だった。

元幹部「二〇〇四年の四、五月頃、西山さんがうろうろしながら入ってきた。少し落ち込んだ、伏し目がちな感じ。歩き方もゆっくりしていた。署の玄関に入って、辺りを見渡していた。朝の一〇時前くらいだったかなあ。『刑事課ってどこですか?』と言われ『刑事課は二階ですよ』と答えた。あの時、西山さんは『（取調官の）Aさんいますか』と言わなかったから、何か被害の相談に来たのかな、と思った。そのあとは分からないけれど、翌日も来た。自分だけでも署に来ているところを三、四回は見た」

ここは、角記者が「人を殺した犯人が、自ら署に何度も出向くなんておかしい」、井戸弁護士が「真犯人ならあり得ない行動」と事件への違和感を持った場面にあたる。A刑事に「呼吸器のアラームが鳴った」と言わされてしまった西山さんが、自分のうそのせいでS看護師が厳しい追及を受け、苦しんでいると知り「本当のことを言わなければ」と自ら警察署に何度も出向く場面だった。

この時は、まだ警察は事件を業務上過失致死とみており、立件に向けての標的は男性患者の死亡を最初に発見した看護師だった。

成　田「まさかの展開になったわけですよね」

元幹部「そうや。（受付で見かけた）娘が二日か三日に一度は署に来ていたから『あの娘なんや、何の相談やったんや』と（取調官の）Aに聞いた。Aが『本人が言うてきた。私、おじいさんを殺しましたって』と言うんや」

成　田「最初に聞いたときは、どう思いました？」

元幹部「俺はびっくりして『何⁉』と言ったわ。『え⁉』という感じで。刑事課長にも『慎重に捜査せんとあかんで』と言うと、課長は『捜査一課からも同じことを言われています』と言うとった。供述だけじゃいかん話。なにせ、被害者はもともと半分死んでいるやん」

ここで「もともと半分死んでいる」と言ったのは、死亡した男性患者が脳死に近い植物状態だったことを指している。つまり、いつ死亡してもおかしくない重度の患者の死因を考える場合、自然死の可能性があることを含んでいた。元幹部の指摘は、西山さんの供述にそのまま乗っかる危険を指摘するメッセージが周辺から捜査本部に発信されていたことを意味していた。

その後も成田記者は、当時の関係者を当たり続けた。事件当時、捜査本部が置かれた愛知川署の刑事課長はすでに退職していた。自宅で対応したが「現職ならコメントさせてもらうが、もう退職している。十数年前のことなのでちょっと記憶もあいまい」と言いつつも、西山さんの自白が変遷したことについては「矛盾うんぬんは、そりゃ人間なのであいまいな部分ってあるじゃないですか。そのあいまいな部分を一つずつ打ち消して、裏付けをとっていくのが警察の仕事。そういう点では、今も当時も真犯人に間違いないという確信は持っている」と〝公式見解〟から踏み出して語ろうとはしなかった。

文通で見えた冤罪への〝仕掛け〟

重大事件で獄中の受刑者との文通はメディアにとって実現したい取材の一つ。この事件でも同じだった。逮捕され被疑者になった人の取材はほぼ閉ざされる。冤罪の報道を始める前に獄中の西山さんとの書面インタビューをかなえたかった。

だが、メディアが手紙を出せば、取材内容もすべて刑務所の検閲で確認され、問題になれば西山さんの手元に届かない可能性がある。検閲を通過できたとしても、西山さんが手紙を読み、返事を書いてくれる保証もなかった。

最初の手紙を出したのは二〇一七年の二月初め。差出人の名前は大津支局の高田みのり記者にした。刑事に恋したというセンシティブな要素もあり、同性の差出人の方が答えやすいのではないか、と考えたからだ。高田記者が文案を用意し、私と角、井本記者で練り直した上で投函した。

西山さんからの返事はなかなか届かなかった。手紙を出す直前、獄中の西山さんが精神的に不安定になり、父輝男さんのもとに「再審をやめる」という手紙が届いていた。本人も懲罰房に入る状況で、文通どころか再審そのものの雲行きが怪しくなっていた。

そんな状況でほとんどあきらめかけていたころ、西山さんからの返事が届いた。井戸弁護団長の事務所に届いた封書にその手紙は同封されていた。

後に当時のことを西山さんに聞くと、こう話した。

「面会に来ていた両親は『マスコミが家に取材に来ているから、美香のところにも来るかも知れない。その時はちゃんと話すように』と言っていた。『マスコミの人が面会に来られるはずがないやん』と答えていた。そうしたら、高田さんから手紙が来た。受け取ったときは、うれしかった。でも『この人、誰なんだろう』と思った。角さんという名前は聞いていたけど、なぜ別の人の名前なのかな、と思った。読んでみると、熱心に私のことを取材してくれていることがわかった。下書きを便箋に何枚も書いては直し、検閲で『ここはだめ』『ここもだめ』と何回も往復した。ようやく『これでいい』となって清書した。誤解せずに分かってくれるか、不安だった」

手紙には私たちの想像を超える、驚くべきことが書いてあった。それは、西山さんが二〇〇四年に逮捕されてから裁判が始まる前、拘置所を訪ねてきたA刑事に便箋とボールペンを渡され「検事さんへ」の手紙を書かされたときのことだった。

「もしも罪状認否で否認してもそれは本当の私の気持ちではありません」

なぜ言われるままにあの手紙を書いたのか。答えは、それまで言われていた「A刑事への恋心で言いなりになっていた」というだけの単純な話ではなかった。彼女の手紙にはこう書かれていた。

「滋賀の拘置所の時、別件で調べをしたいと言って（A刑事が）裁判の前に来ました。その時私は数日前あばれていたので、保護室に入れられ懲罰にするか調査中でした。その懲罰をA刑事に『取り消してあげるから罪状認否の時につみをみとめなさい』と言われ、心がうごいてしまい『検事さんあて』に手紙を書いています」

A刑事が懲罰の取り消しを交換条件にして「検事さんへ」の手紙を書かせていたというくだりには絶句した。A刑事は逮捕後、狭い密室の取調室で規律に反し、ハンバーガーやドーナツ、ジュースなどを差し入れては調書を自在に書いていたことが後に判明するが、人の弱みに付け込む悪質さの程度は、差し入れの比ではなかった。

拘置所での「懲罰」とは、収監されている被疑者、被告人に対するペナルティで、規則を破ったり、収監中の素行に問題があったりすると、反省のため懲罰房に入れられる。

冤罪で自由を奪われた西山さんは精神的に極度に不安定な状態になりやすく、拘置所にいたころはそれがひどかった。大声を出したり暴れたりすることがたびたびあり、そのため繰り返し懲罰を受けていた。

狭い房に閉じ込められ身動きすることさえ制限される懲罰は、ＡＤＨＤ（注意欠如多動症）の西山さんにとってさらなる苦しみとなった。A刑事はそこを見抜き、懲罰への不安を口にした西山さんに「拘置所に掛け合って懲罰を免除してやる」などと持ち掛けたというのだ。苦しみから逃れたい一心の西山さんは、ただ言われるがままに手紙を書かされてしまったのだろう。

西山さんの返信には、こうも書いてあった。

「今となったらA刑事はなんのためにこんなことをしたのかわからないので直接聞きたいことです」

A刑事が、裁判で有罪に持ち込むために「否認しても本心ではない」と書かせたのは明白だ。しかし、西山さんは、相手の意図、特に〝悪意〟のあるたくらみを見抜くのが苦手なことが、手紙の文面から明らかだった。

手紙にはこうも書いてあった。

「Aさんが裁判で証言した時、私は『この人は私のことを利用したのだ』と思いました。調べをうけている時『巡査部長から警部補になるのが難しい』と言っていたのに、私をたいほできたことで出世したのです」

この事件を経て、A刑事は警部補、そして警部に昇進している。手紙の言葉は、A刑事を信用した揚げ句に無実の罪に陥れられ、出世のために利用されたことへの恨みを表しているようにも読めたが、そうではなかった。A刑事に対する思いを聞く質問に対して、西山さんはこう答えている。

「Aさんのことは、もうどうも思っていません。両親は許せないと言っていますが、私はうらみもしませんが、怒りをとおりすぎているのです」

これを見て「恨みもしていないって、どういうことだろう」と釈然としなかった。その疑問を高田記者に「同性としてどう思う?」と聞くと、高田記者は少し考えながら、こう話した。

「もしかすると、子どものような心の人なのかな、とも感じます。子どものころを思い出すと、怒りや悲しみの感情はそれなりにあったと思うんですが、人を恨む感情ってまだ育ってなかったような気がするんですよ。純真な感じがするし、そういうことかなと」

精神医学や児童心理学の専門家に聞けばまた別の答えになるのだろうが、この時は私も「なるほど、それなら分かる気がする」と思った。

西山さんが返信をくれたことで、さらにこちらから手紙を出すことになった。最初の手紙は投函から返信まで二カ月弱。二通目はもっとかかった。

手紙ではすでに掲載された記事についての感想はなかったが「中日新聞に私のことが三回と三者協議のことが一回、記事になっているコピーをお母さんが送ってくれました。裁判がうまく行くといいのですが」とあり、読んでくれたことがわかった。手紙は「また質問に答えます」と書いてあり、送った質問とその答えが併記されていた。

①拘置所に来たA刑事は一人でしたか?

「一人で来ました。B刑事（※取り調べを受けたもう一人の刑事）などは来ていません」

②A刑事が別件で調べたかったことは。

「別件では調べたいことがなく、私がきちんと罪状認否で認めるか、ためしにきたのだと思います」

③私にとってちょうばつは、やってもいない罪をみとめるほど苦しいものでしたか?

「ちょうばつは苦しいものですが、それよりもA刑事のことを当時は信頼していたので、A刑事の言うことはまちがいがないと思っていました」

④ちょうばつは約束通りなくなりましたか。
「なくなっていません」

あらためて、ひどい話だと思った。懲罰を取り消すことを〝交換条件〟として「検事さんへの手紙」を書かせたこと自体、卑劣極まりないが、その手紙を書かせた揚げ句に約束したことすら守らずに引き揚げていったという。

西山さんがあたかも実行犯であるかのように現場検証で犯行状況を再現したビデオの作成は、想像以上に手が込んでいた。

「現場検証は何度もA刑事と予行えんしゅう（※演習）していますし、当日A刑事がついて二人で説明するとなっていますが、病院にとうちゃくしてからちがう刑事さんやったので、おこってやらないといったのですが、この時、検事がきていたので、きちんとしないと重い刑になると言われて、してしまいました」

逮捕後、メディアが西山さんを取材できたのはこれが初めてのこと。手紙という形ではあったが、警察によって仕組まれた手の込んだ〝仕掛け〟は一つ、また一つとその化けの皮がはがれていった。

自白は「警官や検事による誘導」

二〇一七年の暮れも押し迫った一二月二〇日、西山さんは八度目の裁判の結果が出るその日を、滋賀県彦根市の実家で迎えた。

これまであった七度の裁判は収監中の身で「有罪」あるいは「棄却」の結果を受けるたびに絶望してきた。

出所から四カ月。この日が運命の日になることは一週間前、高裁から通知が井戸弁護団長に届き、西山さんに伝えられていた。

「朝起きたとき『きょう決定出るんやな。頑張らないと』と思った。また棄却されるんだろうな、って。棄却されても井戸先生が頑張ってくれるし、それでもいいやって気持ちだった」

その朝、暗いうちに起きてすぐに自宅近くの母方の祖母の墓参りに行った。

出所後、家族でだんらんする西山美香さんと父輝男さん、母令子さん＝2017年12月

逮捕される前、同居していた母方の祖母は共働きの両親に代わって幼少時から面倒を見てくれていた。二〇〇四年七月に西山さんが逮捕されたとき、警察に「本人が自白している」と言われ、うちひしがれる両親に対し「美香はそんなことできる子やない。親が信じてやらんと誰が信じてやるねん」と説いたのは父方の祖母だった。

二〇〇五年に父方の祖母、二〇一一年には母方の祖母が亡くなった。収監中、無実の訴えが届かず自暴自棄になって自殺未遂を繰り返す西山さんの夢枕に父方の祖母が立った。獄中から両親に宛てた手紙にこう書いている。

「今日夢の中に八町のおばあちゃん（父方の祖母）が出てきた。私にかたりかけてくるねん。それでなあ、『お父さんお母さんが外で辛《つら》い思いして、かたみのせまい思いしてるやん。でも美香の無実を信用して絶対そんなことないって思っているからそこで住めるんやし、がんばってお父さんははたらいておれるんやで。それに美香はまだこっちの世界にくるには、早すぎる』って言うねん。『これから辛いことも多いし、また死にたいと思う時がくるとおもうけどなあ、辛いことあった分、うれしいことや幸せなことがきた時の感激は人一倍やで』と言うねん。『辛い分幸せもやってくるし…』って。なんかふしぎな気持ちになったんよ。もうちょっとがんばってみようかなって」

夢の話をつづった後、手紙は気持ちを奮い立たせるように「にげてたらあかんのやと思えるようになってきたん」と結ぶ。

二〇一七年八月の出所後も、再審に向けての日々は、夢を見たころと同じように「先が見えず、本当に精神的につらい」という。「自分だけのことなら、やめたい、と思ったことが何度もある」とも打ち明けた。「でも、両親が自分よりもっとつらい思いをしていることが分かるから、親のためにあきらめちゃいけない、と思い直すんです」。西山さんは私たちに繰り返しそう話していた。

自宅近くの祖母の墓参りを終えた西山さんは朝五時に家を出て、自転車で近くの駅に向かった。徳島県から夜行バスで来る支援者の一人に「大阪高裁の場所が分からないから迎えに来て」と頼まれていたからだ。

駅まで自転車で約二〇分の道のりを行く西山さんをMBS（毎日放送）の取材クルーが追い掛けていた。前日からの密着取材だった。MBSは出所前からドキュメンタリー「私は殺していない～呼吸器外し事件の真相～」の取材に着手し、大阪高裁の決定の約一カ月前に、冤罪の可能性を全面的に打ち出す番組を放送。関西圏の視聴者に大きな反響を広げていた。

午前中は徳島からの支援者の大阪観光に付き合った西山さんは昼すぎ、大阪高裁に入った。

「それまで緊張してなかったけど、待合室で弁護士の先生たちと会って、だんだんどきどきしてきた。もう、ばくばくどころじゃない。ボーンて心臓が出てきそうな感じになって。先生たちが『大丈夫だよ、大丈夫だよ』って落ちつかせてくれた」

午後一時五〇分ごろ、山﨑浩一、池田良太、井上正人、清水寛和の四弁護人と高裁一〇階の書記官室に向かった。主任弁護人の井戸謙一弁護団長は別の裁判が入り、その日は不在だった。

書記官室に入る直前、主任弁護人の変更願を出す手続きがあった。「手続きが済むまで一人で入って下さい」と西山さんだけが書記官室に入るよう、促された。入ってすぐのところに受付カウンターがあり、その上に書類が二つ置いてあった。一つは決定書、もう一つは受領書だった。決定書の「本件について再審を開始する」という主文の「再」の一文字が目に飛び込んできた。

「再審だ！よかった！」

思わず両こぶしを握り締め、感極まって「あーっ」と声が出た。その声を書記官室の外で聞いた池田弁護士が「入っていいですか」と入室し、山﨑弁護士も続いた。池田弁護士が「どっちだったん？」と聞きながら、カウンターの上の決定書を確認しようと手に取った。

実はこの時まで池田弁護士は「開始決定が出るとは思っていなかった」という。高裁での審理では証人尋問が一度も行われなかった。再審請求審での「証人尋問なき再審開始決定」はこれまで例がなく、「おそらく棄却されるだろう」と考えていた。だが、手にした決定書の「原決定を取り消す」という一文が目に入り、一瞬、頭が混乱した。原決定とは、大津地裁での棄却決定のこと。隣にいる山﨑弁護士に決定書を示しながら「これって、つまり再審開始決定ということですよね」と確認すると、山﨑弁護士が「ですね。再審決定です」と応じた。

すぐに書記官室を出て室外で待つ清水、井上両弁護士に「再審決定です！」と伝えた。〝旗持ち〟担当の清水弁護士が用意していた「再審開始決定」の幕を持ってエレベーターへ走って行った。

書記官室に残った西山さんは職員に促されるまま、受領書に署名、押印し部屋を出た。廊下で待っていた弁護人たちの顔を見た途端、込み上げてきた涙がせきを切ったようにあふれ出た。「わーっ」と泣き崩れた。残った山﨑、池田、井上の三弁護士が「よかった」「よかったね」と肩をたたいて喜びを分かち合った。

エレベーターで一階まで降りると、父輝男さんと母令子さんがいた。「美香、よかったな」。輝男さんは目を真っ赤に泣きはらしていた。「ほんま、よかったなあ」。車いすの令子さんは目頭を押さえながら泣いていた。

西山さんは山﨑弁護士に伴われ、報道陣が待つ庁舎内の記者クラブにある会見場に向かった。これまでにない数の報道陣が集まっていた。ストロボの閃光《せんこう》とシャッター音で一瞬、何も見えず、何も聞こえなくなった。心を落ちつかせ、会見場を見渡した。

「最初に、角さんの顔が見えた。目が赤かったような、泣いているように見えた。一緒に泣いてくれているんだ、と思って、うれしかった。成田さん、高田さんも近くに来てくれ『よかったね』って声を掛けてくれた」

取材班を立ち上げてから一年近く。横田信哉カメラマンを含めた大津支局の取材班、大阪支社からは豊田直也記者が応援に入っていた。収監中の文通や出所後の度重なる取材を通じて西山さんの人となり、そして今日までの筆舌に尽くしがたい苦しみを知る取材班の記者たちは、撮影や原稿に追われるその渦中で、誰もが胸に込み上げる心からの祝福で気持ちを高ぶらせていた。

当日の号外に続き、翌日の中日新聞の朝刊は一面から社会面にわたる大展開で大阪高裁の再審開始決定を報じた。

呼吸器事件　再審決定「患者　自然死の疑い」滋賀・元看護助手　自白誘導の可能性

滋賀県東近江市の湖東記念病院で二〇〇三年、患者の人工呼吸器のチューブを抜いて殺害したとして、殺人罪で懲役一二年の有罪判決を受け服役した元看護助手西山美香さん（三七）＝同県彦根市＝が申し立てた再審請求で、大阪高裁は二〇日、再審開始を認める決定を出した。殺人の被害者とされた患者が「自然死した疑いが生じた」と指摘し、殺害を認めた自白は「警官や検事による誘導があった可能性がある」と批判した。

高裁の審理では、確定判決が「急性低酸素状態」と認定した患者の死因の妥当性や、チューブを抜いて窒息死させたとする西山さんの自白の信用性が争点になった。

後藤真理子裁判長は決定理由で、患者は窒息ではなく「致死性不整脈で死亡した可能性が高い」とする弁護団の主張を認め、死因を窒息と結論付けた司法解剖の鑑定書は「証明力が揺らいだ」と判断。「患者の死因が致死性不整脈である可能性は低くはなく、窒息と合理的疑いなく認定できない」と述べた。

自白の信用性について「人工呼吸器の管を外したのか外れたのかなど、多数の点で（供述は）めまぐるしく変遷している」と疑問を呈した。チューブを外し、異常を知らせるアラームを消したとした西山さんの自白には、捜査当局による誘導の可能性を指摘。「犯人と認めるには合理的な疑いが残る」と結論付けた。（以下略）（角雄記）

（二〇一七年一二月二一日、一面）

解説は、獄中からの手紙をきっかけに精神鑑定を行い、冤罪報道に至った経緯と、取材で判明した不当な捜査、判決への批判に絞った。

解説・供述調書の矛盾を無視

最高裁で十年前に有罪が確定したこの裁判を疑問に思うきっかけは、西山美香さんが両親へ書いた手紙だった。「殺《こ》ろしていません」（原文のまま）。つたない文字で三五〇通余に及ぶ獄中からの訴えは、心の底からの叫びだった。分析した専門家は、特徴のある誤字から生来の「弱さ」を見抜いた。取材班は四月、弁護団、専門家の協力で西山さんの精神鑑定を獄中で行い、彼女が「防御する力が弱い」供述弱者とわかった。

一三年前、密室で何が起きたのか。大声で「なめるな」と脅され、机をたたかれ、死んだ患者の写真に後ろから顔を押しつけられたという。「呼吸器のアラーム（警報音）は鳴ったはずや」。怒鳴る刑事に耐えきれず「鳴りました」と言わされたことが、患者の死亡を〝事件化〟する端緒。撤回しようと真夜中に警察署へ手紙を届けても、はねつけられた。パニックになると自暴自棄に陥りやすい障害の特性が「自分が呼吸器のチューブを外した」と言わせてしまったのではないか。

刑事の脅迫、誘導、自白時のうつ状態の診断書、供述調書の矛盾は法廷で無視されてきた。指紋などの物証、目撃証言は何一つない。誤った事実を前提にした司法解剖鑑定書も見過ごされた。自白のみで構成した不自然な捜査側の主張がまかり通ったことが、不思議でならない。物証のない計画殺人のシナリオになぜ検察は同調したのか。その主張を一審から最高裁までの裁判官たちはなぜ、受け入れたのか。構造的な問題があるのなら、徹底的な解明が必要だ。西山さんだけの問題ではない。(編集委員・秦融)

(二〇一七年一二月二一日、一面)

八度目の裁判で、それまで有罪の唯一の根拠だった「自白」が初めて捜査側の誘導だった可能性が認められた。

何ら罪のない患者の死がもとで二〇〇四年七月に逮捕されてから一三年余。絶望の淵で何度もくじけそうになりながらも、両親や恩師、国民救援会、弁護団、そして天国の祖母二人に導かれるように雪冤への入り口に立った西山さんに、その重い扉が静かに開き始めた。

再審開始決定の背景に一七年前の棄却——「足利事件」で冤罪を導いた裁判官

再審開始決定には、ほっとしたというのが正直な心境だった。と同時に「よく出したな」とも思った。七回の裁判で有罪を認定された後の〝無罪〟認定が、しかも地裁ではなく高裁で、というのは驚くべきことだった。その時点では、高裁で出た再審開始決定が最高裁で覆された例がなかった。

無罪判決を出す裁判官は不遇な人事を受けるケースが多い、というのは裁判官人事の通説となっている。エリートコースを歩む後藤裁判長はなぜ、あえてリスクの大きな選択を主導したのだろうか。

その答えにつながる小さな記事が決定の二日後、一二月二二日の朝刊に載った。

「最高裁人事（二二）東京高裁部総括判事（大阪高裁部総括判事）後藤真理子」

後藤裁判官は、再審開始決定を出した翌日に離任。大阪高裁から東京高裁へと異動した。つまり、この決定は大阪高裁を離任する前日、実質的に〝最後の一日〟まで時間を使って行われた、ということになる。

異動のタイミングが迫っていることは当然、予測していたはずだ。自分の任期中に面倒な再審事案を後任に先送りする裁判官もいる中で、なぜ、後藤裁判官はあえて「任期中に決着をつける」という選択をしたのか。しかも、選んだのは棄却ではなく、大変なエネルギーを要し、すさまじいストレスがかかる「開始決定」。考えれば考えるほど不思議だった。

後にその背景を読み解き、私に過去にさかのぼってそのわけを聞かせてくれたのは、「足利事件」（一九九〇年）の冤罪被疑者菅家利和さんの弁護人だった佐藤博史弁護士だった。

「今回の決定には、間違いなく足利事件が関係しています」

足利事件とは一九九〇年、栃木県足利市で当時四歳の女児が殺され、幼稚園バスの運転手だった菅家利和さんが無実の罪で一七年半も自由を奪われた冤罪事件。菅家さんはDNA鑑定をもとに事件の約一年半後に誤認逮捕され、刑事らに強要されて「うその自白」をした。公判途中から否認に転じたが、現場に遺留された犯人の体液と菅家さんのDNAが一致していたという捜査側の証拠をもとに無期懲役の有罪判決を下されてしまった。二〇〇九年に再審請求審でDNAの再鑑定が認められ、当初の鑑定は誤りで菅家さんは犯人とは別人であることが証明された。

その事件との関連を佐藤さんが確信を持って語るのには、理由があった。

後藤真理子裁判官は、この呼吸器事件の再審開始決定を出す一七年前、足利事件の上告審で最高裁調査官（最高裁判事の下で調査を担当する裁判官）として審理を有罪に導き、菅家さんにその後のさらなる九年もの服役を強いた裁判官だった。

後藤裁判長は二〇一七年一二月二〇日、呼吸器事件の再審開始を決定した。いつ、どのタイミングから審理は「開始決定」へと動きだしていたのだろうか。

第二次再審弁護団（井戸謙一弁護団長）は連載の初回から計一一本の記事を高裁に証拠資料として提出。裁判所はその内容から、小出医師による獄中鑑定で、西山さんに軽度知的障害と発達障害、愛着障害があることを、決定前に把握していた。しかし、高裁は、私たちの報道よりも前に冤罪の感触をつかみ、独自の視点で再審決定に向けて進みだしていた、とみられる。

決定前の一〇カ月を振り返ってみる。

高裁の審理が動きだしたのは二〇一七年三月一四日。突然の呼び出しを受け、井戸団長は初めての三者（裁判所、弁護人、検察官）協議に臨んだ。大津地裁に棄却された後、二〇一五年一〇月に即時抗告してから一年以上が無駄にすぎていた。

「審理が遅れたことを申し訳なく思っている。今後は、迅速に進めたい」

裁判所側から冒頭に謝罪があり、続いて訴訟指揮の方針が示された。

井戸弁護士は三者協議後の会見でこう話している。

「裁判長は、それなりに記録を読み込んでいることがうかがえた」

裁判資料の読み込みは、井戸団長自身が弁護人を引き受けるにあたって長時間、没頭したことでもあった。

裁判長が記録を読み込んでいることがなぜわかるのか。後日、私の質問に井戸弁護士はこう答えた。

「資料といっても膨大な量があるわけです。ひとつひとつの文書の字面を追うだけではなく、あっちの資料とこっちの資料を照らし合わせ、という煩雑な作業を根気よくやらないと、真剣に読む、ということにはならない。読み込むうちに、真犯人ならこう言うはずがない、というところが出てくる。これは無実だ、と思うようになった。審理の場で話せば相手の資料の読み込みのレベルは分かる。裁判長も相当な時間をかけて読み込み『これは無罪。救わないといけない』と考えたのではないかと思います」

一方で後藤裁判長は、弁護団が求めていた関係者の供述調書など、証拠開示の要求には「検察官に開示を命令、勧告することは考えていない」と明言して一蹴。さらに、その他の弁護側の主張も「争点が広がると審理が遅れる」と控えるよう促してきた。いずれも弁護側にとっては本来、素直に了解しがたいことだったが、審理を前向きに動かそうとする裁判所側の訴訟指揮に従った、という。

振り返れば、いずれも大阪高裁の裁判長としての「残り時間が限られている」ことを意識した発言だった。

井戸弁護士はこう分析する。

「おそらく後藤裁判長は、決定文を書くにはカリウム値に争点を絞って展開する以外にはない、と考えていたのではないか」

死因に着目したこれ以後の高裁の訴訟指揮は、再審開始決定翌日の朝刊に詳報した。

医学的根拠で「自白」覆す／高裁、解剖鑑定書に着目

再審開始を認めた二〇日の大阪高裁の決定は、被害者とされた患者は「自然死だった疑いが生じた」

と判断し、殺人事件の存在自体に疑いの目を向けた。見過ごされてきた司法解剖鑑定書の記述に高裁が注目し、窒息以外の死因の可能性を突き詰めた結果、自白の信用性も崩れた。

▽積極姿勢

第二次再審請求で、高裁での抗告審の審理が動き始めたのは今年三月一四日だった。高裁は、弁護団長の井戸謙一弁護士と大阪高検の担当検事を呼び、「患者が致死性の不整脈によって死亡した可能性について問題意識を持っている。この点について補充的に主張、立証する意志があるかを尋ねたい」と伝えた。

争点は致死性不整脈の可能性の有無に絞り込まれた。即時抗告から一年半。審理がなかなか始まらず、関係者の間で「裁判所は再審に消極的では」といら立ちも出ていた最中だった。高裁の思わぬ積極姿勢に、弁護団は「裁判記録を読み込んでいる印象。窒息以外の可能性に関心を示しているのは希望だ」との心証を持った。

▽低カリウム

患者の死因を「急性の低酸素状態」とした司法解剖鑑定書には、別の死因をうかがわせる記載があった。血中カリウム濃度が、かっこ書きの注釈付きで「1・5ミリmol／リットル（不整脈を生じ得る）」とあった。カリウム濃度は「三・五」を下回ると不整脈の危険性が高まり、「二・五」以下は重篤な状態とされる。記載は低カリウムが原因の致死性不整脈の疑いを示唆していた。

弁護団は自白の非合理性を強調するため、再審請求審での医学面の主張は「西山さんの自白通りに呼吸器を三分程度外しても、人は死なない」と強調する戦略を取っていた。この高裁の訴訟指揮を受けて急きょ方針を転換する。

弁護団は複数の角度から致死性不整脈の可能性を検討。医師に意見を求め、

（一）カリウム値から不整脈を起こした可能性は十分にある

（二）患者は病状で不整脈の発生リスクが高まっていた

などと主張した。

▽再注文

七月の審理では、高裁は「病状などの点に反論はしないのか」と検察に確認。相次ぐ検察側への反論要求に、弁護団は「現時点で反論を求められているのは検察側。再審開始は有望ではないか」との感触を抱いたという。さらに「不整脈と窒息は一般にどれだけの割合なのか。文献を示してほしい」と弁護団に証拠提出を再注文。この事件は死因と自白が補完し合っていたこともあり、裁判長から「これは自白の信用性に大きく関わるとの位置づけだ」と踏み込んだ発言も出た。

八月の審理終結を前に、弁護側は高裁の再注文で要求されたデータを示す。内容は、

（一）救急搬送データの急死原因

（二）人口動態統計の死因

（三）九州の病院における突然死例

などだ。それぞれのデータを統合すると、窒息より心臓に由来する突然死の方が多く、心臓由来の突然死のほとんどが不整脈と示していた。その結果、高裁決定は、患者が致死性不整脈で死亡した可能性を認め、「呼吸器を外して窒息死させた」とする西山さんの自白とは整合しなくなった。

井戸弁護団長は高裁の訴訟指揮に「最初の一年半は全く動きがなくもっと迅速にやってほしかったが、最後の半年の審理には満足している」と評価。「合理的な判断、決定をした裁判官に敬意を表したい」と述べた。（角雄記）

（二〇一七年一二月二一日。三面）

井戸弁護士は当初の三者協議で、陪席裁判官二人が後藤裁判長に同調しているようには見えないことが気になっていた、という。

「最初のころの協議では裁判長が一人で発言していたんですよね。陪席裁判官の二人はほとんど発言しなかった。裁判長といえども、陪席の二人に造反されたら合議で負けてしまう。それが心配だった」

元裁判官らしい井戸弁護士の視点だったが、三者協議を重ねるうちに陪席裁判官も裁判長と同じ主張をするようになり「裁判官三人の合議体が一つにまとまっていく印象だった」と振り返る。そのタイミングは取材班の連載とほぼ重なっており、手前みそな解釈をすれば取材班の報道が法廷外から合議体の〝背中を押した〟可能性はある。

無罪の判定を立証する軸にしたのは、鑑定のミスと虚偽自白の誘導の二つ。その構図は一七年前、後藤裁判官が上告審の最高裁調査官として有罪を導いた足利事件のケースと重なり合っていた。彼女が弁護側の主張に取り合わず、冤罪を見落とすことになった致命的なミスは、まさに鑑定と自白は「間違っているはずがない」と信じ込んだことだった。

なぜ冤罪を見抜けないのか

冤罪とは、捜査によって作り出された虚構の物語である。その多くは演出の二重構造にある。捜査の筋書きに合わせて強要される「虚偽自白」と、その自白を裏付けるかのようなジャンクサイエンス（科学とは似て非なるえせ科学）がそれだ。つまり、警察、検察という国家権力によって承認された二つのまがいものがそれぞれを補完し合う構造になっている。

多くの裁判官は、そのことに気が付いていない。それどころか、まがいものをまがいものと見極められず、まがいものを「真正のものである」という司法の最終承認を与えてしまう。「冤罪」の多くは警察、検察、そして裁判官が〝共犯〟としてそれぞれが支え合う、実に始末の悪い構造になっている。

すでに述べたように、呼吸器事件で、二五人目の裁判官として西山さんの冤罪を解いた大阪高裁（当時）の後藤真理子裁判官も、その一七年前、冤罪を作り出す〝共犯〟の役を担った裁判官の一人だった。「決定は足利事件の経験が生かされてのこと。直接お会いして感じた後藤さんの人柄からも、それが分かる。今回は良い判断をされたと思う」

足利事件で無実の罪を着せられた菅家利和さん（逮捕当時四三歳）の弁護人だった佐藤博史弁護士は大阪高裁の後藤裁判長が再審開始の道を開いたと聞き、そう直感した。

足利事件も虚偽自白とジャンクサイエンスが支え合う典型的な冤罪の構造だった。

一九九六年、控訴審の東京高裁で棄却された後、菅家さんは最高裁に上告。弁護人の佐藤さんは当時の最高裁調査官だった後藤真理子裁判官と何度も面談し、ＤＮＡの再鑑定を求めた。調査官とは、最高裁判事を補佐する立場で、判事に助言する重要な役を担う。

逮捕以来すでに六年近くの歳月が流れていたが、弁護団は最新技術の鑑定で犯人の遺留物と菅家さんのDNA型が「一致しない」事実をつかんでいた。「再鑑定をすれば犯人とは別人だとわかるはず」。佐藤さんは、その鑑定結果を最高裁に提出した。しかし、後藤裁判官は弁護人との面談には丁寧に応じてくれるものの「最高裁は事実審をするところではありませんので…」との返答を繰り返した。

裁判には「事実審」と「法律審」という言い方がある。事件をめぐって事実関係を審理し認定するのは一審（地裁）。二審（高裁での控訴審）でも一審の事実認定を審理するが、最高裁では判例や法律違反のみを審理し、一、二審が認定した事実を再検討はしない、という考え方だ。

二〇〇〇年七月、最高裁は再鑑定に傾くことなく上告を棄却。無実の菅家さんは、さらに九年にわたって獄につながれることになり、後藤調査官がその路線を敷いた棄却は最高裁の汚点となって歴史に残った。

「裁判長や判事の意向もでしょうが、後藤さんも無罪の可能性を考えているようには感じなかった」

佐藤弁護士は、そう振り返る。それを裏付けるように上告棄却の三年後、後藤裁判官は弁護側の再鑑定の訴えを指弾し、DNA鑑定について「科学的妥当性に疑問を挟む余地はない」と断定する最高裁判例解説を発表した。しかし、その二年後、新たな論文で初期のDNA鑑定の危険性に警鐘を鳴らし、軌道修正を図っていた。

佐藤さんが、呼吸器事件での後藤裁判長の再審開始決定に「人柄」を見るのは、過ちの可能性を自ら示し、可能な限りの手を打とうとしたように見えるその姿勢が、今回の決定に通じていると感じるからだ。

DNA鑑定をめぐる新たな論文は〇五年、佐藤さんが菅家さんの冤罪を晴らすため、宇都宮地裁で再審請求審を争っている、その渦中に発表された。

そこでは、前回の論文で「疑問を挟む余地はない」と断定した論調とは一転し、こう書かれていた。

「DNA鑑定は、その初期において『究極の鑑定』として決定的な証拠であるかのような誤解を与えていた可能性がある」

DNA鑑定は、足利事件が、証拠能力が争われ判断が示された初の事例であり「その初期において」が同事件の鑑定を指しているのは間違いない。論文では、さらに「その鑑定には問題点を内在するものも少なくなく、その証明力にはおのずと制約があった」「現在の水準に比べれば、その解析度が低いことは否めない」とジャンクサイエンスを形容する指摘が繰り返された。

論文を読んだ佐藤弁護士は「びっくりした」という。さらに驚いたのは、九〇年代初頭と二〇〇五年時点での鑑定技術を比較検討し、最新技術での再鑑定を促すように読める以下の部分だった。

「その技術が時代と共に格段の進歩を遂げた結果、DNA型鑑定の証拠価値は、現段階においては、少なくとも他の証拠資料との総合評価をすることにより、極めて有力な証拠の一つとなりうるという認識で確立されていると思われる」「DNA型鑑定は、現場試料から被疑者を特定することと同時に、被疑者でない者を捜査対象から除外するという側面も有していると評価できる」

佐藤弁護士は、再審請求審の審理を担当する宇都宮地裁の裁判長にこの論文を示し、「当時の最高裁調査官だった後藤さんの論文は、再審請求審でDNA再鑑定を積極的に行うべきであるという明確なメッセージにほかならない」と口頭や書面で繰り返し、訴えたという。残念ながら論文発表から二年三カ月後の二〇〇八年二月、再鑑定は見送られ、同地裁は訴えを棄却。無実の菅家さんの投獄は続いた。

足利事件のDNA鑑定がジャンクサイエンスである可能性を見抜いた後藤裁判官は、菅家さんの冤罪を解き、救い出そうとしたのか。

実は、そうとまでは言い切れない。二度目の論文でも菅家さんの自白について疑問を指摘することは一切なく、むしろ、その任意性と信用性を裏付けるかのように、自白した経緯にこう言及しているからだ。

「事情聴取された初日に自白し、犯行の細部については一部否認するなどしながらも、犯行の基本的部分については一貫して自白していた」「一時否認したが、弁護人と接見した上で裁判所あてに自白を維持する内容の書面を提出し、その後の被告人質問でも再度自白していったんは弁論が終結されるに至った」

後藤裁判官が虚偽自白の可能性に気づいていたとは、この論述からはとても思えない。

えせ科学と自白偏重──無実の罪に陥れるカラクリ

冤罪事件で顕著なのは、多くの裁判官が検察側が示すジャンクサイエンスと虚偽自白を組み合わせた証拠の二重構造の〝わな〟にすっぽりはまってしまうことだ。

一方の信用性が崩れても、もう一方が「偽の真実」を支え続ける。中でも殺人事件での自白は強力だ。「殺してもいないのに、殺したと言うはずがない」。多くの裁判官はそう思い込んでいる。捜査機関は、あの手この手で無実の被疑者をねじ伏せ、強引に言わせた調書は、具体性に満ちあふれ、迫真性に富んでいる。その上、捜査機関が作り上げた犯行の構図とぴたり一致する。

もちろん、事実ではないから詳細に詰めていくとボロが出る。しかし、矛盾が出てきても、裁判官は「供述調書の根幹部分では一貫している」と自らを納得させ、捜査側をフォローするような判決文を当たり前のように書く。根幹部分とは「殺した」という、そのたった一言だ。法廷で無実を訴える被告人に対しては「罪を犯した者の言い訳」と考える。

身に覚えのないことで罪を着せられているのだから「覚えていない」「わからない」「知らない」という言葉が並ぶのは当たり前なのに、判決文では「反省していない」と決め付ける。冤罪事件の判決〝あるある〟だ。

菅家さんの弁護人だった佐藤弁護士は「やりました、と自白すると裁判官でも、それだけで犯人と思ってしまう。大切なのは自白が細部にわたって真実であるかどうかを見極めることなのに、裁判官でもそのことを忘れがちになる」と裁判官が自白の信用性を見極める難しさを指摘する。

足利事件と呼吸器事件で共通するのは、いずれも任意の段階で自白した供述調書があることだ。供述調書は、いかにも素直に自白したような文章になっている。だが、書いているのは本人ではなく、取調官であり、その記述に至る〝不当な〟プロセスが隠されている場合がある。

任意の段階で自白した〝証拠〟は、いとも簡単に裁判官の目を曇らせることになる。

西山さんは供述調書作成に至る経緯を「私は『外した』とは言ったけど『殺した』とは言ってないんです。でも（取り調べた刑事の）Aさんに『外したなら殺したのと一緒のことやろ』と言われて反論できなかったんです」と取材班に語った。調書が取られた日には、病院で不安神経症の診断を受け、うつ状態に陥っていた。

だが、裁判官はそこまで洞察することはできない。

「呼吸器のチューブを外して殺した。私がやったことは人殺しです」

A刑事が書いた文章を西山さんが自発的に語った言葉と受け取ってしまう。

佐藤弁護士は言う。

「足利事件では、法廷でも自白していた人が無実だったと分かり『足利事件の衝撃』とまで言われた。無実の人がうその自白をすることがあるという現実に、後藤裁判官も直面し、衝撃を受けたはずだ。無実の人でも認めてしまう現実を足利事件から学んだはず。その経験が、呼吸器事件の再審決定に生きたのでしょう」

呼吸器事件と足利事件に重なる捜査手法

呼吸器事件と足利事件には無実の人を罪に陥れるいくつもの共通点がある。当初の鑑定の誤りと被疑者の「殺しました」という虚偽自白はすでに述べた。それだけではない。両事件とも身に覚えのない殺人や殺人未遂を自白させられただけではなく、あろうことか、計画的に連続殺人を図った凶悪極まりない殺人犯に仕立てられているのだ。

無実の人を罪に陥れる卑劣な手法が二つの事件で使われたのは、偶然とは思えない。でっち上げようが、作り話であろうが、被疑者の悪質性を際立たせる効果を優先したのだろう。

まずは、足利事件で菅家利和さんが幼女連続殺人犯に仕立てられた経緯を説明したい。

この事件は一九九〇年五月、栃木県足利市のパチンコ店で当時四歳の女児Aちゃんが行方不明になり翌日、近くの渡良瀬川の河川敷で発見された。

事件以前にも、未解決の幼女殺人事件が二件あった。

一つは一九七九年八月、神社で行方不明になった女児Bちゃんが絞殺され、リュックに詰められた状態で渡良瀬川河川敷で見つかる、という事件だった。発見場所はAちゃんの遺体発見場所の対岸だった。もう一つは、八四年一一月、Cちゃんがパチンコ店で不明となり、八六年三月に同市内の畑で遺体で見つかる事件だった。

栃木県警は菅家さんの起訴後、Bちゃん殺害も自供したとして菅家さんを再逮捕。その後、県警はCちゃん事件でも書類送検した。

未解決事件をいっぺんに解決したいという思惑から、長期の勾留で言いなりの状態になっていた菅家さんにすべて押しつけようと自白させたのだろう。

次に、呼吸器事件のケースに移りたい。西山さんは本件とは別に三人の殺人未遂事件を自白させられている。供述調書や自供書の変化を追っていくと、警察が都合よく調書を書き換え、西山さんを計画殺人の凶悪犯に仕立てていくプロセスが良く分かる。順を追ってたどってみる。

【逮捕二日目】「以前から、今回のような事故を起こそうと思っていたわけではなく／夜勤で一緒だった（看護師の）Sさんが勤務時間中も寝ているように思えたので／人工呼吸器の蛇腹（管）を外せば／アラームが鳴ればSさんも起きて飛んでくると思ったのです」（供述調書）

逮捕後間もないこの時点では、西山さんに衝動的に犯行に及んだ、という供述を誘導していた。

しかし、これには問題があった。管を外せば「ピーッ」という高音のアラーム（警報）音が鳴る。だが、アラーム音を聞いた人はいなかった（実際には患者は自然死で息を引き取っていたのだから、当然アラームは鳴っていない）。西山さんの犯行にするには、呼吸器の消音ボタンを押してアラームを消したことにする必要があることに警察は気づいた。

供述はこう変わった。

【同五日目】「本当はアラームなんて鳴っていません。Sさんや他の患者さんに気付かれないように、消音ボタンを押し続けていた」（同）

まだ、問題があった。消音ボタンを押した、とは言わせたが、ことはそう単純ではなかった。消音ボタンを押しても、一分後には再び鳴り出す仕組みになっていたからだ。

警察は同じ日、実況見分を実施し、病院の臨床工学技師に機能の詳細を聞いている。そして、なんと、アラームを鳴らさずに殺害する方法を伝授してもらう内容の技師の供述調書が残されているのだ。

「…『人工呼吸器を装着した所謂、植物人間を誰にも知られずに人工呼吸器を操作して殺害する方法はどんな方法があるのか』とのお尋ねがあり、私自身、人の命を助ける仕事に就いていますので考えたこともないのですが、もし、殺害するとしたら、一番手っ取り早い方法は…」（臨床工学技士の供述調書から）

こう断った後、技師は次のように説明する。

チューブを抜いてすぐに消音ボタンを押すと一分間アラームは鳴らないが、一分後には鳴りだすため、一分たつ前に再び押すと、消音状態は継続する——。

そのような呼吸器の機能は病院内の医師も看護師も誰一人知らなかった。殺す方法など誰も知らないのは当たり前だ。もちろん、機器の扱いを禁じられている看護助手の西山さんが知るはずもない。

ところが、技師から聴き取った完全犯罪マニュアルとも言うべき手口は、そのまま西山さんの逮捕六日目の供述調書に、彼女の言葉として登場するのだ。

【同六日目】「病院に対する不満から、かねてTさん（死亡した患者）の人工呼吸器のチューブを外して事故に見せかけて殺そうと思っていた／チューブを引っ張り上げて外し、消音ボタンを押し続けてTさんが死亡するのを待った」「消音ボタンを一回押せば、一分間アラームが消え、そのたびに消音ボタンを押した」(供述調書)

調書の内容は計画的犯行へ、呼吸器を数分間にわたって消音させる知能犯的な手口が加えられた。そして、さらに犯行の「計画性」を補強するため、西山さんは次々に患者殺害を企てる〝殺人鬼〟へと変貌させられていった。

【同九日目】「(犯行の二日前に) 患者のXのベッド柵を外して事故に見せかけて(殺そう)としたが、考え直して止め、(犯行の前日に) 患者のYを殺そうと考えて首に手を掛けたが、思い止(とど)まり」(自供書)

【同一〇日目】「Zさんの時も掛(かけ)布団で口をおさえつけたら、せきこまれたので／だめだと思い／もうするならTさんしかいないと」(同)

この段階で、彼女は四人の殺害を企てたことになる衝撃的な告白だった。

足利事件で警察がでっち上げようとした二件の幼女殺害事件は、検察が「嫌疑不十分」として不起訴処分とした。呼吸器事件の三件の殺人未遂事件は、自白はさせられたが、立件すらされなかった。一方は、未解決事件を都合よく解決しようとし、もう一方は、犯行をより悪質に見せるためのでっち上げだった。

自ら障害を明かす決意

うその自白には軽度知的障害、発達障害、愛着障害などが背景にあったことが獄中鑑定で明らかになり、報道されたことで西山さんの雪冤への道は大きく開けることになった。だが、西山さんが自分の障害を受け入れるまでにはその後、長い時間が必要だった。

冤罪を晴らすことと共に、自らの障害と向き合って生きて行くこと。西山さんにとっての、人生をかけた二つの〝闘い〟は、まだ始まったばかりだった。

二〇一七年八月二四日の出所後、自分の再審を支援する集会があると、西山さんは必ずマイクをもってスピーチした。最初は、障害があることを自分から話すことはなかった。報道で伝えられたからと言って、誰もが障害のことを知っているとは限らない。西山さんは「障害があることを言うことで、私のことを変に見られるんじゃないかな、と心配になったから」と当時の心境を振り返る。

出所から一年以上が過ぎたとき、ある支援集会でいつものように大勢の人の前に立った西山さんは、突然自分の障害のことを自ら語り始めた。

「私は、まだ和歌山刑務所にいるときに精神鑑定をしました。その結果、軽度知的障害だと分かりました。皆さんには、そう思って私の話を聞いてほしいと思います」

会場全体が水を打ったように静まり返り、西山さんの告白を真剣に受け止めている様子が伝わってきた。障害のことに触れるのを避けていたのに、ありのままを話す様子に驚いた。なぜ障害のことを打ち明けることにしたのか聞いてみた。西山さんは、悩みに悩んだ末の決断だったと明かした。

「正直言うと、最初は自分から話す勇気はなかなか持てなかったんです。でも、障害に触れずに講演で話しても、なかなか理解してもらえなかった。いくら好きになったからとはいえ、なぜやってもいない殺人を自分がやった、と自白するのか、と疑問を持たれた。『そんなんありえへん』って目を向けられているような気がして、悲しかった。ちゃんと説明してもなかなか分かってもらえないんだなって。支援してくれている国民救援会の人たちは、事件のことをよく勉強しているので分かってくれる。でも、その他大勢の人は、警察がどんな取り調べをしたのか、など細かいことまで知らないから」

再審開始決定が出た後、西山さんが支援者たちと署名活動をしていると、署名を求められた通行人が支援者に「この人は本当に無実なんですか?」と聞いている場面に出くわすこともあり、そのたびに落ち込んだ。

確かに、事件の背景や警察の悪質な取り調べなどの詳細を知っている支援者にはわかってもらえても、初めて講演という場で聞く人にわかってもらえるように話すのは難しいだろう。

「せっかく話をしても、聞いてくれる人に冤罪だと言うことを分かってもらわないと意味がない。それで『障害のことを隠すのは、よくないな』と思うようになり、思い切って話すようにしました」

聞き手の受け止め方は、どう変わったのか。西山さんは言う。

「自分から知的障害があると打ち明けると、みんながハッとして聞いてくれるようになりました。そして『あぁ、そうか。障害のある人が大変な思いをしたんだな』『好きになってはいけない人を好きになってしまったんだな』『弱い立場の人が警察の組織ぐるみの捜査で無実の罪を着せられたんだな』というように、いろんなことが聞き手の中でつながっていくというのかな。次第に受け止めてくれるようになりました」

二〇一七年八月に出所し、その日から彦根市の実家で両親との暮らしに戻ったが、社会生活の再開はすんなりとはいかなかった。後に当時の心境をこう話した。

「朝起きて、何もすることがない。刑務所と一緒だな、刑務所の方が仕事をさせてくれるだけ、まだましかな、と思った。みんな仕事をしているから、自分一人だけ家にいるのがつらい。なんで自分だけ、と思い詰めてどーんと暗くなっていた」

ハローワークに何度も通った。対応してくれた四十代の男性職員に、事件のこと、刑務所で精神鑑定したことを正直に話した。

「職員はとても協力的で『障害者雇用もあるよ』と言ってくれた。『企業に過去のことを言う必要はないんじゃないの』と助言もしてくれた。私が『嘘をついているみたいで』とためらうと、電話を代わって企業側に説明してくれた。『この方には刑務所で服役した過去があります。ただ、再審に向けて手続き中で、事情のある方なんです。詳しいことは面接の時に直接本人から聞いて下さい』という感じで」

あるファストフード店での適性検査で「小さいお子さんがセットメニューでもらえるおもちゃが気に入らず『他のおもちゃに変えて』と言ったら替えてあげますか」という設問があり「はい」と書くと、店長に「これはだめだねえ」と言われた。「不採用の一つの原因にはなったと思う」。

履歴書に「二十四歳、事件に巻き込まれ、逮捕」と書いてあるのを見て「えーっ」とびっくりされたことも。「正直に書きすぎだね」と笑われたが、でも「正直に書くのはいいことだよね」とも。その会社は勤務時間が早朝で希望とは合わず、就職しなかった。調剤薬局の面接では、ＡＤＨＤの具体的な特徴を詳しく聞かれた。「事件のことはいいんだけど、責任を伴う仕事だから」と不採用になった。

再審開始決定が出る前に十数社受けたが「事件や障害を理由に門前払いされることはなかった。『冤罪だな』と思ってくれているような気がした」という。

面接しては不採用、という繰り返し。「何度もくじけそうになりました」。一緒に探そうか、と言ってくれる人もいたが「誰からの助けも借りずに、自分で見つけたい」というこだわりがあった。出所から半年が過ぎたころ、大津駅に近いコンビニでのアルバイトが決まった。日々、働く喜びを「毎日が大忙しです」と話した。

客に「あなたが西山美香さんですね。応援してるよ」と言われることもあった。西山さんが「ありがとうございます。でも事件のことに触れられると、今はしんどいの」と正直に答えた。「しんどい」のは、再審開始決定が出ながら、検察の特別抗告によって再審の見通しがたたないためだった。「最高裁の決定を待つまでの一年三カ月は、本当につらかった」と振り返る。

西山さんは、刑務所を出てからしばらくの間、コンビニでバイトをしながら障害者枠での就職活動を続け、二〇一九年に入ってリサイクル会社で職を得た。

一般枠か障害者枠か、就職活動のときに悩みに悩んだという。

「障害者枠で仕事を探しているときは『自分は人より劣っている』というコンプレックスが頭のどこかにあったと思うんです」

軽度知的障害も発達障害も、日常生活に支障はなく、仕事もほぼ人並みにできる。オープンにして職を探すかクローズのまま就職するか。いわゆる「グレーゾーン」と呼ばれる境界域にいる人の共通の悩みでもある。

障害者枠での就職を選択した西山さんは、いま「オープンにしていて良かった、と思う」と率直に語る。その理由は二つある。

一つは支援体制の充実だ。

「今は障害者のための支援センターがあり、スタッフがついてくれていろんなバックアップをしてくれる。相談できるところができたことは大きい」

二つ目は、職場の同僚達との相互理解が自然にできるようになったことだという。

「最初のころは職場でうまく話が通じないと『自分が劣っている』『相手が自分を見下している』と思ったりしましたが、今は私の障害を周りが理解してくれ、私も『相手はこういう考えで言っているのか』と理解できるようになった。(事件のあった)湖東記念病院で看護助手をしていたときは、看護主任にいつも叱られていたけど、私の障害を分かってくれていたら、違ったと思う」

障害者枠で働く職場の雰囲気を「なんか包容力がある、というのかな。とても働きやすい。仕事は人に恵まれることが大切。それによって、自分も成長できていることを実感している」と話す。

二〇二〇年一二月、西山さんは念願の高齢者施設で働くことになった。障害者雇用ではなく、施設側と話し合った上、一般雇用での就職だった。おばあちゃん子だった西山さんは昔から近所のお年寄りたちとも親しく、母令子さんは「もともとは私が勧めていたのはそういう施設でした。それが病院になって大変なことになってしまった」と悔やんでいた。ようやく、自分に合った職場と出会った西山さんの新しい人生の〝春〟だった。

日弁連の支援決定

運命の歯車は中日新聞の報道を転換点として、車軸をきしませながらゆっくりと、しかし、確実にプラスの方向へと逆回転し始めた。

日本弁護士連合会（日弁連）が小出君に連絡をしてきたのは、まだ大阪高裁で再審開始決定が出る前、二〇一七年一〇月のことだった。西山さんに障害があるとの中日新聞の報道を知り「虚偽自白に追い込まれていくプロセスを精神医学的に証明できるか、調べたい」とのことだった。支援が決定すれば、裁判費用を日弁連が負担し、新たに弁護士を派遣して弁護団の体制が強化される。経済的にも追い込まれていた西山家にとってまたとない〝援軍〟になる。

十月下旬、杉本周平弁護士ら日弁連の一行は愛知県一宮市のクリニックに小出君を訪ねてきた。二時間近くに及んだ調査では、小出君が西山さんの障害の特性を説明し、事件の中で何が起きてうその自白に至ったかを説明した。それから五カ月後、日弁連の支援が決まった。

待ちに待った最高裁からの吉報が西山家に届いたのは、二〇一九年三月一九日のこと。当日の夕刊、さらに翌日の朝刊一面のトップニュースになった。

最高裁が呼吸器事件の再審確定／西山さん、無罪公算

滋賀県東近江市の湖東記念病院で二〇〇三年、男性患者＝当時（七二）＝の人工呼吸器のチューブを抜いて殺害したとして、殺人罪で懲役十二年が確定し、服役した元看護助手西山美香さん（三九）＝同県彦根市＝が申し立てた再審請求で、最高裁第二小法廷（菅野博之裁判長）は、裁判のやり直しを認める決定をした。十八日付で検察の特別抗告を棄却した。裁判官三人による全員一致の結論で、事件発生から十六年を経て再審開始が確定した。（以下、略。年齢は当時）

最高裁の判断は、再審全体の動きにも大きな影響を与えた。焦点の一つは、大阪高裁が証人尋問をしないまま再審開始を決定した異例の経過を認めるかどうか、だった。認めたことは、無罪の可能性があるケースでは迅速に裁判を進めるべきだとの指針を示したともいえる。そのことを大津支局の警察・司法担当芳賀美幸記者は、解説記事で書いた。

解説・「尋問なし」迅速救済へ道

再審請求審で特徴的だったのは、関係者の証人尋問を一切行わず、双方の意見書など書証のやりとりのみで高裁が決定を下し、最高裁が確定させたことだ。これまでの主な殺人事件の再審請求審では例がない。福岡大の新屋達之教授（刑事法）は「これまでの再審請求審では、再審開始までの手続きが過度に重視されてきた。今回、審理を迅速に進めた判断は、他の例となりうる」と評価する。

「疑わしきは被告人の利益に」という刑事事件の原則に従えば、高裁決定で有罪の証拠が揺らいだ時点で再審が開始され、再審公判そのものの中で議論されるのが本来のあり方のはずだ。高裁と最高裁の判断は、こうした考え方に沿ったものと言える。それでもなお、高裁の再審開始決定から一年以上も時が過ぎた。十二年もの服役を科された西山さんから、人生の大切な時間をさらに奪う結果になってしまった。今回の決定を機に、冤罪被害者の迅速な救済につながる司法判断が続くことを期待する。（芳賀美幸）

記者会見での西山さんのインタビューも掲載された。

朗報「長かった」西山美香さん会見

―決定の知らせを受けた時の気持ちは。

西山さん「勤務中で、会社の方に母親が涙声で電話してきた。びっくりしたが、井戸（謙一弁護士）先生に電話すると、『おめでとう』と言われて、うれしかった」

―高裁決定から今日まで、どのような気持ちで過ごしてきたか。

西山さん「とても長かった。再審をやめたい、普通の生活がしたいと思うこともあったが、井戸弁護士に悩みを聞いてもらって、続けられた」

―就職するにあたって苦労したことはあるか。

西山さん「仕事をしたかったが、面接に落ち続けた。履歴書に十六年間の空白があることを聞かれて、正直に話して相手に驚かれてつらかった」

―働きだして感じたことは。

西山さん「アルバイトをしていた時に、同僚の高校生のお母さんと年齢が同じ。青春を奪われるというのはこういうことかと思った」

二〇一七年一二月の大阪高裁による再審開始決定から一年三カ月後の二〇一九年三月、最高裁が再審開始を確定すると、もはや捜査の正しさを主張する〝公式見解〟を語る幹部はほとんどいなくなっていた。代わって流布され始めたのは冤罪に巻き込まれたのは西山さんではなく、むしろ自分たち警察であるかのような語

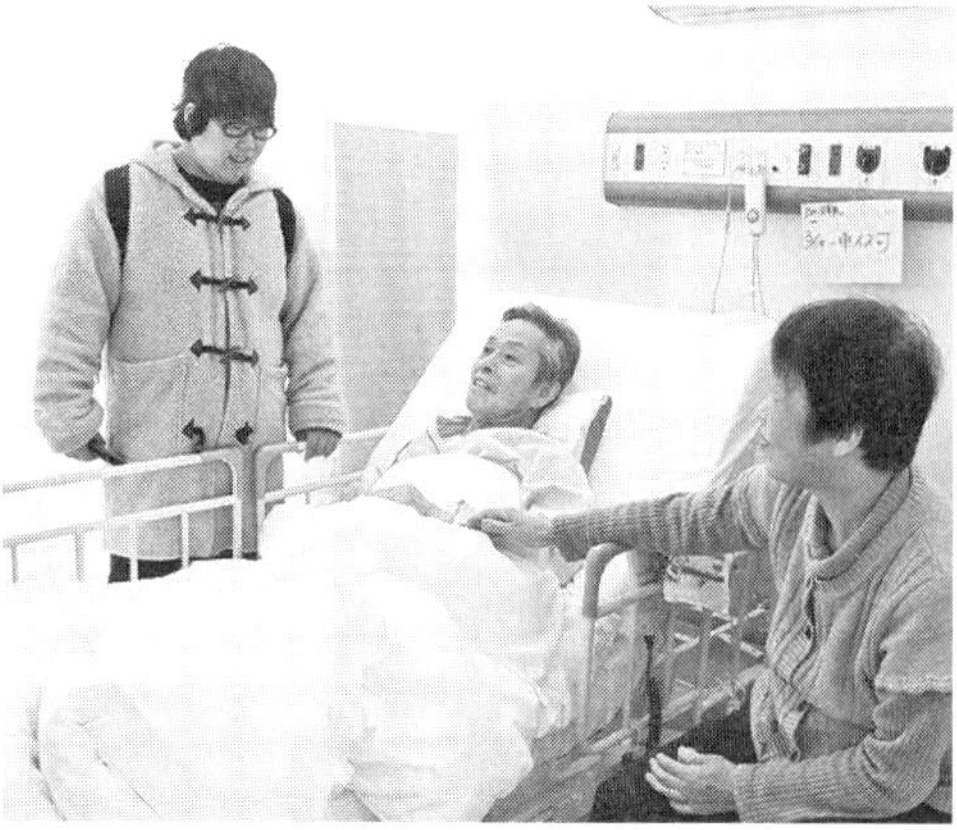

入院中の父・西山輝男さんに再審開始確定の報告をする美香さんと、母・令子さん＝2019年３月19日

りだった。

新たに県警担当として着任する記者たちには、冤罪を否定はしないものの、捜査に非がなかったというイメージを誘導しようとやっきになった。二〇一九年三月に最高裁で再審開始が確定し、その後に県警キャップになった作山哲平記者は、着任して間もないころ〝朝駆け〟した相手の刑事部長（退職）は、雑談の中でこんなことを言った。

「そういえば、中日さんの湖東記念病院の報道、あれ、県警が殺人罪をでっち上げたかのような書きぶりだが、違うからな。そもそもあれは、業過（業務上過失致死）で調べていたら、本人が『殺しました』って言い出したから、えええ⁉ってなった。最初から、刑事が『殺人犯』に仕立てたとか、そういうのじゃないから。これは先輩たちにも言ってある。そこだけは勘違いしないようにな」

刑事課長になったA刑事に直撃

呼吸器事件では、西山さんが自ら「殺した」と自白した供述調書があるが、書いたのは取調官だったA刑事で、それがそのまま流布されてきた。

だが、西山さん本人は「私は『外した』とは言ったけど『殺した』とは言ってないんです。でも（取り調べた刑事の）Aさんに『外したなら殺したのと一緒のことやろ』と言われて反論できなかったんです」と話している。真相を知るA刑事は何と言うのか。

作山記者は再審が始まる直前の二〇二〇年一月、大津から車で高速を走り、ある警察署に向かった。西山さんの取調官だったA刑事がその署の刑事課長になっており、当直長をしている晩を事前に調べて会いに行った。

署の受付で名前を名乗り「当直長はいませんか？」と聞くと、若い署員が「いま近隣を回っている」と答えた。近くで時間をつぶし、ふたたび出向くと、署の玄関を入ったところで、奥から当人が歩いてきた。記者が訪ねてきたと知り、待ち構えていたようだ。別の署員が警戒するように脇にいた。

「あの、当直長は？」

「はい。私が刑事課長のAです」

どちらかというと小柄で白髪交じりの男性の雰囲気は、別件の冤罪事件で暴行を働いて誤認逮捕したパンチパーマのこわもて刑事、というイメージから懸け離れていた。「地味でごく普通のおっさんで、むしろ気の弱そうな感じ」に作山記者は拍子抜けした。

作山「湖東記念病院のことで聞きに来たんですが」

A「それは、個人的に話ができひん。いっつも言うてるねんけど、僕が個人でした捜査やないからね。お答えすることはできんですわ」

作山「二月三日から公判が始まる。当時の話も出ると思いますが」

A「そういう話やったら、上のほうを通じて聞いてもらわないと。申し訳ないけど、個人的にコメントする立場にないんよね」

作山「被疑者の好意を利用して、話を聞き出したという指摘もありますよね」

ずばりと作山記者が聞くと、A課長は明らかにどぎまぎした様子を見せつつ「答える立場じゃないんよねえ」と繰り返した。横にいた男性署員が弁護するように「われわれも、組織で動いていますんで。そういうこと言われると、答える立場にありません、と言うしかないんですよ」と口添えした。

それ以上聞いても同じ返答の繰り返しだった。作山記者の帰り際、A課長は「大津から来てくれはったの？じゃあ、気いつけて」といかにも愛想の良い笑みを浮かべ、見送った。

作山記者は、大津に戻る道中、愛車のハンドルを握りながら考えた。「あの、いかにも好人物に見える警察官が単独でこんなひどい冤罪事件を起こすだろうか」。

作山記者のこの夜の取材は、A刑事課長の警察署を管内に持つ通信局の川添智史記者があらかじめ段取りしていた。A課長が当直長に入る日程を調べ、大津から一時間以上かけて来る作山記者の取材が〝空振り〟にならないよう、会えるタイミングを事前に伝えていた。

作山記者がA課長に取材した翌日、川添記者の携帯に電話が掛かってきた。署の幹部からだった。

幹部「昨日の取材やけど、本人にはやめてくれって本部から申し入れしてたんやけどな」

川添「それは知らんかったです」

幹部「まあええわ。A課長の印象どうや？」

川添「想像とはかなり離れてますね」
幹部「そうやろ。中日さんで結構書いてるけど、書かれてるみたいな人ちゃうんや。昔から知ってるけど朴訥な人。口も上手くないし、女性に対してもそんなんできん。被疑者が『好意に乗じて言わされた』みたいなこと書いてたけどありえへん。わかったやろ。Aは組織のパーツでしかない。聴取の担当で、自分の仕事を忠実にしただけ。そんなんできる人ちゃう」
川添「組織の中で上からの圧力みたいなんあったんかな、みたいに思ったりもするんですけど」
幹部「それもないわ。だって圧力かける必要ない。自分から言ってきたんやから」
川添「自白を迫る必要なかったということ?」
幹部「被疑者がほんま変わってるんやわ。ほんまに。Aさんは、被疑者が言ってきたことを書いただけ。いまは被疑者ちゃうけど」
川添「なら、なおさらホンマのところをAさんに聞きたいですね。そういう意味で取材した方がいいかなと思うんですけど」
幹部「おれは個人的にはかまわんと思っている。本部は取材を控えてほしいと申し入れているけど。ガンガンやってくれてええわ。皆さんの仕事は事実を明らかにすることやから。ただ、中日さんの書き方は良くないと思うわ。ピントがズレてる。確かに無罪になったのは悪い。県警が悪いのは間違いない。だが、悪いのはAだけやなくてむしろ、全体を指揮した捜査指揮官や」
川添「なるほど。じゃあ取材はその捜査指揮官もせんとあかんですね」
幹部「とにかく、大事なとこ見誤ったらあかんからそこだけは言っとこうと思うたんや。批判されるべきところはドンドン書いてくれたらええ。こっちはそれで背筋ピーンとして仕事したらええんやから」

取材を重ねてきた記者たちに「二人のA」が現れ、取材班を戸惑わせた。この時、当初から取材をしてきた角記者と作山記者との間でちょっとした議論が起きた。

作山「Aのことですけど、今まで記事に書いてきたような人物像とは、ちょっと違うんじゃないですかね」

角「というと？」

作山「会ってみたんですけど、被疑者を脅し上げてしゃべらせる、というようなことができる人には思えない。気の弱い普通のおっさんで、冤罪をでっち上げるような人物とはほど遠い印象なんです」

後輩記者から、これまでの報道が少しゆがんでいるのではないか、とでも言うような指摘を受けた角記者はすぐにこう言った。

角「そうは言っても、Aは別の冤罪事件を起こし、そこでは胸ぐらをつかんで被疑者を蹴り上げ、大便にも行かせずにやってもいない窃盗を『やりました』と言わせていた。誤認逮捕は懲戒処分になっている。悪質な捜査をした経歴は否定しようがないよね」

作山「そうなんですけど、イメージが違いすぎて。いま県警を回っている限りでは特に悪い評判も聞こえてこないんですよね」

角「若いころのAをよく知る県警の人は『あいつは使い方を間違わなければすごく仕事のできるやつなんや』って。つまり、危ないところがあったってことは、そうだと思うな」

角記者が言うように、暴行、脅迫の末に別の冤罪事件をやらかした過去は消せない。脅して自白させ、その後は急にやさしくなった、という対応はこの事件で誤認逮捕された被害者と西山さんと一致する。それらを事実として伝えてきた報道が誤っていたとは思わない。だが、作山記者の前に現れ、報道で伝えてきたかつてのA刑事とは別人のようなA刑事課長が存在するのも事実だ。管内の署の刑事課長として何度も接している川添記者に聞いてみた。

秦「Aさんの普段の印象はどう?」
川添「取材で接するAさんは温和な人です」
秦「じゃあ、事件の報道で描かれている人物とは違う?」
川添「表面的には。でも、若い署員たちへの振る舞いを見ると、相手によっては態度が違うのかなと感じたことはありますね」
秦「表の顔と裏の顔がある、ということか。気が弱そうに感じるのも、取材されるのを怖れてびくびくしているということかな」
川添「かもしれませんね」

西山さんが自供書に「外した」と書いたのは六月三〇日。A刑事が供述調書に「殺した」と書いたのはその日ではなく、翌々日の七月二日。その間に当然、捜査幹部に報告し、何らかの指示を受けているはずだ。

さらに、起訴までにはさまざまなハードルがあった。すんなり西山さんの犯行とするには解消できないさまざまな矛盾があった。

軽度知的障害のある西山さんを〝完全犯罪〟の知能犯に仕立てたのは誰なのか。A刑事一人ですべてを思い付き〝演出〟できたとは、とても思えない。不当な捜査は、どこまでが一人の刑事によるもので、どこからが組織的に行われたのか。それを解明する必要があった。

隠されていた〝無罪〟の証拠

最高裁の判断に対し、検察は当初、有罪立証をする方針を示し、あくまで争う姿勢だった。それが半年後に一転する。方針を急転させる理由を計りかねていたころ、あるニュースが飛び込んできた。検察が開示した証拠の中から、解剖医が殺人事件ではない可能性を発生当初に供述している捜査報告書が出てきた、という衝撃のニュースだった。

二〇一九年一一月七日付の朝刊はこう伝えている。

「たん詰まり心停止」 医師の指摘 検察開示

再審が決まった「呼吸器事件」で、男性の死因について、事件翌年の二〇〇四年に、遺体を鑑定した医師が「たんの詰まりにより心臓停止した」と他殺ではない可能性を指摘していた捜査報告書が、検察側から証拠開示されていたことが関係者への取材で分かった。弁護団の関係者は取材に対して「県警や検察側が捜査段階でこの報告書をよく検討していれば、西山さんの冤罪は生まれなかったのではないか」と問題視している。捜査報告書は〇四年三月二日付で作成され、医師の所見として、死因は「（呼吸器の）管の外れのほか、管内でのたんの詰まりにより、酸素供給低下状態で心臓停止したことも十分考えられる」と指摘していた。捜査側は自白の四カ月前に「呼吸器外し」以外が死因である可能性について、専門家の所見を得ていたことになる。

さらに滋賀県警が、この捜査報告書を検察に送致していなかったことが判明する。無罪方向の証拠を身内の検察にまで隠すという、悪質さを裏付ける〝動かぬ証拠〟だった。十一月八日の朝刊では、こう伝えている。

「たん可能性」報告書　今夏まで地検に送らず

遺体を鑑定した医師が「たんの詰まりにより心臓停止したことも十分考えられる」と他殺でない可能性を指摘した〇四年作成の捜査報告書などが、今年七月下旬まで県警から大津地検に送られていなかったことが、捜査関係者や弁護団への取材で分かった。滋賀県警刑事企画課は、理由などについて「コメントできない」と述べた。地検は四月、再審公判に向け、これまで検察に渡していない捜査記録があれば送るよう県警に指示。七月下旬に県警から検察側に新たに資料百十六点が送られ、検察側が十月末に弁護側に開示した中に、この捜査報告書が含まれていた。刑事訴訟法は全ての捜査記録を検察に送るよう定める。

有罪立証を断念するという検察の方針転換は、再審での西山さんの無罪を確実にする動きだった。しかし、西山さんには喜びのかけらもなかった。報道陣の前で、はっきりこう言った。

「有罪立証しないなら、なぜ特別抗告したんですか。正直、怒りがわいた。裁判所が無罪の判断をしたら、何でもかんでも反対したいだけなんですか」

クリスマスイブの誕生パーティー

正社員を目指した西山さんはコンビニのバイトを半年ほどでやめた後、二〇一八年の秋、リサイクル工場で初めて障害者雇用の正社員として採用された。自宅から車での通勤を一年ほど続けていたころ、そこで冤罪による精神的な後遺症に悩まされるようになった。

「工場で作業していると、刑務所でしていた仕事を思い出してつらくなる。動悸が激しくなったり、涙が出てくる」

無実の人が十三年も刑務所に閉じ込められることで、いかに心に深い傷を負うかをあらためて思い知らされた。

つらい日々を送る西山さんを励まそうと、新しく警察・司法の担当になった作山哲平記者が「クリスマスイブに西山さんを励ますイベントを」と提案すると、池田千晶支局長も「それは、いいね」と賛同。誕生日が近い西山さんと森田真奈子記者の二人の誕生日を祝うことになった。接してきた記者たちは、再審を待ち続ける彼女の苦しみを身近で感じていた。

西山さんは署名活動などで大津を訪れるたび、大津支局に立ち寄り記者たちと顔なじみになった。支局を訪れると、原稿を処理中の島崎論生デスクが顔を上げて「やあ、いらっしゃい」。奥にいる池田支局長が「あら、美香さん、元気にしてた？」と気遣ういつものアットホームな雰囲気に「つい足が向いてしまう」と話す。調査報道を立ち上げてから、すでに二年半。当初を知るのは横田信哉カメラマンと、堀尾法道記者だけになっていたが、新しく赴任する記者ともすぐに顔なじみになった。

誕生会を発案した作山記者は、バイオリンをたしなみ、ビオラを奏でる森田記者に「一緒に演奏しようか」と持ちかけ、前日から練習していた。

二〇一九年一二月二四日。午後七時近く、まだ原稿に追われる記者もいたが、支局に来た西山さんは、作山記者や柳昂介記者らに「誕生日おめでとうございます」と迎えられ、会場にしつらえた奥の会議室に招かれた。ドリンクが並び、鉄板で作ったお好み焼き、クリスマスグッズが並ぶ机を囲み、作山、森田記者が「琵琶湖周航の歌」「きよしこの夜」などを演奏。オペラ曲では混声合唱団でテノールの経験がある岡屋京佑記者が美声を響かせた。バースデーケーキのろうそくを記者たちの拍手の中で西山さんが吹き消した。「つらい時期だったから、皆さんの心遣いが身にしみました」と振り返る。

こうして二〇一九年が暮れ、いよいよ再審が始まる二〇二〇年を迎えた。

「被告人」ではなく「西山さん」

二月三日の初公判。注目されたのは、大西直樹裁判長が「被告人」ではなく「西山さん」と呼んだことだった。冤罪事件の再審であっても名前で呼ぶのは珍しい。

検察の冒頭陳述は「有罪の新たな立証をせず、裁判所に適切な判断を求める」など、わずか三〇秒程度。西山さんは弁護側の被告人質問で「(刑事は)ケーキやハンバーガーをくれた。私の好きなオレンジジュースは毎日差し入れてくれた」と違法な取り調べの詳細を語った。

一週間後の二月十日に開かれた第二回公判。西山さんは最終意見陳述で検察のあいまいな方針に対し「有罪でも無罪でもない。それなら、無罪(論告)にしてくれてもいいのではないか」と怒りをぶつけた。

「大阪高裁で再審開始決定が出た後に特別抗告をされて、どんな思いで私たち家族が過ごしてきたか。他の冤罪事件でも(検察側が)抗告を何度もする。どういうふうにその人たちが傷つくかというのを、もう少し考えていただきたい」と述べ、裁判所へも苦言した。

「冤罪で苦しんでいる人がたくさんいる。被告人一人一人の声を聞いていただき、審議していただきたい」

その後、支えてくれた人たちへの感謝の言葉をつないだ。

「中学時代に迷惑をかけていた先生たちは、初めから私が殺していないと思ってくれた。なんとかしようと弁護士に相談に行き、支える会を作ってくれた。その後、日本国民救援会も全面支援してくれ、大きな心の支えとなった。私は心を入れ替えて、拘禁生活をすることができた。獄中では同じ冤罪事件(の被害者)で青木恵子さんと一緒になり、いろいろアドバイスをくれ、本当に心強い仲間です。いい獄友です。ささいな嘘が、こんなに大きくなるとは思っていませんでした。なぜ嘘をついたらいけないのか、支援者、弁護士、いろんな方から教えてもらいました。最後に、弁護団のみなさんに、一言述べさせてもらいます。こんな私で、嘘ばかりついて、大変な事件なのに投げ出さずに…。私は何回も、再審をやめたいと思ったこともありました。両親との関係が悪くなったときにも、弁護士さんは真剣になって話を聞いてくれた。本当に、ありがとうございます」

この日で結審し、いよいよ無罪判決の時を迎えるばかりになった。

真っ白な無罪判決

三月三一日、大津地裁前には早朝から多数のメディアや西山さんの支援者たちが集まった。

大津支局では、警察・司法担当の作山記者が記者の配置や紙面の全体計画を練り、号外から当日夕刊、翌日朝刊の取材、出稿準備を整えていた。支局は総動員体制となった。土井紫記者は法廷内の作画をする画家のエスコートを担当。堀尾記者は開廷後、支局での出稿作業の応援に。甲賀通信局の築山栄太郎記者が支局の応援に入った。地裁前では横田信哉、黒田淳一の二人のカメラマンが西山さんの入廷を待ち構えた。名古屋からは、当初の取材班のメンバーだった角、井本、成田記者と、司法担当の小澤慧一、塚田真裕記者が大津入りした。

電子編集部では、野川真一郎部長が大島康介記者を派遣。無罪判決で支援者らが歓喜に沸く映像を記録する体制をとった。野川部長は、この時の映像などをもとに一時間のドキュメンタリー番組を制作する計画を進めていた。

午前十時半、開廷。判決文が読み上げられた。

「被告人は無罪」

二〇〇四年の逮捕から約十五年九カ月ぶりに、西山さんの名誉が回復された瞬間だった。

大西直樹裁判長は「不当性を伴う捜査があった疑いが強い」「事件性を認める証拠がない」「自白の信用性には大きな疑義がある。（任意性にも）疑いがある」と述べた。一七年の大阪高裁の再審開始決定では自白の任意性は判断しておらず、踏み込んだ判断となった。

当日、三月三一日付の夕刊は、法廷の詳細な模様が速報された。

西山さん再審無罪　やっと真っ白　判決に涙、支援者に感謝

逮捕から約十五年九カ月をへて、やっと手にした「真っ白な無罪」。大津地裁で三十一日に開かれた「呼吸器事件」の再審判決で、「殺人犯」とされてきた元看護助手の西山美香さん（四〇）の名誉が回復された。長い苦しみから抜け出した西山さんは、法廷を出ると支援者に囲まれ「皆さんのおかげで無罪判決をもらうことができました。ありがとうございました」と感謝した。

「被告人は無罪」。大西直樹裁判長が主文を言い渡すと、西山さんは前を見据えて「はい」とうなずいた。訴えてきた「真っ白な無罪判決を」という思いを込め、白いワンピース姿で入廷した西山さん。約一時間半に及んだ判決の言い渡しに落ち着いて聞き入り、閉廷すると深々と頭を下げて、書記官から手渡されたティッシュペーパーで涙を拭いた。法廷を出る際には、傍聴席で涙を流す母の令子さん（六九）に「良かったな」と声を掛けられ、手を取り合って喜んだ。

多くの支援者は法廷前に待機。午前一〇時三五分ごろ、法廷から飛び出した弁護士が「無罪」と書いた紙を広げると、支援者らは拍手で出迎え、「みかちゃん　おめでとう」と書かれた手製の旗を広げた。

西山さんと共に刑務所で服役し、二〇一六年に「東住吉事件」で再審無罪となった青木恵子さん（五六）＝大阪府＝は「よかったね、おめでとうと言いたい。これからは楽しく自分の人生を歩んでほしい」と喜んだ。布川事件で再審無罪となった桜井昌司さん（七三）は傍聴し「裁判長は『なぜ冤罪を生み出

再審で無罪となり、井戸謙一弁護士（右）と握手を交わす西山美香さん＝2020年3月31日

したのか、考える契機にしなくてはいけない』と、きちんと反省の姿勢を示し、涙が出た。判決通り、この事件が裁判所、警察、検察を変えるきっかけになってほしい」と語った。

服役中に発病し、亡くなった後の二〇一八年七月に大津地裁で再審開始決定が出た「日野町事件」の阪原弘さん＝享年七五＝の長男弘次さん（五八）＝彦根市＝は「再審無罪への道筋をつけてくれた。同じ立場として心の励ましになっている」と喜びをかみしめた。

西山さんの中学時代の恩師で「西山美香さんを支える会」の代表を務める伊藤正一さん（七二）は「何としても冤罪を晴らしたいと思って活動を続けてきて、ようやくこの日が来た。美香さんには、正々堂々と人生を送って、幸せになってほしい」と願った。（岡屋京佑、塚田真裕、小沢慧一、柳昂介）

冤罪が晴れるまでの「十五年九カ月」はあまりにも長かった。岡屋記者は解説記事で、国会の主導による司法改革を求めた。

解説・長期化招いた証拠不開示

西山さんが初めて再審を請求してから九年半、再審開始が確定してから一年余りで、ようやく冤罪が晴らされた。これだけの期間を要しながら、検察官の手元には依然として未開示の証拠三百点があり、冤罪が作り上げられた捜査過程は明らかになっていない。昨年十二月、井戸謙一弁護団長は「検事が（証拠を）出さないと言うと、それ以上を求める手続き上の権利はない」と、規定上の限界を述べていた。

刑事訴訟法では、再審の審理の手続きについては「事実の取り調べができる」とあるのみで、進行方法や証拠開示の規定は一切ない。このため、裁判所の裁量次第で審理が長くなり、検察官が証拠を開示しないなど、「格差」が生まれてしまうのが実情だ。

判決では、人工呼吸器の管が外れた際に鳴るアラームの消音機能を西山さんが利用して犯行に及んだとした供述調書なども含め、捜査側に誘導があったと指摘した。西山さんが消音機能を事前に知っていたのかなどの真相を知るためには、呼吸器の機能を捜査機関がどのように把握したのか、当時の捜査資料が不可欠だが、これを示す証拠は開示されなかった。

検察側が「ない」と言っていた証拠が出てきたり、開示された証拠で捜査側の捏造が明らかになったりした事件は、後を絶たない。ドイツや英国では冤罪防止のため、議会の主導で調査委員会などがつくられ、法改正につながった。冤罪被害者が長く苦しむ現状を変えるため、日本でも速やかな法整備が求められる。（岡屋京佑）

（二〇二〇年三月三一日、夕刊）

法廷で感動を呼んだのは、大西裁判長が最後に司法関係者に向けて伝えた「訓戒」だった。

裁判長「裁判官の一人として責任重く」

大西直樹裁判長は判決言い渡し後、「西山さんが逮捕され、今日に至るまでの十五年という歳月を無駄にせず、刑事司法を改革していく原動力にしていかねばならない」と力を込めた。

西山さんが再審公判で、取り調べ刑事にうその自白をしたことを「後悔し、悔やんでいる」と述べたことに触れ、「西山さんが有罪になったのは、西山さんのうそではなく、自白に疑問を挟まなかった捜査手続き上の問題」と指摘。今回の再審公判の証拠開示で初めて明らかになった証拠が複数あったことにも触れて、「捜査や裁判のあり方、刑事司法制度に改善の余地がある」と述べた。

西山さんが最終陳述で述べた「裁判官には被告人一人一人の声を聞いてほしい」との訴えについて、「私自身、当たり前だと思っていたことを指摘されて衝撃を受けた。裁判官の一人として、責任を重く受け止めている」と述べた。

大西裁判長は最後に、西山さんの顔を見つめ、時折声を詰まらせながら、「家族や弁護人、獄友《ごくとも》と貴重な財産を手にした西山さんに、もううそは必要ない。自分自身を大切にして生きていってほしい」と語りかけた。西山さんは大きくうなずき、涙をふいた。

西山さんは閉廷後、「裁判官が『西山さんはもううそをつく必要はないから、自分を大切に生きていってください』と涙ながらに言ってくれて、本当にうれしかった」と、あふれる涙をぬぐった。（芳賀美幸）

（二〇二〇年三月三一日、夕刊）

◇裁判長の涙

裁判官が涙ぐむのを見聞きしたのは初めてだった。「呼吸器事件」の冤罪被害者、西山美香さんに無罪判決を言い渡した再審公判を傍聴した時のことだ。涙声になるのに気づき、メモを取る手を止めてはっと見上げた。

一時間半にも及んだ判決理由の言い渡しを終え、大西直樹裁判長は「最後に、西山さんに伝えたいことがあります」と切り出し、一つ一つの言葉を丁寧に選ぶように、優しく語りかけた。「今日が新しい人生の第一歩となりますように」

裁判官が身にまとう黒い法服には「何色にも染まらない」との意味があると聞く。そんな裁判官たちは、普段は個人の感情を押し殺して職務に当たっているように見える。

裁判長の脳裏に何が浮かんだのか、分からない。ただ、刑事裁判官としての深い自省の念は、しっかりと伝わってきた。（角雄記）

（二〇二〇年四月一一日、夕刊）

冤罪事件は捜査機関がつくり出し、裁判所が認めてしまうことによる悲劇だが、そこにマスコミも『加担』したことは、否定できない。平田浩二編集局長は一面の編集局長評論で、西山さんに謝罪したことを明かし、真実を伝える使命の重さと、そのための決意を読者に伝えた。

真実の「ことば」　探し続けます　編集局長　平田浩二

西山美香さんが逮捕されたのは、二〇〇四年七月。次第に人々の記憶から薄れていきました。それから十三年後。「殺《こ》ろしていません」。大津支局の記者が獄中から家族にあてた西山さんの手紙を目にしました。「借り物の言葉ではない」――。ベテラン編集委員と若い支局員たちによる取材班を立ち上げました。一審判決から七度の裁判で有罪と認定された事件です。

しかし、三百五十通を超える手紙を読み込み、弁護団と協力して独自に獄中での精神鑑定を行い、捜査関係者らへの再取材を重ねました。取材班は「無実」の確信を強めていきます。記者たちは弁護団も気付いていなかった「障害」に着目。軽度知的障害を明らかにしました。

日本の刑事裁判では有罪率が九九%。検察は日本の刑事司法において絶対的に正しい判断を行う存在であると自任し、裁判所は検察の判断をなぞるように有罪を告げてきました。

身に覚えのないことをやっただろうと自白を迫られ、犯罪者に仕立て上げられる。こんな人権侵害があるでしょうか。

事件現場に遺《のこ》された凶器や指紋、血痕といった物証が犯人を特定する決め手になることがありますが、事件の全容を解明することはできません。容疑者や関係者の供述という「ことば」が不可欠なのです。今回の取材で「供述弱者」の存在を浮き彫りにしました。真実を、自身の内面を「ことば」でうまく伝えられない人がいます。虚偽の自白を、司法の世界で十分に理解されているのか。冤罪の悲劇を防ぐため心理学、精神医学の視点からも追究しなければなりません。

これまで事件や裁判の取材をしてきましたが、記事にする時には必ず「当局」の見解、つまり担保を得ようとしました。「メディアは警察・検察の応援団」と揶揄《やゆ》されることもありますが、捜査権限を持たない記者が真実に迫るには情報源に食い込むしかないからです。

しかし、西山さんと会って本人の「ことば」に接し、当局に作られた逮捕時の「ことば」が真実と懸け離れていたことを知りました。報道が本人と家族を深く傷つけてしまったことを痛感し、謝罪しました。

人権の尊重とは、他人の命と気持ちを大切にすることです。あらためて自戒するとともに、権力や組織を前に声を上げられずにいる人たち、制度のはざまで苦しんでいる人たちの「ことば」を探し続けていきます。

（二〇二〇年四月一日、朝刊）

二〇一六年の取材着手から四年目。記者たちは二〜三年周期で異動があり、何人もの記者が西山さんと取材を通じて関わった。関わりが長い記者たちの思い入れはより深い。それぞれにこの日を迎えた思いを記事にして伝えた。

障害向き合い　両親と前へ

再審無罪を目指す西山美香さんの道のりは汚名をすすぐ闘いだけでなく、本人も家族も気付いていなかった障害と向き合う日々だった。

獄中で「うその自白」の背景に軽度知的障害と発達障害があることが分かったものの、本人は受け止めきれずにいた。出所間もない二〇一七年秋の冤罪を訴える集会では、講演で自らの「障害」に触れることはなかった。

当時から、取材班の一人として、同僚たちと自宅に何度も通うなどして西山さんと交流した。講演で障害に触れない理由を聞くと、「障害のせいで就職ができなくなる」と打ち明けてくれた。

貫いたのは「両親にたくさん迷惑かけたから、早く働いて支えてあげたい」との思いだった。そして、一八年末、リサイクル工場の社員になった。面接試験で何社も不採用となった末、障害者枠で就職を決めた。

ただゴールの見えない再審と仕事の両立に「裁判疲れました」「早くふつうに暮らしたい」と苦しんだ。それでも、一九年秋に軽乗用車を購入し、週末には同居する両親のために買い物に出掛けているという。

二月、名古屋市であった講演会で「障害」を自らきっぱりと語っていた。「精神鑑定で分かって、そのおかげで前より生きやすくなった。周囲に感謝したい」（成田嵩憲）　（二〇二〇年三月三一日付　夕刊）

支援の輪　少しずつ　両親も苦闘の一六年

呼吸器事件の取材に携わって五年たつが、忘れられない取材場面はたくさんある。一時間半にも及んだ判決言い渡しの間、そのうちのいくつかをふと思い出していた。西山美香さんの両親のことだ。

西山さんの満期出所まで残り一年を切った二〇一六年冬。曇り空の寒い日に行われた支援団体の署名活動に、父輝男さんの姿があった。しかめっ面で不器用そうに頭を下げ、「お願いします」「ありがとうございます」と署名を募っていた。

若い男性が、そんな輝男さんを遠巻きにしばらく見つめ、署名に応じていた。「痛々しい感じのお父さんの姿を見てると、いてもたってもいられなくなって。私も人の親ですから」。同じように離れた場所から見つめていた女性も、近寄って署名していた。

西山さんの無実を誰よりも信じてきた輝男さん、母令子さん。こうして少しずつ少しずつ、周囲の理解と支援を増やしていった。他人が簡単には言葉で表すことのできない、本当につらく、苦しい十六年だったろうと想像する。

西山さんの再審開始が初めて裁判所に認められた一七年十二月。輝男さんと令子さんは歓喜の輪から離れた大阪高裁の庁舎の一角で、静かに喜びあっていた。そんな二人の姿を見つけた時には、思わず涙がこぼれた。後日、西山さんに「角さん泣いてくれやったそうですね」とからかわれた。

そしてようやく勝ち取った「真っ白な無罪判決」。涙しながら聞く両親の姿を見て、また目頭が熱くなった。大西直樹裁判長は、無罪判決を言い渡した後の西山さんに対するメッセージの中で、両親の苦労にも言及した。本当に心のこもった、血の通った判決だった。（角雄記）（二〇二〇年四月一日付、朝刊）

◇

A刑事を「うらみません」　しっかり者と純真さが同居　無邪気で好奇心旺盛

獄中から届いた最初の手紙で、刑事のことを聞いた質問の答えが印象的だった。

「Aさん（原文は実名）のことはもうどうも思っていません。両親はゆるせないと言っていますが私はうらみもしませんが怒りをとおりすぎているのです」

二〇代から三〇代にかけて、一番楽しい時間を奪われる原因をつくった相手を恨みもしないなんてあり得るだろうか。精神鑑定で知的には子どものような側面があることが判明したことを考え合わせ、ふと美香さんには「恨む」という感情はないのかもしれない、という思いがよぎった。

A刑事に恋してしまったのですか、という率直な質問に「恋愛という気持ちよりも私のことを理解してくれているこの人は信用できる人と思ったのです」「私をたいほしたことで出世したのです」とつづる彼女の心情が、切なくもあった。

丁寧に書かれた文字が並び、七枚の便箋にはそれぞれ通し番号が振られていた。「手紙をくださったのは本当にうれしかったので聞きたいことあればぜんぜんえんりょせず手紙ください」。こちらを気遣う言葉もあり、申し訳なく感じたほど。初対面が待ち遠しかった。

二〇一七年八月下旬、その日が来た。「高田さんですか。想像していた通りの人ですね」。出所した美香さんは、私を満面の笑みで迎えてくれた。以来、彼女の中には、しっかり者の「美香さん」と、子どものように純真な「美香ちゃん」が同居しているように感じている。

好奇心の旺盛さは、「女の子」そのもの。支援者にもらったというメーキャップ用の筆を私の前で取り出して「使い方が分からない」とこぼしたので、教えると、その日の夜には電話で次々と質問を受けた。「化粧の手順はどうするの？　ファンデーションの種類の違いは何？　化粧水はどこのブランドを使っていますか？」。取材班の記者たちに対しても、興味があることには矢継ぎ早の質問が始まる。「お子さん何歳ですか？」「名前は何ていうんですか？」「やっぱり子どもはかわいいですか？」。同僚たちも、美香さんの質問攻めにはたじたじとなる。

その一方で繊細な気配りを見せることも。私が風邪気味だと知ると「お体大切にしてくださいね」とメッセージが届く。子どものように「またイライラしてきたよ。こんな自分嫌だ！」と甘えることもあった。メッセージには必ず絵文字やスタンプが添えられ、女子生徒同士でのやりとりをしているような感覚になる。

無邪気で、好奇心が旺盛。相手を信じて喜怒哀楽を素直に表現し、相手の悪意をわざわざ探すようなこともしなかった。お人よしで、要望にはできるだけ応えようとする一方で、心中をうかがいすぎてしまう少し臆病なところもあった。

刑事を「恨む」という選択肢がないのは、彼女の障害ゆえかもしれない。ただ、それは純粋無垢（むく）な子どもの心を持つ彼女の個性の一つとも思える。きっと、美香さんの心は汚れのない「子ども」なのだ。だからこそ、こんな冤罪事件に巻き込まれてしまったのだろう。人を恨んだり、裏切ったりすることのない美香さんが、その個性を生かして新たな人生を歩めることを、伴走者の一人として願っている。（高田みのり）（二〇二〇年四月五日、朝刊）

無罪判決から一夜明けて、祖母の墓参りをする西山さん

再審裁判で証言台に立つ西山さん
（イラスト・もりかつ）

Ⅴ　国賠訴訟へ

「勝利」への道のり

再審無罪を勝ち取ってから九カ月後の二〇二〇年一二月二五日、西山さんは国家賠償訴訟を提訴した。

国賠訴訟に踏ん切りをつけた第一の動機が「許せない」との思いにあることは、提訴の日付に表れていた。その日にこだわる特別な意味があった。

二〇一七年一二月二五日、西山さんは大阪高検から再審開始決定に対する特別抗告を突き付けられた。「あの日から新たな不幸が始まった」。忘れ難い日になった。

再審事件での検察の〝終わりなき〟反撃は昭和、平成を通じて既定路線のようになっていた。大阪高検による特別抗告はその象徴的な事例になったともいえる。一二月二〇日に再審開始決定が出てからの五日間で、検察が西山さんの無罪の可能性を検討した形跡はなかった。

「齟齬がある」

申立書には、主張が破綻していることを自ら認める言葉まであった。

「確かに、被害者の異常を発見した時点で人工呼吸器の管がつながっていたか否かという点で、解剖時に解剖医が得ていた情報と、確定判決が認定した事実に齟齬がある」

わかりやすく言うと、こういうことだ。

解剖医は「チューブが外れていた」という発見時の伝聞情報を死因の前提にしたが、われわれ検察が主張した筋書きは発見時「チューブはつながっていた」ことになっているので、そこは矛盾しています――。

有罪主張をする上での致命的な矛盾を認めながら、立ち止まろうとしない。社会正義を掲げながら、明らかな誤りを認めず、障害を持つ弱者を責めつづける。税金を使っていることへのためらいも感じられない。その思考はどこから来るのか。

申立書には、三浦守大阪高検検事長の署名があった。三浦検事長はこの特別抗告の後、ほどなくして最高裁の判事に転身した。身内意識が蔓延した検察組織の論理を崩すことで自らの栄達の道が妨げられることのないよう、人権救済の道を問答無用に閉ざしたと見られても仕方がないだろう。個人を押しつぶして平然としている権威主義が果てしなく広がるこの国の、荒涼とした司法の、それが現実だった。

元検事の国田武二郎弁護士は「検事長として『これ以上、被疑者・被告人を苦しめるな』と言えば止まったはず。署名した責任は重い」と特別抗告した対応を疑問視し、最高裁判所裁判官国民審査の際には「今回の経緯は、審査の参考資料に出てきてしかるべき」と語った。悲しいかな、国民審査も機能しているとは言いがたい。人々の関心の薄さがもたらす民主主義の空洞化でもある。

「新たな不幸の始まり」

それをもたらしたのは、冤罪を解くまでのここまでの道のりとは異質のものだった。誰の目にも明らかな間違いが改まらない。改める立場にあるものが、改めようともしない。そして、優位な立場にある者が素知らぬ顔で弱い立場の者に、理不尽な苦しみを押し付ける。そのような閉塞した社会と、西山さんとの新たな闘いだった。

苦しみ続けた雪冤の道のりを第一幕とすれば、第二幕の幕が開けたのは、ここからだったように思う。

その日から最高裁が棄却するまでの一年三カ月、西山さんは不安と恐怖にさいなまれる新たな苦しみを強いられることになった。その後、再審で検察は有罪立証を放棄した。ほっとする一方で不信感と憤りはさらに募った。「いったい何のための特別抗告だったのか」。事件の渦中だけでなく、ここに至ってもなお、検察という国家権力に理不尽な苦しみを強いられた憤りを消すことができなかった。

「あの特別抗告で一番苦しんだのが両親だったんです。だから許せないんです。それまでさんざんつらい目にあわされて、ようやく再審の扉が開かれることになったのに、まただめになるかもしれない。巻き込まれた家族がどれほど苦しむか。それがどんな思いかわからないんですか。許せません」

そんな西山さんを小出君はこう見ていた。

「今の彼女は事件当時の彼女とは違う。いろんな試練を経験して、ひと回りもふた回りも人として成長している。不安定な言動の向こうにも、彼女なりに懸命に考えた意思が明確にある。今回の場合は、やはり検察を許せない、という思いが強いね。国賠訴訟をすることで自分自身が苦しむことは本人も重々わかっているはず。でも数カ月をかけて、やっぱりやるしかない、と決めた。そこには今なお苦しんでいる冤罪被害者がいて、自分が闘うことでその人たちが勇気付けられる。そこに闘う意味を見出した。そんな思いの全てが一二月二五日という日付けに詰まっているんだと思うよ」

検察を許せない、という憤りの一方で、西山さんにあったもう一つの思い。国賠を提訴する少し前、西山さんからこんなメッセージがラインに届き、その思いを知ることになった。

〈秦さん。私は、自分の為に、国賠を、するのでは、ない。今なお冤罪で苦しんでいる人を、救いたい、元気をあげたい、私がする事で、勇気を持って欲しいから、するのです〉

考えてみれば、西山さんが何かの行動に出るときの基準では「誰かのため」という価値判断を優先させることが多い。そもそも冤罪に巻き込まれた「チューブを抜いた」という一言が、そうだった。あれも、同僚のS看護師を救おうとして出た一言だった。

最初に患者が死亡していることに気づいたS看護師が「チューブが外れていた」ととっさにうそをついたため、警察はチューブが抜ければアラームが鳴るはずなのに、適切な対応をしなかったのは業務上過失致死だとして捜査を始めた。S看護師と一緒に当直していた西山さんは「アラームは聞いてない」と否認し続けていたが、A刑事に脅されて「アラームを聞いた」と認めてしまった。警察は「看護助手が聞いたと言っている」と厳しくS看護師を問い詰めた。精神的に追い詰められていくS看護師の様子を知り、西山さんは慌てた。何度も警察に出向き、必死で供述の撤回を申し入れたが、警察は認めなかった。袋小路に入った西山さんは、最後の手段としてこう考えた。

「私は独り者だが、Sさんは母子家庭で家にも帰らせてもらえず取り調べを受けているのは気の毒。私が抜いたことにすればいい」

S看護師を守ろうと、自分が全てを引き受けることにしたのだった。

苦しんでいる人が身近にいることを知りながら、見て見ぬふりをすることができない。西山さんにはそんなところがある。

当初は二の足を踏んでいた国賠提訴に、どこで心変わりしていったのか、と聞くと、西山さんはこう言った。

「井戸先生には『精神的に耐えられる?』『やめた方がいいんじゃないのかな?』と言われていました。じゃあ、もし私が提訴したらどうなりますか、と聞いたら、先生が『美香さんは冤罪をなくしたい、という気持ちが強い。冤罪を訴えている人たちは勇気づけられるんじゃないかな』と言ったんです。それでぐらついた。

その後だんだんやる方向に自分の中で傾いていきました」

冤罪を生み出す捜査をやめさせ、冤罪被害に苦しむ人たちに一日も早い「無罪」を後押ししたい。それが純粋な彼女の思いだと痛感したのは、冤罪被害者を支援する国民救援会の会報誌に掲載された記事を読んだ時だった。

記事は「救援新聞」の二〇二〇年一一月五日号に掲載された。筆者は同会滋賀県本部会長の中野善之助さん。掲載紙の写真とともに関係者が西山さんのフェイスブックにリンクしていた。内容は中野さんが一〇月七日、大津駅を通り掛かったときに偶然、西山さんと出くわしたときのことだった。

「大津駅入り口に来た時、『中野さん』の声がかかった。目を向けると、西山美香さん（湖東記念病院人工呼吸器事件）だ。近寄ると、傍の壁に手作りの日野町事件のパネルを立て掛け、画板を持って、通る人に署名を呼びかけ一人宣伝をしているではないか。思わず我が目を疑った。全く一人での行動である。訳を聞いてみると、某新聞の記者と会う約束をして大津に出掛けてきたのだが、署名を集めて阪原弘次さん（故阪原弘さんの長男）に渡したいので駅前で集めることを思いつき、早く来てやっているというのである。『まだ七筆しか集まっていない』と愚痴りながら、懸命に頑張っているのである」

阪原弘次さんとは、二〇一八年七月に大津地裁で再審開始決定が出た日野町事件で冤罪を訴えている故阪原弘さんの長男のことだ。事件は一九八四年一二月、滋賀県蒲生郡日野町の酒店の女性が行方不明になり、翌年一月に他殺体となって発見された強盗殺人事件で、日本弁護士連合会が再審支援事件に指定している。

記事の末尾を中野さんはこう結んでいる。

「私の心に衝撃が走った。それにしても、誰でも思いついて出来る行動ではない。えん罪の恐ろしさを芯から知り、同じ思いを持つ阪原さんへの深い思いやりがそうさせている。感動の一幕に心が洗われた」

記事には、西山さんが署名簿を持ち、一人で立っている〝証拠写真〟が添えられていた。後方には「日野町事件」と印刷された手製の看板がテーブルの上に立て掛けてある。

西山さんに聞いてみた。

——なぜ署名を？

「両親がまだ誰からも支援してもらっていない時に大津で署名活動して大変だったと話していたので」

——日野町事件のことは？

「刑務所にいる時に両親から『滋賀にはもう一つ冤罪事件がある』と聞いて。出所後は遺族の弘次さんたちと会い、本当にかわいそうだと思って。もう人ごとじゃないんです」

集めた数は十一人。中野さんは「忙しい人たちを足止めして、事件の説明をして、賛同してもらい、住所と名前を書いてもらう。そりゃね、一人にお願いするだけでも大変なことなんですよ」と話す。街頭での署名の難しさを肌身で感じた西山さんは自宅（同県彦根市）の近所で集めることに注力した。

「五人分の用紙が三〇枚、一五〇人分集まりました」

あらためて西山さんという人の〝真っすぐな人柄〟にうたれた。苦しんでいる人を見ると放っておけず、助けるためにとことん献身する。こんなところが、古典的な捜査機関の術中にたやすく落ちてしまった弱さでもあったが、これからは冤罪被害や、あるいは障害という、同じ苦しみにあえぐ人たちにエールを送る立場として、もしかすると最大の強みになるかもしれない、という思いも頭をよぎった。

二〇二〇年の秋ごろから、西山さんはフェイスブックでの発信を始めた。仕事の合間を縫って、冤罪被害者のために駆け回っている様子や家族への思いが伝わってくる。

【一〇月一四日】一一日、奈良の山添村に、青木さん（東住吉事件の冤罪被害者、青木恵子さん）と、行って来ました。岡さん（名張毒ぶどう酒事件の奥西勝元死刑囚の妹、岡美代子さん）すごく喜んでくれて良かったです。部屋の中で写真を撮るのに、くろうしましたが、玄関先（の写真）は親戚の人が撮ってくれたので、まあまあです。ただいまカメラ練習中。

【一〇月一六日】今日は、青木さんのＨｏｎｄａの訴訟（※事件で出火原因となった車のガソリン漏れに対する損害賠償請求）の判決！いい結果を知らせてくれると、信じていたのに、まさか負けるとは。残念ですが、本人はいたって元気。身体だけは、気を付けて。大阪で、スイーツ買ってもらいました。美味しかったのよ。次の日に、青木さんの娘さんの、お墓参りして来ました。供えるケーキにしました。優しいお母さんなのに…。

【一〇月二八日】青木さんいつもいつも私の話聞いていてくれて、有難う！多田謡子反権力人権賞おめでとうございます。

【一一月一〇日】今日は、名張事件請求人の岡美代子さんの誕生日で、昼過ぎお電話で話しました。凄く元気で安心しました。これからも、名張事件にも力を入れていきます！奥西さんの名誉回復絶対しないと！！

【一二月一四日】明日で、今年（の師走）もあと半分。今年は三月三一日に無罪判決をもらう事ができ、新しい職場で再チャレンジ！！来年も、皆様宜しくお願いします。今年中は、難しかったが、来年早々、日野町事件・大崎事件が、再審開始をもらう事になるよう宜しくお願いします。私の時の様に、皆様の支援が、大きいので…。そしてまだまだ苦しんでいる冤罪犠牲者を、救い出せる年にしたいです。獄中の人たちには、年賀状を、送ってあげましょう。詳しい住所は、救援会新聞に載っています。

【一二月二〇日】もうすぐ一二月二八日で、三七年だよ‼日野町事件！悪徳裁判官ばかりで、酷い判決ばかり。お願いだから、大阪高裁裁判長の岩倉裁判官（当時）再審開始決定下さい。みんなの願いです。阪原弘さんは、人殺しなんかできない。子煩悩で、歌が好きで、お酒が好きで、人のいい人。私は逢った事ないけど、息子さん、娘さん見ていたら、分かりますよ。お願いと、空を向いて祈り寝ます。

西山さんが発信するメッセージはまるで、家族のように、そして当事者の苦しみを分かち合い、代弁し、そして身もだえせんばかりの悲しみや怒りが伝わる。フェイスブックで伝える以外にも、獄中にいる人、その家族らと手紙やメッセージをやりとりしている西山さんは、同じように獄中で助けを求める人たちに小まめに手紙を書いている青木恵子さんとともに、冤罪被害者たちの心強い存在になっている。

二〇二〇年一〇月二七日、西山さんに朗報が訪れた。刑事補償金の支払いが確定した、との連絡だった。この時点でも西山さんは国賠への意思を明言していないが、刑事補償金は提訴の元手となる資金。国家権力に対する〝反撃〟の準備へ、大きな一歩だった。

西山さん「安心しました」再審無罪で補償金

滋賀県東近江市の病院で二〇〇三年に男性患者が死亡したことを巡り、同県彦根市の元看護助手西山美香さん（四〇）が殺人罪で懲役一二年の判決を受け服役した後、再審無罪が確定した「呼吸器事件」で、大津地裁（大西直樹裁判長）は二七日、刑事補償法に基づき西山さんに補償金五九九七万五千円を支払う決定をした。

西山さんは今年七月、逮捕された二〇〇四年七月から刑務所を出所した二〇一七年八月まで四七九八日間を拘束期間とし、請求上限額の一日当たり一万二五〇〇円を掛けた額を請求。地裁は請求通りに交付すると決めた。理由として「捜査の経緯やその過程における取り調べの在り方を考慮した」とし、うその自白の誘導など、滋賀県警による不当な取り調べがあったと改めて示唆した。

大津市内で記者会見した西山さんは「決定を受けて安心しました。裁判所には早く払うことにしていただき、うれしい」と笑顔を見せた。再審弁護団の井戸謙一団長は「取り調べの不当性で苦しみ抜いてきたことを正当に評価いただいた」と述べた。今後、国家賠償法に基づき捜査機関の責任を問う訴訟を起こすかについて、井戸団長は、刑事補償金と並行して請求していた費用補償の手続きが完了した段階で検討したいと述べるにとどめた。

患者遺族に病院側が支払った保険金への賠償として、西山さんは保険会社に約二〇〇〇万円の債務を負っているが、会見で弁護団は、再審無罪が確定した後の民事再審手続きで今月上旬、債務が消滅したことも明かした。大阪高裁での手続きで、保険会社が請求の放棄を表明したという。

（二〇二〇年一〇月二八日、朝刊一面）

二〇二〇年一二月上旬、西山さんの銀行口座に刑事補償金が振り込まれた。口座への入金を確認し「初めて提訴が現実的になった」と言う。
二五日、西山さんは国賠を提訴した。

西山さん「一生懸命闘う」 大津地裁 損賠求め国と県を提訴

滋賀県東近江市の病院で二〇〇三年に患者が死亡した「呼吸器事件」で、再審無罪が確定した元看護助手、西山美香さん（四〇）＝同県彦根市＝が、国家賠償法に基づき国と県に損害賠償約四三〇〇万円を求める訴訟を二五日、大津地裁に起こした。提訴後に記者会見を開き、県警と検察に「もう冤罪を生むことはしないでほしい」と訴えた。

西山さんは同日午前、支援者らに手を振りながら笑顔で地裁に入り、訴状を提出した。会見では「一生懸命闘っていきたい」と決意を述べた。訴状では「うその自白」の誘導や、患者が「たん詰まり」で亡くなった可能性を示す捜査資料を検察に送らなかったことなど捜査の違法性を問うほか、検察に対しても、県警の違法捜査を見過ごして起訴したことや、再審開始決定後に特別抗告したことの適法性を問う。損害額は、一三年余りの拘束に対する慰謝料や経済的損失など一億三〇〇〇万円から、既に支払われた刑事補償金約六〇〇〇万円分を差し引いて請求した。

原告側は訴訟で、担当捜査員や検事、解剖医らへの尋問を視野に入れている。滋賀県警監察官室は「訴状が届いておらず内容を承知していないが、今後、確認した上で適切に対応する」とのコメントを出した。

（二〇二〇年一二月二五日、夕刊社会面）

謝罪なき捜査機関の反応

「滋賀県警は、いまも冤罪をつくっている。冤罪をつくる捜査をやめようとしていない」

西山さんが国家賠償訴訟を起こす決意をした理由の一つがそれだった。

捜査機関はなぜ、後戻りできなかったのか、そしてなぜ、今なお誤認逮捕を招いた捜査の問題点を検証し、反省をいかして再発防止を進め、その内容を透明化し、その姿勢を積極的に市民に表明しようとしないのか。三年以上にわたる記者たちとの取材で見えてきたのは、冤罪をつくりだすのは「組織」だということ、そして、冤罪を解くカギは「個人」にしかない、ということだった。

滋賀県警は非を認めない対応を判決後も続けた。

冤罪をつくりだしたことへの反省と、捜査のプロセスの検証作業、西山さんへの謝罪など、一切封印するスタンスを露骨に示し、市民からの抗議にも答えようとする姿勢を示さなかった。判決から三日後の中日新聞には、次のような記事が掲載された。

電話やメール　「内容、件数　言えない」

今月二日に再審無罪が確定した元看護助手西山美香さん（四〇）への対応などを巡り、県警に、市民から意見の電話やメールが三日までに複数寄せられたことが分かった。県警県民センターの担当者は「三一日の判決後、テレビや新聞で報道されて反響はあるが、内容や件数は言えない」と話し、問い合わせの件数や趣旨は明らかにしなかった。

大津地裁は三月三一日、再審公判で「担当刑事が恋愛感情を利用して自白を誘導した可能性がある」として捜査の不当性を指摘し、無罪を言い渡した。県警は同日、「判決については真摯に受け止め、今後の捜査に生かして参りたい」とコメント。一方で「問題点がある捜査とは思っていない」などと強弁した。（作山哲平）

（二〇二〇年四月三日、朝刊滋賀版、一部略）

二週間後の四月一七日、滝沢本部長が判決後、初めての定例会見を行った。しかし、非を一切認めようとしない姿勢は変わらなかった。それどころか、広報が記者の質問を制限する、という定例会見の場で考えられない対応をした。定例会見を県民に向けて発信している、という基本的なことを忘れ去り、組織防衛、個々の保身にしか意識が向いていないことが明らかだった。会見の内容は翌日の中日新聞に掲載された。

「無罪　真摯に受け止め」　呼吸器事件　県警本部長が初見解

大津地裁が三月、裁判をやり直す再審で「不当捜査の疑いが強い」として無罪判決を言い渡したことについて、県警の滝沢依子本部長は一七日の定例会見で、「無罪判決を真摯に受け止めて、今後の捜査に生かして参りたい」と初めて見解を示した。一方、謝罪はせず、具体的な施策についても答えなかった。

定例会見は県警記者クラブが主催しており、質問は県警側に事前通告するのが慣例となっている。クラブ側は七日、西山さんへの謝罪や捜査の適切性、冤罪防止策について問う案を提出したが、県警の広報官は「個別事案には答えられない」「本部長が答える場でない」などと拒否し、別の質問をするよう求めていた。

一七日の会見では、幹事社の本紙が呼吸器事件について「捜査は適切だったか」などと二度、本部長の見解をただしたが、進行役の広報官が「会見で答えることでない」と拒否。三度目に「刑事部長は答えられるか」と問うと、滝沢本部長が挙手して立ち上がり、「ご質問でございますので、個別（事案）というより全体としてお話しします。（再審判決の）当日に（担当者が）ご説明した通りですが、県警一同で取り組んで参りたい」などと約四〇秒語った。

（二〇二〇年四月一八日、朝刊滋賀版）

本部長が挙手をしてまで何を語るかと思えば、判決直後に表明した県警の「公式コメント」をおうむ返しに口にしただけだった。この状況に、西山さんの恩師らが立ち上げ、再審に尽力してきた「西山美香さんを支える会」などが敏感に反応し、本部長に捜査の検証と謝罪を求める要請書を提出した。

それでも、滋賀県警の対応に大きな変化は見られなかった。判決後、二度目となった五月二三日の定例会見でも同じだった。滝沢本部長は「この事件につきましては長きにわたって再審が繰り返されて、非常に多くの時間がかかったと思うのです。そういう中で、判決内容を真摯に受け止めて捜査に生かしていくことに変わりはありません。捜査指揮を含めて、適切な捜査を行う環境を整えることが重要です」などと述べるにとどめ、謝罪はしなかった。

県警や地検の対応を市民はどう見ているのか。再審無罪が確定した四月二日の段階では県警に市民から複数の電話やメールで意見が寄せられたが、県警は「反響はあるが、内容や件数は言えない」と話し、問い合わせの件数や趣旨を明らかにしていなかった。そのため、作山記者は情報公開請求で関連文書の公開を求めた。

県警に判決後の二〇二〇年三～四月、一九〇件以上の苦情や意見が電話やメールで寄せられていたことが分かった。市民からの抗議、報道による相次ぐ追及に抗いきれなかったのか、無罪判決から三カ月後、滝沢本部長はようやく謝罪の言葉を口にした。

西山さんに本部長謝罪　呼吸器事件　滋賀県警、議会で答弁

県警の滝沢本部長は六月二九日、再審無罪判決が確定した元看護助手の西山美香さん（四〇）に対し、「結果として大きなご負担をおかけし、大変申し訳ない気持ちであり、その心中をお察しすると言葉もない」と述べた。県警本部長が公の場で謝罪したのは初めて。

県議会本会議の代表質問に対する答弁。滝沢本部長は再審無罪判決に至る過程について「確定審と再審公判で証拠の評価が異なった」としつつ、取り調べ適正化の取り組みなどに触れ、「判決において言及されたことを真摯に受け止め、各種教養や巡回指導などを図る。捜査指揮の面でも被疑者の供述と客観証拠や捜査結果が符合するかなど詳細に検討し、チェック機能の強化に努める」と話した。

西山さんは本紙の取材に「これまで謝罪の言葉はなかったので、びっくりした。謝罪は受け止めたいが、（うその自白に導いた）取り調べなど当時の捜査過程の検証結果を聞きたい」と話した。

（二〇二〇年六月三〇日、朝刊社会面）

西山さんの再審無罪判決が出た時点で、滋賀県警の最高責任者は、くしくも女性の滝沢本部長だった。狭

い取調室で脅され、思っていることをうまく伝えられない供述弱者という弱さに付け込まれ、恋心に乗じて操られ、うその自白を誘導され、強要されていったその経緯を振り返ると、パワハラとセクハラ被害の極致のような実態だったとも言える。その揚げ句に、二〇代、三〇代の大切な時間を無実の罪で投獄され、自由を奪われ続けたむごい体験に、本来なら県警の中で真っ先に寄り添うことができ、またそうすべき立場だったのに、それができなかったのは、なぜか。

結局のところ、前世紀の男社会の論理が今も支配する組織で、たとえトップを女性にしようとも歯車の一つを交換したに過ぎないということなのだろう。再審無罪判決後の一連の対応と、「その心中をお察しすると言葉もない」という一言に三カ月もかかる実態を見れば、それは明らかだった。

「組織への服従」を絶対とし、組織として黒と決めたら黒、白くても黒と言う、組織の方針に異を唱えることは協調性がないとの誹りを受けるだけにとどまらず、組織への裏切りとみなす。トップでさえも内部批判ができないという異常な掟が強固な岩盤となって組織を支配しているのだろう。それは、昭和の亡霊のごとく、令和となった今も政治、経済、さまざまな場面で露見している。

冤罪は組織がつくり、そして冤罪をつくりだす組織は、そのメカニズムをあらためることができない。それが取材を通じて見えてきたことだった。本来は市民の人権を守るはずの、警察、検察、裁判所の硬直化した組織のメカニズムをどうしたらあらためられるのか。もしかすると、自分だけのためでなく、苦しむ人のために、真っすぐな気持ちで国を提訴した西山さんの闘いを取材するその先に、答えが待っているのかもしれない。

エピローグ

なぜ裁判官は冤罪を見抜けないのか

裁判官が〝無罪判決〟を避ける理由

無罪判決や再審開始決定を避けて、有罪方向に流れるには、ただ「難しい」という以外にも、何かしら理由があるのではないか。そうであれば、それが何なのか。記者たちとともに、何人もの元裁判官を訪ねたのは、その問いの答えを探すためだった。

何度も訪ねたのは、元東京高裁判事で、最高裁の調査官経験もある木谷明弁護士だった。

木谷さんは現役裁判官の時代に無罪判決を三十件以上書き、検察に控訴されたのは一件。その一件も破られなかった伝説の裁判官として知られる。最近では、裁判官の舞台裏を描き、大ヒットしたテレビドラマ「イチケイのカラス」に登場する、密かに司法の改革を目指すベテラン裁判官のモデルになった人でもある。名古屋から東京の弁護士事務所を訪ね、日本の裁判所の不可解な実態の背景に何があるのか、突っ込んで聞いた。

木谷さんの話は驚くことの連続だった。

大阪高裁の再審開始決定について、後藤真理子裁判長が主導したとみられる決定文の緻密な構成や付け入るスキのない証明力をどう評価するか聞いた。

「裁判所が主導的な訴訟指揮で再審決定を導く、本来の再審のあり方。決定文もうまく書いてある。やはり、無罪判決や決定文を書くにはそれ相応の腕が必要ですよね」

検察が激しく抵抗するだけでなく、有罪を認定してきた歴代の先輩裁判官までをも敵に回す再審開始決定は、相応の力量がなくしてできることではないということだ。だが、驚いたのはその後だ。木谷さんは「後藤決定で一番感心したのはね」と言って、こう付け加えたのだ。

「あれは、決定の翌日だかに転勤でしたよね。いやあ絶妙なことをやったなあ、と感心しましたよ」

どうしてですか、と聞くと、こう続けた。

「というのはね、早々と決定していたら東京高裁に転勤できたかわからないじゃないですか。すでに東京に異動が決まって、明日かあさってにも転勤だ、という時に決定を出した。もう人事を変更できないですよね。このタイミングを選んだことがすごいな、と感心した」

決定は二〇一七年十二月二〇日。その二日後の二二日付で後藤裁判長は、東京高裁に異動した。決定から二日後の異動だった。私は「決定文を書き上げるのが、ぎりぎりまでかかるほど大変だったのだろう」と思っただけだった。だが、それはあくまで事情を知らない門外漢の見方だった。元判事の視点はまったく違ったのだ。

無罪判決や再審開始決定後に遠方などに〝左遷〟する人事が少なくないことは他の元裁判官も証言していた。そのことを熟知する後藤裁判長が、不利益な人事を防御するために決定を出すタイミングをぎりぎりまで待った、ということがあるとすれば、驚くべき話だった。

振り返ってみると、三者協議は八月半ばに終わっていた。決定はその四カ月後。弁護団は「決定は秋頃では」との見立てだった。それが年末になったのは、確かに時間がかかりすぎていた。木谷さんの見立ては十分にあり得る話だった。

最高裁に人事権によって統制しようとする意図があるのだとすれば、再審開始決定をするには、検察の主張を封じ、歴代裁判官を納得させる決定文を書き上げるたぐいまれな〝腕〟が必要なだけでなく、組織内の空気を知り、自分を守るための〝政治的なセンス〟も備わっていければならないことになる。

あらためて、木谷さんになぜ、多くの裁判官が無罪判決や再審開始決定を避けるのか、聞いた。力量が無いのか、それとも、意図的にやらないのか。木谷さんは自分が三十件以上の無罪判決を書き、破られなかったことについて「私が特別のことをしたとは思わない。ごく当たり前の判断をしただけです。皆もやればいいのに、なぜやらないいんだろうねえ。正直、分からない」と話しつつ、一つずつ、思い当たることをあげていった。

「有罪判決を書く方が、はるかに楽なことは間違いない。若いころ、こういうことを言った先輩がいた。『刑事裁判なんて、誰にでもできる。検事が書いた内容をそのまま書いておけばいい』とね」

検察が起訴し、裁判になる事件は警察による筋書きを、検察が細かなところで矛盾が生じていないか詰めて公判に臨んでいる。有罪の判決文は、すでに検察がチェックした内容を〝下書き〟にすれば出来上がる、というのは当たらずとも遠からず、なのだろう。実際、呼吸器事件の一審の判決文は、その通りだった。

一方、無罪判決はどうか。

木谷さんは「無罪判決を書くには、かなりのエネルギーが要る」と言う。

一審の裁判官にとって、もっとも恐れるのは上級審で逆転されることだ。検察の激しい反発と反撃にさらされるのは、誰しも避けたいだろう。その上、高裁で逆転されると、キャリアに大きな傷を負うことになる。木谷さんは、映画「それでもボクはやってない」（周防正行監督）の話を引き合いに、無罪判決を逆転される裁判官の悲哀を語った。

「あの映画の中で、若い裁判官が一生懸命無罪判決を出すけど、すぐに高裁で破られてしまうシーンがある。

周防さんは『木谷さんのようにやりたくても力不足で高裁で敗れてしまう裁判官を描いた』と言うんです。要するに、無罪判決を試みる人がいないわけじゃない。でも出した結果、高裁で逆転有罪になる。そうなると制度上は『高裁が正しい判断をした』ということになり、無罪判決をした裁判官は間違った判決を出したと評価される。その結果、やる気を失ってしまう。一方で、検察の主張を疑問に思いながらも、有罪判決を書くと、被告人の控訴を高裁は簡単に棄却し、自分のキャリアにも傷はつかない。苦心惨憺《さんたん》して無罪判決しても高裁で敗れるぐらいなら、迷った時は高裁がお墨付きをくれやすい有罪判決に、となりがちです。大きな問題ですよ」

無罪判決を簡単に逆転する高裁の裁判官にも問題はないのか。そもそも、一度、三人の裁判官による合議体で「無罪」と判断した事件を簡単に逆転有罪にすることが頻繁にあってよいものか。裁判官でありながら、それが冤罪のリスクを高める危険な行為だと思わないことに首をかしげたくなる。

その疑問に対し、木谷さんは「それはね、理由があるんですよ」と、こう解説する。

「高裁の裁判官は、検事が書いた控訴趣意書を最初に読むんです。それがまた、うまいこと書いてあるんですよ。一審の判決のちょっとした問題を針小棒大にあげつらい、高裁の裁判官に『地裁がおかしな判決をした』という予断を植え付ける。高裁の裁判官は裁判記録を読む前に先入観を持たされてしまいやすい。それが、無罪判決の破棄率が高裁で高くなる大きな理由だと思いますね」

無罪判決に対する検察の反発、反撃の激しさについては、こんなエピソードを話してくれた。

「仕事上関係のない検事の友人がぼくに善意のアドバイスしてくれたことがあるんですよ。『木谷さん、あまり検事の主張と違うことをやらない方がいいぞ』って。どうしてかと聞くとこう言うんです。『あなたたちは、一人かせいぜい三人だが、検察は組織をあげてやっている。いざとなったら最高検も巻き込み全庁でやる。裁判官がそれに勝てるはずないじゃないか』とね。親切心から私にアドバイスしてくれたんです（笑い）。でも、一つの現実を語っていますよね」

検察の主張と対立する結論を導くには〝武器〟も要る。それは、警察や検察が隠している無罪方向の証拠を出させることだ。当然、検察の抵抗は激しい。これまでの再審で検察の証拠隠しが繰り返されてきたことからも抵抗の強さはわかる。

「検事が嫌だと抵抗するのに提出させるのはエネルギーが要ります。何もせずに『無罪を証明できる証拠が足りず、再審開始決定は無理だ』と棄却するのが楽なんですよ」

そんな現実を語る一方で「でもね」と力を込める。

「官僚だったら、森友学園事件で財務省がやったように、長いものに巻かれて時には公文書を改ざんさせられたりもする。恐ろしい話ですよね。でも、裁判官はそんなことをやりたくなくて裁判官になったんじゃないのか。無実の人を救済するのが裁判所の役目なんだ、という熱い気持ちを持ち続けていないと、再審開始決定なんて大仕事はできないですよ」

憲法七十六条三項には「すべて裁判官は、その良心に従い独立してその職権を行い、この憲法及び法律にのみ拘束される」と独立が保障されている。その初心を忘るべからず、ということだろう。

西山さんのように、被告が無実を訴えている場合、何が真実なのかを見極めるために、裁判官はどうすればいいのか。

「まずは、その人の言うことに十分に耳を傾けることです。真剣に聞いてみる。そこからしか、始まらない。

周防正行監督はこう言っていました。『無実だとすれば、法廷の中で真実を知っているのは被告人だけだ』と。その通りなんです。その被告人が言っていることが本当かもしれないのに、裁判官は真実を知らないんですから。要するに、裁判官は『真実を知っている被告人に対し、これが真実だと判決する』という恐ろしい仕事をしているのです。被告人の声に耳を傾けようとしない裁判官は、自分がそういう恐ろしい仕事をしていることに気づかないといけない。そして、検察の主張の中に疑問があれば、徹底的に調べる。私はそうしてきました」

木谷さんは、裁判官は大きく三つのタイプに分けられる、という。

「現役時代や、退官して弁護士になってからも含め、多くの裁判官と付き合ってきての実感ですが」と前置きして、その三類型を①迷信型、②優柔不断・右顧左眄《うこさべん》（周囲を気にして決断しないこと）型、③熟慮断行型、と分類する。

「捜査員は正直で正しく、被告人はうそをつく、という先入観に凝り固まっている裁判官が『迷信型』です。全体の三割ぐらいではないか、とみています。反対に、被告人のためによくよく考えた上で『疑わしきは罰せず』の原則を忠実に守り、自分の考えで判断を下す裁判官が『熟慮断行型』。これは多めに見て約一割。残りの六割強の裁判官が二つの中間で『優柔不断・右顧左眄型』です。無実の可能性が高いと思っても、検察の反応や上級審の評価を気にして決断できず、結局、検事の主張通り有罪にしてしまう。裁判の結果が担当した裁判官に左右されてしまう現実は、残念ながらあると言わざるを得ません」

西山さんの事件では、一審の判決文には、あからさまに「捜査官は信用できる」「被告の言うことは信用できない」と書いてあり、迷信型の典型だったように感じる。西山さんは両親への手紙に「裁判官にわかってほしい」と願っていたが「迷信型」だったのであれば、最初から無理な相談だったことになる。

一審の判決文は、A刑事が作文したとみられる西山さんの供述調書を「その場にいた者しか語れない迫真性に富んでいる」と過大評価をする一方、西山さんが必死で訴えた公判での供述に対しては「全体として具体性や迫真性に乏しい」と切り捨て、「よく覚えていないといった曖昧《あいまい》な供述や、質問に答えられず沈黙する状況が多々見られる。被告人の公判供述は到底信用できない」と全否定。さらには「不合理な弁解に終始している」「反省の情を示していない」と断罪した。

木谷さんは言う。

「法廷で、合理的にものごとを説明できるなんて、ごく一部の人しかいません。大多数の人はうまく説明できないです。十分表現できない人が、そのために窮地に陥っているなら、その人を救済するのが裁判所の役割のはず」

なぜ、一審の裁判官は聞く耳を持とうとしなかったのか。

木谷さんは「この事件の裁判で言うと、一審の裁判官の自白の見方が悪すぎる。裁判官は供述調書に『迫真性がある』などと安易に判決文に書いてはいけない」と苦言を呈する。

一審の判決文が「その場にいた者しか…」と指摘したのは「被害者の死に至る様子」。西山さんが人工呼吸器のチューブを外しながら男性患者が死亡していく様子を「穏やかな顔がゆがみ始め／眉間のしわは深くなり、口を大きく開けてハグハグさせて」と供述しているくだりだ。漫画チックなハグハグという表現について、弁護団は「大脳が壊死《えし》しており、医学的に有り得ない」と誘導された可能性を指摘し、再審無罪判決では「医学的知見と矛盾する」と信用性が否定された。

木谷さんは多くの裁判官が捜査側の主張を一方的に信じる傾向を問題視する。

「調書は警察官の作文の可能性もあり、いかようにも書ける。私は供述調書の自白について、裁判で言い合い（『本人が自発的に話した』『いや刑事に言わされた』の論争）になったら警察の負けで、『そういう自白調書は裁判で使ってはいけない』と前から言っています。ところが、言い合いになると『被疑者は罪を免れようとうそを言う可能性がある』『警察はうそをつけば偽証罪に問われるため、信用できる』と判断する裁判官が高裁や最高裁にもいる。多くの決定文や判決文に出てくるんです。偽証罪があるから警察はうそをつかない、なんて、そんなばかな理屈がありますかね」

木谷さんは続けた。

「仮に、検察官の見込みに合うように捜査員が法廷で証言した場合に、それが実は虚偽だということがわかったときに、検察官がその捜査員を偽証罪で摘発しますか？　そんなことはするはずがない。だから、警察はうそをつき放題ですよ。それなのに裁判所は警察のうそを認めない。偽証罪があるから、と。どうしてそういう理屈が出てくるのか、と言いたくなる」

逆に裁判で捜査員が内部告発で警察に不利な証言をしたために偽証罪で逮捕された具体例をあげた。

「一九五〇年に静岡県二俣町（現在の浜松市天竜区二俣町）で一家四人が殺害された二俣事件では、捜査に携わった警察官が内部告発し、強盗殺人罪に問われた少年に拷問による自白の強要、供述調書の捏造があったと法廷で証言した。一、二審の死刑判決が最高裁で破棄され、後に無罪が確定したが、告発した警察官は刑事裁判の進行中に偽証の疑いで逮捕・勾留されたんです。最終的に起訴はされなかったが、精神鑑定の結果「妄想性痴ほう症」という病名をつけられて免職になった。かわいそうに、運転免許証まで取り上げられて人生そのものを破綻に追い込まれた」

警察官はたとえ冤罪に気づき、その事実を把握しても職務上は組織決定に従って無実の人を犯人だと言い続けなければならないことを、この国の司法の歴史は物語っている。

「国家権力とは時にそういうことをする。偽証罪の制裁があるから、なんて裁判官がよく書くと思うよね。国家権力が間違ったことをしないようにチェックするのが裁判所の役目。その原点を忘れているとしか言いようがない」

変遷する自白は信用しないのが〝常識〟

呼吸器事件では、法廷で検察が西山さんの「迎合しやすい傾向」を認めていた。激しく変遷する供述調書は三十八通にも上った。にもかかわらず、一審ではすんなり自白の信用性を認めてしまった。

では、自白の信用性はどう判断すればよいのか。

「自白の信用性なんて、常識で判断できるはずです。犯行の状況について、素直に自白したのであれば、途中で『思い違いでした』と言って調書の内容が大きく変わるなんて、通常あり得ないこと。そのように犯行の状況や手口が変遷していく調書は、誘導された自白の可能性が極めて高い。最初に一つの方法を語らせ、捜査を進めると、別の客観的な事実が出て最初の供述と矛盾する。具合が悪くなったらまた誘導して矛盾を帳消しにする。そんなことは、誰が考えてもすぐに分かることだと思うんだよね」

常識的な自白の見方をできない裁判官ほど、自分を正しいと思い込む傾向があるのだろうか。

西山さんの第一次再審請求審を棄却した大津地裁の決定文に驚いたことがある。この時、弁護団は供述心理鑑定を新証拠として提出した。変遷する西山さんの供述をめぐり、大谷大学の脇中洋教授に供述心理鑑定を依頼。脇中教授は一年以上をかけて綿密に分析し、鑑定結果として、こう結論づけている。

「自分が『犯人だったらどうしたか』と想像して語った供述。体験に基づかない虚偽の内容を捜査員の誘導で〝つじつまの合うように〟変遷させていった、とみなすのが妥当」

私は取材班の成田嵩憲記者と脇中教授を訪ねた。教授は鑑定の経緯を詳細に語った。

「段ボール箱にぎっしり入った資料が弁護士から送られてきて、大量にある供述調書を時系列に整理し、何カ月もかけて読み込みました。和歌山刑務所で本人にも会いました」

供述心理鑑定とは、調書の内容を体験に基づく言葉か、誘導による言葉かを心理学的な手法に基づいて解析したものだ。脇中教授は、密室で虚偽自白に至るプロセスをこう解説する。

「やっていない人はストーリーをつくっていく。事実関係でつじつまが合わなくなると『これじゃまずい』となるからです。無実の人が犯人になりきったら、それが仕事になる。逆に、本当に体験したことを語っている人の供述には、そういう変遷が出てこない」

西山さんの供述の特徴については、こう話した。

「チューブの抜き方に特徴がありました。『力一杯に』だったのが『スーッと』に変わった。簡単に外れることを後から警察が知ったからでしょう。だから『力一杯じゃまずい』となった」

なぜ、犯人になりきって話すのか。

「苦しい状況から逃れるためです。西山さんの場合も、自白した後に刑事が優しくなっていきます。途中からの調書は刑事との共同作業でしょう。犯行の手口が変遷しながら〝正解〟にたどり着く流れ。犯人ではない人の典型的なパターンでした。取調室から留置場に戻るときに『しっかり考えてきます』とまで話したそうです。おかしいですよね。考えるもんじゃないですから」

日本の捜査手法そのものに潜む問題をこう話した。

「狭い空間の中で刑事が力で支配していれば、そうならざるを得ない。密室の中では時間的な展望を失ってしまうのです。『いつこの厳しい追及が終わるのか』『あといつまで続くのか』。支配者でもある刑事にぐーっと押し込められると、もたなくなる。閉じ込められた状況の中で、すがるような思いになっていく。西山さんの場合は、対等な異性愛ではなく、力のある人にしがみついた印象。取調官は彼女の依存性に乗じて誘導していったということだと思います。そこに持ち込んでいくのが日本式の捜査の常套手段でもあるので」

論理的で学問的な知見であると同時に、分かりやすい話だった。

ところが、である。

大津地裁（坪井祐子裁判長）は二〇一一年三月、西山さんの再審の訴えを棄却し、脇中教授の鑑定に対して猛反発した。「証拠として取り扱うことの相当性にすら疑問がある」「心理学的ないし科学的知見というよりも、妥当性の疑わしい見解」。根拠も示していないため、ただ感情的に激しく反発し、中傷したとしか読めなかった。

その一方で、西山さんの自白については「犯行経緯から当時の心理状態に至るまで、詳細かつ具体的。実際に体験した者でなければ供述できないような迫真性に富む」と、確定審の判決文をコピペでもしたかのように、同じフレーズを繰り返している。

脇中鑑定に向けて放った「妥当性の疑わしい見解」というのは、むしろ取調官の作文に簡単に踊らされる裁判官たちにこそ、向けられるべきだろう。

棄却決定は、自白の信用性についてこう高らかにうたいあげる。

「自白の信用性は裁判所の自由な判断に委ねられる」

この台詞《せりふ》は、裁判所が供述心理鑑定の証拠能力を否定するときに、決まって出てくる。

「証拠の証明力は裁判官の自由な判断に委ねる」という刑事訴訟法三百十八条が定める「自由心証主義」を語ったものだ。しかし、まるで痛いところを突かれて逆上し「信用性の判断は自分たち裁判官だけの不可侵の領域で、よそ者が勝手に割り込んでくるな」と傲岸不遜な態度で居直っているようにしか見えない。元の判決文をコピペしているだけのような判決文からは、知見も知識も伝わってこなかった。

言うまでもないことだが、憲法三十八条二項は自白の証拠能力について、こう明記する。

「強制、拷問若《も》しくは脅迫による自白又は不当に長く抑留若しくは拘禁された後の自白は、これを証拠とすることができない」

さらに、刑事訴訟法三百十九条一項では、それに加えてこう定める。

「その他任意にされたものでない疑（い）のある自白は、これを証拠とすることができない」

ここで言う「任意」とは、本人の意志に基づく、ということだ。供述弱者の西山さんはA刑事に心理的に支配され、半ば強制の状態で誘導されていったとみられ、再審では変遷を繰り返した三十通以上に上る西山さんの供述はすべて証拠から排除された。

木谷さんが言うように「常識で（うそと）判断できる」レベルのものだ。それを、あえて論理的に解析したのが脇中教授の供述心理鑑定だった。常識的な判断能力を欠いた人にでもわかるように、懇切丁寧に自白の変遷を読み解いた「参考書」のようなものだったはずである。坪井裁判長は、謙虚に耳を傾けるべきだった。

第一次再審弁護団はこのような裁判官の態度をこう批判した。

「法律の専門家であるとはいっても心理学の学者でもない裁判官が、心理学の学者を相手に、根拠も示さずに自己の思い込みと単なる主観、印象論として『心理学的または科学的考察がない』などということは、傲慢以外の何ものでもない」「心理学の素人の裁判官が上記のような判断をするのは、失礼極まる行為である」「裁判所こそ、旧態依然の判断基準によって曇った眼鏡を拭いて、クリアなレンズで実情の直視を（するべきだ）」

脇中教授は「まるで、『心理学者の分析が気に入らない』と言っているようですよね」とため息をつき、司法の自白の判断の危うさを指摘する。

「法律的に『自白の任意性』を判断する基準は、暴力を用いてなければ任意性がある、というような線の引き方。ハードルが低いですよね。密室で威圧的な取調官を前にした状況で『自由に発言できた』と言えるでしょうか。そのような状況は『強いられた任意性』ととらえるべきで、任意性のとらえ方が違いすぎる。法的発想が心理学を拒絶するのではなく、法的発想の方こそ変わらなくてはいけないのでは」

供述心理学という最新の社会科学を頭ごなしに拒絶し、捜査段階の自白を盲信する裁判官がこれほどまで多いのは、なぜか。取材を進めると、裁判官たちのおかしな自白の見方は単に個人に由来するのではなく、実はもっと根が深い問題であることが見えてきた。

再審に立ちふさがる最高裁

再び、木谷さんとの対話に戻る。

「自白した被疑者の供述内容がころころ変わることを『犯人は罪を免れようと弁解を変遷させることもあり得ないことではない』という、理解しがたい主張はね、実は最高裁から出ているんですよ」

本当ですか？と思わず聞き直した。

「そうです。最高裁が布川事件の上告を棄却した時に、そういうことを書いている。だから裁判官たちが見習うんでしょう。あの事件は後に再審請求審で土浦支部の裁判官が再審開始決定をして、高裁も検察の抗告を棄却したからよかったものの、確定審段階の上告棄却決定で最高裁がやったことは、とんでもないことだと思っています」

布川事件とは、一九六七年、茨城県利根町布川で大工の男性が自宅で絞殺され、窃盗容疑など別件で逮捕されていた無実の桜井昌司さんと杉山卓男さんが強盗殺人の疑いで再逮捕された冤罪事件。取調室で虚偽自白に追い込まれた二人は公判では無罪を主張したが七八年に最高裁が上告を棄却し有罪が確定。二〇一一年、再審で無罪になった。取調官が「母親が早く自白するように言っている」「現場近くでおまえを見たという目撃者がいる」など虚偽で欺く違法な取り調べや、取り調べの録音テープの存在を隠したことなど公判での偽証などが再審段階で次々に明らかになった。

最高裁そのものが、無罪判決や再審開始に「後ろ向き」という指摘は、不遇な人事とともに元裁判官らが異口同音に語る。その極めつけが、木谷さんが再審弁護団にも名を連ねる大崎事件の第三次再審請求審で二〇一九年、地裁、高裁が認めた再審への道を最高裁が閉ざしたことだった。

大崎事件とは、鹿児島県大崎町で一九七九年、男性が遺体で見つかり、義姉の原口アヤ子さんらが殺人罪などに問われた事件。原口さんは一貫して無実を訴えたが有罪が確定。自白した親族三人に知的障害があり、供述の信用性が問われた。二〇〇二年に鹿児島地裁が出した再審開始決定は高裁で取り消され、一七年に再び同地裁が開始決定、翌年、高裁が追認した。三つの裁判体で事実上〝無罪〟の判断を示したにもかかわらず、最高裁がそこに立ちふさがった。「これらを取り消さなければ著しく正義に反する」という理解に苦しむ理由だった。

弁護団事務局長の鴨志田祐美弁護士は「あなたがたの『正義』とはいったい、何なのか」「あなた方は、なぜ裁判官になったのか、と問いたい」と憤った。

最高裁がそこまで前面に出て再審開始に抵抗する理由は何なのか。確定審を再審で否定することへの拒絶感の根底の一つには、法の安定性、つまり、確定判決は簡単に覆してはならない、という理屈がある。だが、真実が何であるかを追及する本来の司法の目的や、無実の人に罪を着せてはならない、という常識の前にそれが意味をなさないことは、当然のことだ。

呼吸器事件の経過を見れば、確定審にはむしろ尊重すべきではない問題がそこかしこにある。一審判決には、チューブの接続をめぐる鑑定と判決の矛盾があり、それを上級審は見逃し続けた。無実の西山さんが十三年も自由を奪われたのは裁判所に大きな責任がある。

憲法三十九条は「何人も…既に無罪とされた行為については、刑事上の責任を問はれない。又、同一の犯罪について、重ねて刑事上の責任を問はれない」と明記し、無実になった人を再び裁いてはならない「一事不再理」を定めている。無罪になった人が再び裁かれて、有罪や重い罪に処す〝二重の危険〟から守るための条文だ。

人権思想に基づくこの原則は、欧米の多くでは文字通り、一度でも無罪の判決を受けたら二度と裁かれない、つまり、無罪判決に対して検察が控訴、上告することを禁じている。ところが、日本では無罪判決を受けても、繰り返し検察が抗告し、再審請求審でも最高裁で確定しない限り終わらない。最高裁が「無罪とされた」の根拠をあくまでも確定判決と解釈する判例を七十年以上前の戦後間もない一九五〇（昭和二五）年に残しているからだ。

挙げ句の果てに大崎事件では、三度も無罪と事実上認定された原口さんに対し、最高裁が再審の扉を閉ざすという、異常な結果になった。

鴨志田弁護士は訴える。

「アヤ子さんは二〇〇二年に一回目の再審開始決定が出たのに、二十年近くも再審公判が開かれない。名張毒ぶどう酒事件も、第七次で再審開始決定が出たのに、取り消され、死刑囚の奥西さんは獄死した。袴田事件でも地裁で再審開始決定が出たのに高裁が取り消し、長引いている。検察も裁判所も、当事者や家族が亡くなるのを待っているとしか思えない。それによって、救済が遅れることの罪深さを、最高裁の判事達が理解できていない、ということが信じがたい」

法治国家で何よりも優先されるべきなのが「真実」とともに、個人の尊厳であることは言うまでもない。再審開始決定が出たのであれば、検察が抗告したり、上級審が取り消したりするべきではなく、すみやかに再審法廷の扉を開くべきではないかとの見方と、無実を訴えている人が繰り返し請求審のやり直しを強いられるこの国の特異な現状への疑問が広がっている。なぜ、再審の扉を開かないことが「正義」なのか。それに答えようとしない最高裁を、木谷さんはこう批判する。

「最高裁がしたことは『いったん有罪判決が確定した以上、判決が間違っていたとしても諦めろ』と突き放したに等しく、もはや司法の役割を放棄している。日本の裁判の現状は、絶望的と言うしかない状況です」

呼吸器事件で一審の裁判官が行った、捜査段階の自白を絶対視する見方や、確定判決を〝死守〟するかのような裁判所の動きの背景には、最高裁からそう解釈せざるを得ないメッセージが発信されていることが見えてきた。

憲法三十八条三項「何人も、自己に不利益な唯一の証拠が本人の自白である場合には、有罪とされ、又は刑罰を科せられない」

憲法三十九条「何人も…既に無罪とされた行為については、刑事上の責任を問はれない。又、同一の犯罪について、重ねて刑事上の責任を問はれない」

条文を素直に読めば、西山さんに罪を問うことも、再審決定後の検察の特別抗告も、許されなかったはずだ。冤罪のリスクを高めるようなこの国の司法の〝底流〟には何が渦巻いているのだろうか。木谷さんがふと漏らした言葉にそのなぞを解く糸口があるような気がした。

「戦前の旧刑事訴訟法の考え方にひきずられている、ということですよね。日本はずっとそういうやり方でやってきた、と。それを新しい刑事訴訟法になったからと言って、急に頭が切り替わらなかったんでしょう」

戦前の旧刑訴法では、確定審で無罪になった事件に対しても検察側が再審で有罪を求めることができた。いわゆる不利益再審が制度として認められ、人権感覚とはほど遠い実態があった。

戦時下の治安維持法のもとでは、政治犯として多数の人が冤罪の罪を着せられた。軍人は東京裁判で戦争責任を裁かれたが、戦前の軍国主義の政治体制に加担し、無実の人を牢獄に追いやった裁判官を含む司法関係者は、その責任を問われることはなかった。

戦前の司法は、引っ立てられた者は罪人として改心することを強要された江戸時代のお白洲の延長線上にあった。形式的には法律が変わった戦後の昭和、平成、そして令和の今の世にも人権感覚が欠如した前時代の思考回路が地続きになり、一部で生き続けているとしても不思議ではない。

「戦前の裁判官は戦争責任を問われず、戦後の司法を担い続けました。そして、そういう裁判官が後輩を指導し、その後輩がさらにまた後輩を指導するという形で、古い考え方が連綿と引き継がれてきたように思います」

木谷さんの示唆が、信じがたい司法の実態に直面するほど、現実感をもって響いてくる。

あとがき

本書の最終校正に取り掛かっていたころ、びっくりするようなニュースが飛び込んできた。

「『捜査違法性ない』滋賀県が準備書面提出」（二〇二一年九月一六日、中日新聞）

西山美香さんが起こした国家賠償請求訴訟で、滋賀県警が提出した書面には「患者を心肺停止状態に陥らせたのは原告（＝西山さん）」と、この期に及んでなおも西山美香さんを殺人犯と決め付ける信じ難い主張がなされていた。

批判を受けてすぐに三日月大造知事が「極めて不適切」などと謝罪し、内容が修正されることになったが、捜査機関が市民感覚とかけ離れて暴走する象徴的な出来事だった。

二〇一六年秋に取材を始めた当初は、再審の扉を開くことが報道の目的だった。「グレーゾーン」と呼ばれる軽度知的障害の人や、発達障害の人たちが冤罪に巻き込まれやすい「供述弱者」であり、社会で障害への認知が広がらないゆえの生きづらさにも光を当てた。だが、冤罪に巻き込まれるのは供述弱者に限らない。取材の焦点は「司法の闇」と呼ばれる構造的な問題の解明に移った。なぜ、無実の可能性を見ようとしないのか。なぜ、引き返すべき場面で引き返さないのか。なぜ、裁判官は無罪の検討を怠るのか。

手探りで進む闇の水先案内人として尽力してくれたのは、再審事件の実情、検察組織や裁判所の「ムラ社会」の構造的な問題に詳しく、司法の改善を心から願う人たちだった。

裁判所については、木谷明弁護士、安原浩弁護士、水野智幸法政大法科大学院教授ら元刑事裁判官。検察については、市川寛弁護士、国田武二郎弁護士、郷原信郎弁護士ら元検事、再審制度をめぐる問題については、冤罪被害者の村木厚子さん、青木恵子さん、桜井昌司さん、研究者の笹倉香奈甲南大教授、斎藤司龍谷大教授、浜田寿美男奈良女子大名誉教授、脇中洋大谷大教授らから貴重なコメントや示唆を頂いた。感謝申し上げたい。

多くの人は冤罪は自分とは縁のない世界の話だと考えているがゆえに、報道する内容が読者に届きにくい面がある。思わぬ受賞の知らせはそんな状況を打ち破ってくれた。

一連の新聞報道が二〇一九年の第十九回石橋湛山記念早稲田ジャーナリズム大賞（草の根民主主義部門）、二〇年度の第九回日本医学ジャーナリスト協会賞の大賞に選ばれ、この事件がマスコミ内外に広く認知されるきっかけになった。

本書は、再審無罪判決後、「フォーブス ジャパン」のウェブで四十一回の連載となった「供述弱者を知る」をもとに加筆した。連載を後押ししてくれた同社の督あかりさん、本書の編集を支えてくれた風媒社の劉永昇編集長に心よりお礼申し上げたい。

新聞社が発信する情報の信頼性を支えているのは、重層構造のファクトチェックシステムである。見出しをつけ、レイアウトを作成する整理部、事実関係、固有名詞、語句、表現の正確性をチェックする校閲部という両部門の記者、デスクによるダブル、トリプル、それ以上の〝関所〟を通り、繰り返し赤ペンが入り、精度が高められる。

その役を担った名古屋本社整理部特集整理班の政井良典、加藤均、清水秀明、中村文昭、馬目詩子、水野博史、中嶋和人、原葉子、福永裕子、酒井ゆり、近藤高史、藤澤明子、同校閲部特集校閲班の鈴木洋子、岩田麻由子、渡辺美良、鈴木千晴、宇井知夏、小田悠、宇佐美有香のみなさんの名前を、縁の下で支えてくれた仲間への感謝に代えて、ここに記しておきたい。

中日新聞が二〇一六年秋に呼吸器事件の調査報道に着手して以来、二〇二一年時点でもなお続いている報道には、大津支局管内の以下の仲間たちが携わっている。

中山道雄、嶋津栄之、池田千晶、原誠司（以上、大津支局長）、広瀬和実、新貝憲弘、島崎諭生、大野孝志（以上、支局デスク）、角雄記、横田信哉、井本拓志、成田嵩憲、高田みのり、芳賀美幸、作山哲平、堀尾法道、柳昂介、岡屋京佑、大橋貴史、安江紗那子、川添智史、森田真奈子、土井紫、北村大樹、北村太一。（いずれも名前は順不同）

二〇二一年一一月

秦　融

装幀　澤口 環

冤罪をほどく　“供述弱者”とは誰か

2021年12月20日　第1刷発行　（定価はカバーに表示してあります）
2022年 6月 3日　第2刷発行

著　者　中日新聞編集局
秦《はた》　融《とおる》

発行者　山口 章

発行所　名古屋市中区大須 1-16-29
振替 00880-5-5616 電話 052-218-7808　風媒社
http://www.fubaisha.com/

*印刷・製本／モリモト印刷　乱丁本・落丁本はお取り替えいたします。

ISBN978-4-8331-1144-7